동아시아 근대의 형성과 역사학 ❸
―동아시아 냉전과 역사학

일러두기
• 이 책은 동북아역사재단 기획연구 수행 결과물임(NAHF-2022-기획연구-20).

동북아역사재단
연구총서 127

동아시아 근대의
형성과 역사학 ❸

동아시아 냉전과 역사학

오병수 편

책머리에

이 책은 2022년 동북아역사재단에서 기획연구로 추진한 "동아시아 근대의 형성과 역사학 3"의 연구 결과이다. '동아시아 냉전과 역사학'이라는 주제의 연구에 참가한 6인의 연구 결과 중 타이완 중앙연구원 연구원인 판광저(潘光哲)의 글을 제외한 다섯 편의 논문을 책으로 묶은 것이다. 이 공동 연구를 기획한 취지는 역내 현안인 역사문제, 특히 날로 심화되고 있는 자국 중심주의적 역사인식 문제를 학술사 차원에서 해명함으로써 문제를 깊이 있게 이해하고, 바람직한 대안을 모색하기 위해서이다. 이를 위해 동아시아 근대 사학사의 맥락에서 중국 역사학의 흐름을 조망하는 총 5년에 걸친 연구를 기획하였고, 이 책은 제3년차 연구 결과다.

주제를 '동아시아 냉전과 역사학'이라고는 했지만, '동아시아 냉전'에 대한 엄격한 정의를 시도하지는 않았다. 물론 냉전 시기 동아시아 각국의 역사학을 개관하려는 의도는 애초부터 없었다. 제2차 세계대전 이후 동아시아에서는 민족주의가 기왕의 제국주의를 대체하는 새로운 시대정신으로 등장하였지만, 지역 특유의 냉전 과정을 거치면서 역사문제를 비롯하여 현재 우리가 안고 있는 여러 가지 문제들이 더욱 심화되었다고 본 것이다. 본래 냉전은 제2차 세계대전 후 미국과 소련의 군사, 정치, 이데올로기적 대립 현상을 지칭하는 미국식 용어이지만, 지역 차원에서는 냉전 제국을 대리하는 세력 간의 열전 및 내전으로 체현되었다. 그렇지만 그 전개 양상의 본질은 미·소가 주도하는 새로운 지역질서 속에서 분단국가, 비정상국가, 위성국가 등의 지위(National Status)를 부여

받은 여러 나라들이 불완전한 지위를 극복하고 국가성(Nationness)을 갖추기 위해 국가정체성을 강화해가는 과정이었다고 할 수 있다. 특히 각국 정부는 불완전한 지위를 은폐하고 독립국가로서의 국가성을 가장하기 위한 방편으로 각종 이데올로기적 동원과 통제를 강화하였다. 그 중에서 민족의 기원과 내력을 서사하는 역사학이 그 핵심을 담당한 것은 당연한 일이었다. 내용적으로 그것은 과거 제국주의적 침략과 식민 지배를 위해 생산하였던 동양사회 특수론 등 유럽중심주의 및 식민사관을 극복하고, 일국적 관점에서 자국사의 발전 과정을 체계화하는 방식이었다. 이러한 일국사적 인식은 세계사적인 보편성을 염두에 둔 것이었지만 실제로는 자국사를 발전적 관점에서 절대화하는 근대적 역사인식의 연장이었다.

  냉전 시기 각국이 수행한 이러한 역사학적 실천을 탈식민화 과정이자 현대 국가 건설 과정의 일부로 이해할 수 있다. 그렇지만, 체제 대결을 위해 모든 자원을 동원할 수밖에 없는 냉전 상황에서 각국의 역사학은 미·소와의 관계 속에서 이루어지는 특수한 제도적, 이데올로기에 규정되면서 민족을 앞세운 국가 중심의 역사인식을 더욱 강화하였다. 그리고 이러한 사정은 자국과 연계된 지역에 대한 인식의 결여를 결과하였는데, 특히 마르크스주의 역사학 역시 세계사의 보편적 발전법칙을 추구하면서도 민족을 단위로 한 역사발전이라는 핵심적 문제의식을 민족주의 역사학 또는 실증사학과 공유하였다. 이러한 사정은 탈냉전 이후 동아시아 담론의 유행에도 불구하고, 각국의 학술체계로 견고하게 뿌리를 내려서 역내 역사 갈등이나, 자국 중심주의적 역사인식을 다시 강화시키고 있는 것이다.

  이 연구는 이러한 저간의 사정과 관련하여 중국과 한국(남북한), 타이완과 일본의 경우를 비교·검토하고 성찰의 계기를 모색하고자 하였다. 우선 항전과 내전을 거쳐 사회주의 혁명으로 귀결된 전후 중국에서 역사학은 이데올로기적 동원 기능을 극대화한 정치화 과정을 보였다. 특히 '체제 학문'으로서 그것은 체제의 일부로서 작동되었는데, 예컨대 중국공산당 당내의 '중국역사문제연구위원회'를 필두로 한 중국과학원 산하의 연구소, 대학 등 이데올로기적 국가기구들이 당원과 국민에 대한 이데올로기적 교육과 선전을 목적으로 당사, 혁명사, 자국사, 세계사 등을 서술하고 교육하였다. 이러한 과정에서 역사학은 당국의 통치 이념인 민족주의와 마르크스주의의 결합을 구현하는 자국사 서술을 통해 사회적 정당성을 강화하였다.

이와 관련하여 오병수는 당시 중국의 국민 필독서이자 '흠정사서'였던 『중국통사간편(中國通史簡編)』의 저자인 판원란을 통해 중국 근대 역사학이 체제 이데올로기로서 정치화하는 과정, 그리고 동시에 민족주의와 마르크스주의의 결합 과정을 분석함으로써 냉전 시기 중국 역사학의 성격을 해명하고자 하였다. 애초 베이징대학에서 전통학문을 익힌 판원란은 현실참여형 지식인으로 활동하였으나, 1935년 항전에 투신한 이후 중국공산당을 정치적으로 선택하면서 마르크스주의를 수용하였다. 특히 중국공산당의 항전 정책, 즉 전통을 재평가하고 새로운 민족 정체성을 창출하려는 '신계몽운동'에 동조한 판원란은 결국 옌안으로 가서, 스탈린식의 맑스주의 역사학을 바탕으로 『중국통사간편』을 저술하였다. 그것은 오종사회형태론과 『소련역사강화(蘇聯歷史講話)』 등 스탈린 시대의 저작을 참고한 것으로, 민족주의를 표방하면서 스탈린주의를 차용하여 자신의 권위를 구축하고 있던 마오쩌둥의 정치 노선을 구현한 것이었다. 또 내용적으로 그것은 아시아적 생산양식론 등으로 대표되는 중국사의 특수성을 부정하는 한편, '민족투쟁'과 계급투쟁을 역사 동력으로 전제함으로써 장기 지속성을 특징으로 하는 중국 봉건사회에 대한 인식을 발전 사관으로 대체하였다. 물론 『중국통사간편』은 소련의 역사학과 달리 진한제국 이후 한민족(漢民族)이 형성되었다고 보면서도 중국의 역사 민족을 한족(漢族)으로 국한하는 등 중국화를 꾀했다. 그렇지만 기본적으로 항일과 반국민 정부적 입장에서 새롭게 구성된 옌안 시기의 민족주의는 스탈린 시대 소련의 그것을 차용한 것인 만큼, 중국의 정서와 차이가 컸다. 이는 이후 중국이 지속적으로 계급을 강조하는 '문화혁명'과 '민족주의'에 체제의 명운을 걸고 매달리게 된 배경이 되었다.

한편 중국에서 이러한 역사학의 정치화는 냉전 시기에 지속적으로 전개되었는데, 반우파투쟁, 대약진운동, 문화대혁명 등 대중적인 정치운동과 연동되면서 폭력적인 정치 투쟁의 매개로 작용하였다. 이유표는 그중 대표적인 사례인 1960년대 농민전쟁 및 '양보정책'을 둘러싼 논란과 갈등을 분석하였다. 알다시피 중국에서 농민 계급의 역사적 역할은 이미 1930년대부터 주목을 받았고, 1939년 마오쩌둥의 「중국혁명과 중국공산당」을 통해 "농민전쟁은 중국공산당과 같은 '선진계급과 선진정당'의 영도를 받아 성공할 수 있다"는 '혁명 이데올로기'로 공식화된 것이었다. 이러한 논리는 중국의 혁명이 강력한 농민 동원을 목적으로 하였던 정치적 배경, 그리고 사회구조보다는 계급투쟁을 강조한 중국 마르크스주의 역사학의 특징을 잘 반영한 것이었다. 또 이러한 농민혁명론은 사회주의 중국에서도 그대로 계승되어서 '농민폭동'을 '농민기의'로 표기하여 역사적 진보성을 강조하였다. 이른바 '양보정책론'은 이러한 사정을 뒷받침하기 위한 논리로서 "농민폭동 이후, 무너진 봉건질서를 회복하기 위한 봉건통치자의 양보를 통해서" 역사는 진보해 왔다는 것이 논지의 핵심이었다. 그러나 이러한 당의 공식 입장에 대해 1965년 '봉건지주계급'의 '양보'가 어떻게 역사 발전의 '동력'일 수 있는가?라는 식의 문제 제기를 하면서 '계급적 관점'을 앞세워 '양보정책'을 '수정주의', '유심주의', 그리고 자본주의의 '부활'을 옹호하는 반동 논리라는 공격과 함께 급진적이고 폭력적인 정치 투쟁을 결과하였다. 이처럼 '혁명 이데올로기'를 앞세워 혁명 대상에 대한 비판과 폭력을 정당화하는 현상은 문화대혁명 시기까지 지속되었다. 결국 이러한 현상은 냉전 시기 중국 역사학이 체제의 일부로서 작동할 수밖에 없었던 점에서 기인하는 문제이지만, 겸하여 당시 지역 냉전과 중·소 관계와 긴밀한 연동관계 속에서 진행되었다는 점에서 냉전 제국인 소련의 지역적 대행자로서 중국의 국가적 지위의 불안정성을 반영한 것이었다.

이러한 역사학의 정치화, 체제화 현상은 같은 사회주의 체제였던 북한에서도 유사하게 전개되었다. 홍종욱은 1946년 월북 후 북한의 대표적인 역사학자로 활약한 박시형을 통해 본래 민족주의와 국제주의, 실증사학과 마르크스주의 역사학의 조화를 추구했던 그의 역사학이 어떻게 민족을 이데올로기로 앞세우게 되었는지를 세밀하게 추적하였다. 그에 따르면, 해방 전 박시형은 경성제대와 『진단학보』를 중심으로 한 식민지 아카데미즘의 자장 속에서 식민주의 역사인식을 비판하면서 과학과 민족을 추구하는 역사학자로 성장하였다. 1946년 월북한 뒤에는 김일성종합대학 교원과 과학원 력사연구소 소장 등을 맡아 북한 역사학 정립을 주도했다. 1960년과 1961년에 그가 펴낸 『조선 토지 제도사』는 봉건적 토지국유제론에 입각해 자신의 토지 제도사 연구를 집대성한 것으로 세계사의 보편성과 한국적 특수성의 관계를 해명함으로써 민족을 세계사의 주체로 세우려는 과학적 마르크스주의 역사학의 성과였다. 그리고 그것은 당시 북한 역사학이 내건 당성의 원칙 및 역사주의 원칙과 일맥상통하는 것이었다. 그런데 이후 박시형은 고조선, 고구려, 발해 등 고대사 연구로 연구의 중심을 옮기면서 '과학'보다는 '민족'을 앞세우기 시작하였다. 특히 1962년 「발해사 연구를 위하여」를 발표함으로써 발해를 한국사 속에 자리매김하면서, 이후 남북한 학계의 발해사 연구의 기틀을 잡았다. 아울러 박시형은 고대 한일관계사 해석의 관건인 광개토왕릉비와 관련하여 정인보의 해석을 바탕으로 해석함으로써 민족주의 역사학자로 각인되기 시작하였다. 1980년대 냉전 구조가 변용되면서 동아시아 역사학 교류가 본격화하자 박시형은 일본과 중국을 방문하여 주체적 한국사상을 주창하는 역할을 했다. 마르크스주의 역사학, 과학으로서의 역사학이라는 보편적 측면보다는 한국과 일본이라는 두 나라의 민족사, 국민사로서 역사학을 대변하였던 것이다. 특히 박시형은 핏줄, 언어 중심의 민족개념을 구사하였는데, 그것은 "조선 인민은 오랜 력사적 시기를 거쳐 이루어진 피줄과 언어를 같이하는 하나의 민족"이라는 당시 북한의 주체사상에 따른 것이었다. 또 이처럼 과학보다는 민족을 앞세운 박시형은 1993년 단군릉 발굴 이후 더욱 심화되었다. 사실상 이념과 실증의 조화라는 근대 역사학의 원칙에서 벗어나 민족이라는 이념만이 독주하는 북한 역사학을 옹호하는 데 일조한 것이다.

냉전 역사학의 또 다른 이데올로기의 하나는 근대화이론이었다. 진화론 등 근대적 사유와 친화력이 있는 근대화론은 각국의 현실적 조건에 따라 다양하게 변주되었다. 윤상현은 1970년대 창비 진영 지식인들의 '민족문학론'을 통해 이러한 '근대'화론이 어떻게 민족주의 운동 논리로 전화하는지를 분석하였다. 그에 따르면, 『창작과비평』의 '민족문학론'은 1960년대 문화적 근대화운동에서 기원하였다. 그런데 당시 '근대(화)'의 애초 개념은 산업화를 의미하였으나 곧 봉건성에 저항하고 자유와 사랑의 이상적 서구문화의 에센스를 실현하는 것으로 의미를 확장하였고, 1970년대에는 다시 (신)제국주의적 침략 철폐의 논리로까지 확대하였다. 『창작과비평』 편집진은 이처럼 근대화의 개념을 끊임없이 보다 이상적인 것으로 확대함으로써 '근대화'를 지속적으로 달성해야만 할 어떤 것으로 상정하였다. 심지어 이들은 한일협정을 계기로 근대화의 함의에 민족 민주 운동을 포괄하는 이상주의적 운동으로 확장하였다. 운동의 주체 역시 애초 지식인과 문인 등을 상정했으나, 이후 봉건성과 투쟁하는 소수 선각적 지식인과 다수 민중의 결합을 주장하였다. 1970년대에는 급격한 산업화의 결과로 소외된 민중을 민족운동의 주체로 호명하고 역사의식·사회의식을 강조하면서 한국 근대사 속에서 근대화 이념을 모색하는 경향으로 발전하였다. 결과적으로 『창작과비평』의 민족문학론은 한국의 역사 속에서 근대화의 가능성들을 찾는 논리로 귀결되었다. 근대화 개념을 민족의 논리로 전유한 결과였다.

제2차 세계대전의 종전은 동아시아에 대한 새로운 인식을 요구하였다. 심희찬은 전후 일본의 대표적인 중국사상사 연구자인 미조구치 유조의 '중국' 개념을 검토함으로써 전후 동아시아 인식의 일면을 분석하였다. 그에 따르면 미조구치는 서구의 시각이나 일본의 상황에 따라 중국을 이해하려는 기존의 논의를 거부하고, '방법으로서의 중국을 인식'하고자 하였다. 특히 그는 중국의 근대성을 서유럽에 비교하기보다는 '중국적 고유의 근대성'을 강조했다. 특히 이탁오를 중심으로 중국에 내재하는 근대의 가능성을 검토하면서, 아편전쟁과 5·4운동을 근대 중국의 출발점으로 보는, 즉 서구의 근대를 기준으로 중국을 보는 시각을 비판했다. 그렇지만 이러한 그의 논리는 과거 제국 일본 시기의 '근대초극론'과 유사한 것이었고, 특히 1980년대 이후 중국이 세계 강국으로 부상하는 과정을 긍정적으로 이해했다는 점에서 '마지막 초극전'을 준비했다고 할 수 있다. 이러한 미조구치의 중국론은 과거 일제의 침략에 대한 명확한 반성을 결여하고 있을 뿐 아니라 현재 중국이 주도하는 세계질서에 맞추어 중국의 역사를 다양하게 전유하고 있다는 점에서 주목할 부분이 있다.

 이상 다섯 편의 연구를 통해 제한적이지만, 지역 차원의 냉전 과정에서 각국의 역사학은 정치화, 체제화하였고, 국가 중심의 민족주의 사학이 저변을 이루어 왔음을 알 수 있다. 이러한 역사인식은 근대 국가로 구성된 세계질서에 편입되는 과정에서 동아시아 각국이 설정했던 근대 역사학의 논리를 목적론적으로 절대화한 측면이 있다. 현재 세계질서는 그러한 근대와 시공간 개념을 달리하는 문명사적인 전환기에 있다. 그럼에도 현재 동아시아에서는 근대 이래 국가 중심의 목적론적인 역사인식이 더욱 심화되고 있다는 것은 지극히 불행한 일이다. 문명전환에 조응하는 새로운 역사인식을 모색할 필요가 있다. 근대 역사학에 대한 성찰이 그를 위한 밑거름이 될 수 있기를 바랄뿐이다.

2023년 11월
집필자를 대표하여
오병수 씀

차례

책머리에 · 4

1장 판원란의 학술 궤적과 『중국통사간편』 저술 배경
　　 중화인민공화국의 흠정사서는 어떻게 탄생했나? _ 오병수

　　 I. 머리말 · 16
　　 II. 초기 학술 이력 · 21
　　 III. 항전 활동과 옌안행: 『중국통사간편』을 편찬하기까지 · 31
　　 IV. 『중국통사간편』 집필의 배경과 조건 · 51
　　 V. 맺음말 · 65

2장 냉전 시기, 중국의 고대 농민전쟁에 대한 인식
　　 양보정책론을 중심으로 _ 이유표

　　 I. 냉전 시기, 마르크스주의 역사학을 둘러싼 중국의 논쟁 · 72
　　 II. 이른바 '신중국' 성립 후 농민전쟁 인식과 '양보정책론'의 정립 · 76
　　 III. '양보정책' 비판론의 전개와 그 내적 요인 · 88
　　 IV. '양보정책' 비판론을 돌아보며 · 102

3장 역사학자 박시형의 민족과 과학 _ 홍종욱

　　 I. 머리말 · 110
　　 II. 식민지 지식인의 민족과 과학 · 112
　　 III. 세계사적 보편성 추구와 북한 역사학 정립 · 124

    Ⅳ. 고대사를 밝히는 민족의 역사학자 · 140
    Ⅴ. 맺음말 · 155

4장 1960~1970년대 초 지식인들의 사유구조와 역사 서사
    『창작과비평』을 중심으로 _ 윤상현

    Ⅰ. 머리말 · 164
    Ⅱ. 끊임없이 확장되는 미래로서 '근대(화)' · 168
    Ⅲ. 운동의 주체 구성: 반개인주의적 사상의 일체화 · 176
    Ⅳ. '근대화'의 역사 서사: 대결적 역사인식 · 187
    Ⅴ. 맺음말 · 194

5장 최후의 초극전, 혹은 중국적 근대의 그림자
    미조구치 유조의 중국사상사 연구와 동아시아론 _ 심희찬

    Ⅰ. '방법으로서의 중국' · 202
    Ⅱ. 중국학의 탈구축과 세계의 탈구축 · 205
    Ⅲ. 주자에서 쑨원까지 · 212
    Ⅳ. 마오쩌둥과 중국의 사회주의 · 227
    Ⅴ. 최후의 초극전의 행방 · 238

    찾아보기 · 245

1장

판원란의 학술 궤적과 『중국통사간편』 저술 배경
중화인민공화국의 흠정사서는
어떻게 탄생했나?

오병수 | 동국대학교 인간과미래연구소 연구원

I. 머리말

중화인민공화국 수립 이후, 마르크스주의 역사학은 중국 역사학의 주류가 되었다. 사회주의 체제에서 현실을 해석하고, 국민을 동원하며 국민적 정체성 구성의 근거를 제공하는 체제 학문으로서 자리잡은 것이다. 당연히 체제의 정당성을 구현하는 새로운 역사 서술이 흥성하였다. 계급과 인민을 주체로 자국사를 서술하면서, 이른바 세계사적 발전 법칙에 기초하여 사회 형태의 발전 과정으로서 사회주의 혁명의 필연성을 정당화하는 방식이었다. 그렇지만 이러한 '체제 학문'으로서의 역사학의 성격은 사실 독립적인 분과학문보다는 체제의 일부로서 작동되는 이데올로기적 기능에 따라 규정되는 측면이 강했다. 예컨대, 그것은 중국공산당(이하 '중공') 당내의 '중국역사문제연구위원회'와 같은 기구를 필두로 중국과학원(이후 중국사회과학원) 산하의 역사연구소, 중국사학회 및 대학 등 이데올로기적 국가기구를 바탕으로 하면서, 역시 당국이 주도하는 다양한 층차의 간부 및 당원 교육, 대중 동원 및 학교 교육 체제를 통한 당국의 이데올로기 정책의 일환으로 역사학이 생산되고 유통되었기 때문이다.[1] 특히 당원과 국민에 대한 이데올로기적 교육과 선전을 목

---

1 여기에는 교수 및 지식인에 대한 사상개조 및 소련식 학제의 이식에 따른 학교 '교연실'을 동원한 통제가 수반되었다. 그럼에도 당국의 정책이 일사불란하게 관철되지 않은 측면을 지적하는 논자도 있다. 예컨대 건국 초기 당국의 입장과 달리 고대사 연구가 많이 이루어졌고, 베이징의 중앙과 상하이 등 지방과는 학술적 견해 차이가 있었으며, 당이 공식적 견해로서 지지한 소련식 동방사회론에 대한 반발도 있었다는 것이다. 그렇지만 당시 역사학이 당국의 이데올로기 정책으로부터 자유로웠던 것은 아니다. 羅志田, 2009, 「文革前'十七年'中國史學的斷片反思」, 『四川大學學報』 2009年5期; 姜義華, 2002, 『史魂: 上海十大史学家』, 上海辞书出版社; Xin Fan, 2022, *World History and National Identity*, Cambridge University Press.

적으로 당국의 지침에 따라 중국공산당사, 혁명사 및 근대사, 자국사, 세계사가 제작·유포되었다.

따라서 전후 중국에서 '맑스주의 역사학의 부상' 현상과 관련해서는 근대 역사학의 '패러다임 전환'이라는 시각보다는 정치 이데올로기화 과정의 측면에서 파악할 필요가 있다.[2] 특히 중국 근대 역사학이 마르크스주의라는 외래의 이론을 빌려 자국의 현실을 해석하면서 구체적인 정치체제 및 현실과 어떻게 결합하는지 그 과정과 기제를 분석할 필요가 있다.[3] 또 사회주의 혁명 과정에서 제기된 국가 사회적 과제 및 정치사회적 변동을 역사학이 어떻게 반영하면서 전개되었는지를 살펴볼 필요가 있다. 현재 중국이 여전히 '마르크스주의 중국화의 현실화' 등을 구호로 자국사의 새로운 재구성을 시도하면서 마르크스주의와 민족주의를 소환하고 있는 점을 감안하면 더욱 그러하다.

---

[2] 원래 과학 용어인 "패러다임 전환"이란 단어를 역사학에 차용한 배경은 개혁개방 이후 새로운 근대사 서술방식을 모색할 필요성 때문이었다. '근대'에 대한 성찰적 의미를 내포한 것이었다. 그러나 최근에는 중국 근대 역사학의 전기 과정을 설명하는 용어로 이 단어를 사용하는 경향이 있다. 예컨대 량치차오가 구상한 신사학에서 시작하여, 오사운동 이후, 과학적 역사학을 거쳐 마침내 마르크스주의적 역사학이 주류적 역사학으로 대두되었는데, 이러한 과정을 "패러다임의 전환"으로 해석하는 것이다. 그러나 중국 역사학은 시종 민족주의나 과학주의 등 근대 이데올로기를 공유하였을 뿐 아니라 이러한 '패러다임'론 자체가 마르크스주의 역사학의 결함을 은폐하려는 의도에 선제된 것이라는 점에서 많은 문제를 안고 있는 논의이다. Li, Huaiyin, 2013, *Reinventing Modern China: Imagination and Authenticity in Chinese Historical Writing*, Honolulu: University of Hawai'i Press; 徐秀麗, 2015, 「中國近代史研究中的"範式"問題」, 『清華大學學報』 2015年 第1期; 崔志海, 2020, 「中國近代史研究範式與方法再檢討」, 『歷史研究』 2020年 3期.

[3] Arif Dirlik, 1978, *Revolution and History: Origins of Marxist historiography in China, 1919-1937*, University of California Press; Mechthild Leutner(羅梅君), 1997, 『政治與科學之間的歷史編纂; 30和40年代中國馬克思主義歷史學的形成』, 山東教育出版社.

이 글에서는 그 기초 작업으로 사회주의 중국의 수립 시기 중국 마르크스주의 역사학의 형성 과정을 성찰하되, 특히 판원란(范文瀾, 1893~1969)을 통해 문제에 접근해 보고자 한다. 판원란은 궈모뤄(郭沫若), 젠보짠(翦伯讚) 등과 함께 중화인민공화국 '개국 시기'를 대표하는 마르크스주의 역사학자로 알려져 있다. 실제 그가 쓴『중국통사간편(中國通史簡編)』(이하 '간편')과『중국근대사』(이하 '근대사')는 마르크스주의적 관점과 방법을 운용하여 중국사를 서술한 최초의 통사일 뿐 아니라, 마르크스주의와 민족주의를 역사주의적 원칙하에 잘 결합하여 마오쩌둥의 혁명 이론을 충실하게 구현한 역사서로 평가받아 왔다.[4] 60만 자에 이르는 방대한 분량의『간편』은 1942년 옌안(延安)에서 처음 출간된 이후, 해방과 함께 수정이 시도되기도 하였지만,[5] 적어도 개혁개방 직전까지 무려 40년 동안 중공 당 간부 및 대중들의 필독서로서 군림하였다. 애초『간편』은 중국공산당의 통치 지역인 옌안에서 마오쩌둥의 지시에 따라 집필되었을 뿐 아니라. 이후 런민출판사(人民出版社)를 통해 독점 제작·배포하는 중등학교 역사교과서의 저본(底本)으로 기능하였다. 사회주의 시대 중국 인민의 역사의식을 주조한 일종의 '흠정사서'였던 셈이다.

한편 판원란은 이러한『간편』의 집필 과정에서 1940년 옌안의 마열학원(馬列學院) 역사연구실 주임을 시작으로 베이팡대학(北方大學, 교장 겸

---

4   劉大年, 1979,「序」,『范文瀾歷史論文選集』, 中國社會科學出版社; 許冠三, 1986,「范文瀾: 不能削中國之足適西歐之履」,『新史學九十年』, 中文大學出版社.
5 『간편』상책은 1941년 5월, 중책은 1942년에 옌안 신화서점에서 출판하였다. 전후 판원란의 주도로 과학원 근대사연구소를 통해 지속적인 수정 작업이 진행되었으나, 선진~당오대까지, 110여 만 자 분량의 4권『중국통사간편』수정본, 1, 2, 3(상·하)]으로 펴내는 데 그쳤다. 그의 사후 제자와 동료들에 의해 별도의 10권본『중국통사』로 완간되었다.

역사연구실 주임, 1946), 화베이대학(華北大學, 부교장 겸 연구부 주임, 1948)을 거쳐, 전후 중국과학원 3소(근대사연구소)의 설립을 주도하고 장기간 소장을 역임하면서[6] 당내 '중국역사문제연구위원회' 위원, 중국사학회 이사 등을 겸임하였다. 옌안 시절부터 사회주의 중국에 이르기까지 당국의 이데올로기 정책으로서 역사정책과 방침의 결정에 참여하는 한편, 그것을 역사 서술로 구현하면서 제도화하는 데 앞장선 것이다. 이 때문에 그에게는 '관변사학', '어용사학'의 혐의가 부가되었지만, 이러한 그의 행보 자체가 전후 중국 역사학의 일면을 이해할 수 있는 열쇠임에 틀림없다.

그렇지만, 판의 역사학은 오랫동안 사학사적인 연구 대상이 되지 못했다. 개혁개방 시기에서야 '현대화 서사'에 대립하는 '혁명사 서사'의 대표로 자리매김하거나,[7] 전후 근대사연구소 소장으로서의 행적을 중심으로 근대사연구소의 제도화 과정을 해명하려는 시도가 이루어졌을 뿐이다.[8] 최근 중국의 현대 사학사에 대한 관심이 다시 제고되면서 그에 대한 연구가 활발해지고 있는데, 대략 세 부면에 집중되고 있다.

첫째는 초기 학술이력에 대한 연구이다.[9] 애초 베이징대학 등 신식 교

---

6 화베이대학은 1948년에 베이팡대학(北方大學)과 화베이렌허대학(華北聯合大學) 등을 개조하여 성립한 대학으로 인민대학의 전신이라 할 수 있다. 화베이대학 역사연구소는 1949년 화베이대학을 따라 베이징으로 옮겼으나, 1950년 5월부터 중국과학원 근대사연구소로 개칭되었고, 판원란이 소장을 맡았다. 趙慶雲, 2019, 『創榛辟莽: 近代史研究所與史學發展』, 社會科學院文獻出版社, 19~21쪽.

7 Li Huaiyin, 2010, "Between Tradition and Revolution: Fan Wenlan and the Origins of the Marxist Historiography of Modern China," *Modern China*, Vol. 36, No. 3.

8 趙慶雲, 2019, 앞의 책; 林國華·陳峰, 2006, 「論延安時期史學機具的産生,沿革及特点」, 『山東大學學報』 2006年3期.

9 葉毅均, 2020, 『走向馬克思主義史學之路: 范文瀾前傳』, 臺北: 三民書局; 张海明, 2021, 「范文瀾《文心雕龙講疏》與整理国故運動: 從范文瀾的一篇佚文說起」, 『清華

육 체제 속에서도 전통 경학(經學)연구에 몰두했던 판원란이 어떠한 과정을 거쳐 마르크스주의 역사학을 수용하였는지가 핵심이다. 특히 '정리국고' 등 근대 학술사의 맥락에서 그의 학술 생애와 이력에 대한 구체적인 이해가 시도되고 있다.[10] 후술하겠지만, 이러한 논지는 '정리국고' 등에 대한 확대 해석을 바탕으로 하고 있어서 논지 전개에 무리가 많다.

둘째는 그가 저술한 『중국통사간편』의 저술 배경과 내용에 대한 분석이다. 이는 옌안 시기 그의 역사학의 형성 과정을 국내는 물론 소련 등 국제적인 학술장 속에서 해석함으로써 사회주의 중국의 역사학에 대한 이해를 시도하려는 연구이다. 특히 동시대의 궈모뤄, 젠보짠, 상위예(尚越) 등과 비교하거나, 소련당사와의 관계를 분석하는 방식이다.[11] 그의 저술이 순수한 개인 연구의 결과가 아니라는 점에서 바람직한 방향이지만, 여전히 밝혀져야 할 부분이 많다.

셋째는 전후 소련식 '오종사회형태'설로 대표되는 정통 마르크스주의에 대한 그의 해석이 재조명 받기도 하였다. 그는 스탈린의 오종사회형태설을 수용하면서도, 진한제국 시기 이미 민족으로서 한족이 형성되었다는 식의 '민족조기형성론'을 제기하였는데, 이를 최근 중국 당국이 강조하는 민족주의적 측면에서 이해하려는 경향이다.[12] 그렇지만 이러한

大學學報』 2021年3期.

10 葉毅均, 2020, 위의 책.
11 李孝遷, 2014, 『域外漢學與中國現代史學』, 上海古籍出版社; 李勇, 2017, 「同道異趣: 郭沫若和范文瀾的先秦诸子研究」, 『河南師範大學學報』 2017年5期; 趙慶雲, 2022, 「1950年代范文瀾與尚钺學術論爭再析」, 『天津社會科學』 2022年5期 등.
12 張越, 2020, 「范文瀾与"汉民族形成问题争论"」, 『中國社会科學』 2020年7期; 羅志田, 2021, 「以国家说民族 : 范文澜关于汉民族形成思想的特色」, 『南京大學學報』 2021年6期; 羅志田, 2021, 「史料与理论 : 范文澜探讨汉民族形成的语境」, 『河北學刊』 第41卷5期.

논의는 판원란이 스탈린주의를 어떻게 수용했는지에 대한 분석 없이 '민족주의'적 측면만을 과도하게 부각시킨 혐의가 있고, 또 스탈린주의 수용 이전 중국 마르크스주의 역사학이 안고 있던 숙제들을 그가 어떻게 이해하였는지에 대해서는 여전히 논의해 볼 부분이 많다.

이 글에서는 판원란의 『간편』과 같은 '흠정사서'의 성립 과정을 중심으로, 중국의 근대 문화민족주의가 마르크스주의를 매개로 어떻게 새로운 국가권력의 창출 과정과 결합하고, 나아가 주류적인 역사인식으로 구현되는지를 이해해 보고자 한다. 작업이 잘 이루어지면 탈식민과 함께 한 냉전 시기 중국 역사학의 일면을 이해하고, 나아가 현재 중국에서 여전히 주류적 이데올로기로서 군림하고 있는 중국식 마르크스주의 역사학의 여러 현상 및 발전 방향을 전망하면서, 유사한 경험 속에서 전개되었던 한국 근대 역사학 등을 새롭게 성찰할 수 있는 단서를 제공할 수 있을 것이다.

II. 초기 학술 이력

판원란은 단편적인 회고 외에 자신에 대한 진술을 거의 남기지 않았다.[13] 이 때문에 그가 어떻게 마르크스주의를 수용하고 『간편』을 집필하게 되었는지, 내면적 동기를 파악하는 데 어려움이 있다. 우회적이지만 그의 제자나 조수였던 차이메이뱌오(蔡美彪),[14] 류다녠(劉大年) 등 주변

---

13 范文瀾, 1940, 「從煩惱到快樂」, 『中國靑年』 3-2.
14 蔡美彪, 2012, 『學林舊史』, 中華書局.

인물들의 회고 및 정황을 참고하면서 그의 초기의 학술 이력을 검토할 필요가 있다.

1893년 사오싱(紹興)에서 태어난 판원란[15]은 항저우[안딩중학(安定中學)]와 상하이[푸동중학(浦東中學)]에서 계몽교육을 받고 1913년 상하이에서 베이징대학 예과 시험에 응시하여 합격하였다. 1914년 본과에 진입하여 국문과에서 수학한 뒤 1917년 졸업하였다. 진리우푸(金毓黻), 구제강(顧頡剛) 등이 입학 동기였다.[16] 그렇지만 그가 재학했던 시기의 베이징대학은 차이위안페이(蔡元培), 천두슈(陳獨秀), 후스(胡適) 등이 아직 신문화운동의 주역으로 활약하기 이전으로, 대신 장빙린(章炳麟)의 학문적 영향력이 절대적인 시기였다.[17] 따라서 그 역시 재학 기간 장빙린의 제자라 할 수 있는 황칸(黃侃, 문학), 천한장(陳漢章, 역사학), 류선수(劉申叔,

---

15 그는 전통적인 독서인('詩書門第') 출신으로, 조부는 지현의 막료를 지냈고, 부친은 과거 낙제한 독서인이었다. 숙부 판셔우밍(范壽銘, 1872~1923)은 1893년 거인으로 청말 민초 허난성 안양(安陽), 내이황(內黃) 등지의 지현과 허난성 하북도도윤(河南省河北道都尹)을 지냈다. 판원란은 베이징대학 졸업 후, 이 숙부에게 의탁한 적이 있다. 그 외 동향인 차이위안페이와는 대대로 내왕하는 관계였고, 루쉰(魯迅)의 친구인 쉬셔우상(許壽裳)과도 인척관계였다. 그가 당국에 체포될 때마다 이들의 도움을 얻었다.

16 구제강은 1914년과 1915년 두 차례의 휴학 끝에 1921년에 졸업하고, 연구원 생활을 하였다. 일찍부터 후스가 제창한 정리국고를 실천하여 명성을 얻었다. 이후 구제강은 장저(江浙) 출신의 베이징대학 졸업생이 중심이 되어 조직한 朴社를 주도하였는데, 판원란 역시 여기에 동인으로 참여하였다. 다른 입학동기인 마오즈쉐이(毛子水)와는 별 교류가 없었으며, 펑유란(馮友蘭)과 지원푸(嵇文甫), 푸쓰녠(傅斯年)은 각각 1915년 본과에 입학하여 1918년과 1920년에 졸업하였다.

17 차이위안페이가 베이징대학 총장으로 취임한 것은 1916년 2월이었다. 그 전에는 허위스(何燏時, 1912. 12~1913. 11), 후런위옌(胡仁源, 1913. 11~1916) 등 절강 출신(浙江籍)으로 일본 유학을 한 사람들이 총장을 맡으면서 주씨주(朱希祖), 첸시안퉁(錢玄同), 마위자오(馬裕藻), 선첸스(沈兼士) 및 황칸 등 장빙린의 제자들이 베이징대학 문과에 대거 임용되었다. 陳以愛, 2002, 『中國現代學術研究機構的興起: 以北大研究所國學門為中心的探討（1922－1927）』, 南昌 : 江西教育出版社, 5~9쪽.

경학)로부터 경학, 소학, 문학사 등 강의를 들으면서 고문경학을 익혔다. 특히 장빙린이 몸소 가르친 제자(親傳弟子)이자 소학(小學), 경학(經學) 전문가인 황칸을 추숭하였다. 사실상 "신문화운동 이전 베이징대학에서 전통 국학을 학습한 마지막 세대였고, 황칸의 제자이자 공인된 우등생 (高才生)이었"던 것이다.[18]

이 때문에 이후 판원란의 행적은 이른바 신문화운동 세대와는 궤적이 다를 수밖에 없었다. 우선 그는 당시 신문화운동이나 '정리국고'운동 등에는 별 관심이 없었다. 그의 회고에 따르면,[19] 5·4 시기, 그는 "몇 권의 경서(經書), 한서(漢書), 설문(說文), 문서(文書)를 옆에 끼고 스승의 이야기를 열심히 송습(誦習)하면서 스스로 학술 정통, 문학 적통을 자처하여 당시 유행하던 백화문, 신학설을 비웃"었을 뿐이며,[20] 그 이후에도 신문화운동과는 거리를 두었다. 1937년 루쉰(魯迅)을 추모하는 글에서도, 루쉰이 보여 준 언행일치(言行一致)의 면모와 함께 고매한 인격 등을 추앙하면서 다음과 같이 회고하였다.

'신청년' 시대가 지나고 '어사(語絲)'와 '현대평론(現代評論)'이 패권을 다툴 때다. 나는 선생님과 노학자들의 영향으로 한학(漢學)의 훈고(訓詁), 고거(考據)와 송학(宋學)의 성명의리(性命義理)를 하나로 융합하여, 한학과 송학을 소통하는 학자가 되기를 희망하였기에, 당시의 신사조에 대해서 그다지 잘 알지 못했다. 때문에 당시 신인물들과는 심리상 소원(疎

---

18 卞孝萱文集, 2010, 「范文瀾先生治學道路與方法」, 『卞孝萱文集』 제7권, 50쪽; 卞孝萱文集, 2010, 「范老的治學精神」, 『卞孝萱文集』 제7권, 5쪽.
19 范文瀾, 1940, 「從煩惱到快樂」, 『中國青年』 3-2.
20 范文瀾, 1949, 「偉大的五四運動」, 『北方雜紙』, 1949년 5월 4일.

遠)했다. 오랜 시간이 지난 이후 선생님과 학자들이 학문적으로 존경할 부분이 있지만, 그 행위가 꼭 의론과 부합해 보이지 않았다. 예를 들기에는 불편하지만, (… 도학자인 척 하지만 자세히 보면) 모두 감정과 욕망을 방종한 것(人慾橫流)에 불과하다는 것을 알게 되었다.[21]

당시 판원란이 '신파 인물'들과는 별 교류 없이 전통 학술의 정리와 함께 그때의 주류적 흐름과 구별되는 도덕적 인격을 추구하였음을 알 수 있다.

그는 또 재학 시절, 스스로 장빙린의 불학(佛學)의 영향을 받았으며 차이위안페이의 영향하에 일종의 무정부주의 단체라 할 수 있는 진덕회(進德會)의 을종(학생)회원으로 활동했다.[22] 판원란이 유가 중심의 낡은 도덕을 비판하면서 개인의 윤리적 각성을 추구했음을 시사하며, 특히 후자는 "평생 관직에 나가지 않겠다"는 서약을 비롯한 비세속적 도덕 실천을 의무로 하였다. '현대'에 대한 도덕적 비판을 전제한 선비로 처신하면서, 개인의 윤리적 각성을 통한 사회 문제 해결을 추구했던 것으로 짐작할 수 있다. 물론 장빙린이나 차이위안페이가 그러하듯 그 개인적 각성은 순수한 개인주의라기보다는 민족운동과 사회적 실천의 주체로 전화할 가능성을 내재한 것이었다. 분명한 것은 그가 신문화운동 시기의 백화문운동이나 '공자 타도'식의 전통비판 및 서구적 개인주의와는 애초부터 결을 달리하였다는 것이다.

---

21 范文瀾, 2002, 「憶魯迅先生」, 『范文瀾全集』 10, 河北教育出版社(원재 『風雨』 6기, 1937).
22 葉毅均, 2020, 앞의 책, 108쪽.

베이징대학 졸업 후 그의 행로도 주목되는 측면이 있다. 일반적으로 5·4와 신문화의 세례를 받은 신청년들이 '과학'을 찾아 구미유학을 선택한 것과 달리 판원란은 국내에서 직업 생활을 시작하였다. 그는 졸업 당시 막 부임한 차이위안페이의 비서직을 제안받았으나, 곧 허난성 지현(河南省 汲縣)에서 지방관으로 있던 숙부 판셔우밍(范壽銘)에게 의탁하였고, 션양고사(瀋陽高師), 지현중학(汲縣中學), 저장씽예은행(浙江興業銀行) 등을 거쳐, 1922년부터 난카이중학(南開中學) 교사 및 대학부(大學部) 강사로서 교편을 잡았다. 이후 그의 행적은 대략 〈표 1〉과 같다.

〈표 1〉 판원란의 학술 이력

연도	이력	저술	비고
1922	난카이 중학 교사 및 대학부 강사		
1925	난카이대학 교수 부임	『文心雕龍講疏』(新懋書局)[23]	5·30 시위에 참가
1926	난카이대학 교수		중국공산당 가입, 중공 톈진위원회 난카이대학 지부 학생부 서기
1927			톈진경비사령부의 체포를 피해 피신
1928	베이징대학, 베이징사범대학, 중귀대학(中國大學) 등에서 강의	『諸子略義』(北京大學文科)	
1929		『水經注寫景文抄』(편록, 北平朴社), 『文心雕龍注』(上, 中), 北平文化學社)	
1930			공산당 관련 혐의로 베이핑 헌병사령부에 체포, 2주 후 석방
1931		『正史考略』(北平文化學社)	

---

[23] 新懋書局은 중공 톈진 지하당 조직이 운영하는 곳이었다.

1932	베이핑뉘즈대학(北平女子大學) 문리학원 국문계 교수 겸 주임	『文心雕龍注』(下)	중공 지하당 및 좌련, 사련 등 조직 활동(노신회견)
1933	베이핑뉘즈대학 문리학원 원장	『群經槪論』(北平 朴社)	민권보장동맹 베이핑 분회 후보위원
1934			공산당 관련 혐의로 베이핑 헌병사령부 체포, 난징 경비사령부 이감 되었다가 보석, 출옥
1935	중파대학(中法大學) 강사	『大丈夫』(편저)	카이펑으로 옮김
1936	허난대학(河南大學) 교수	『大丈夫』(上海 開明書店)	
1937	허난대학 교수	『遊擊戰術』(편인)	허난에서 항일 활동 『풍우(風雨)』, 『경세(經世)』(편집)
1938	허난대학 교수		제5전구(第五戰區) 항적공작위원회[리쭝런(李宗仁)의 요청] 활동
1939			중공 입당, 옌안행(10월)

  1922년 난카이대학(南開大學)에서 국문(國學要略) 강의로 시작된 그의 학술 활동은 톈진(南開)(1922~1927), 베이징(1927~1935)을 거쳐 다시 카이펑(開封, 1936~1939)으로 이어졌다. 이렇게 옮겨 다닌 이유는 모두 중국공산당과의 연루 혐의 때문이었다. 회고에 따르면, 그는 1925년 톈진에서 5·30운동에 참가한 것을 계기로 중공당과 연계되기 시작하였다. 그러나 특별한 이론이나 조직 활동보다는 난카이대학 학생들과 "국내외 대세와 공산주의"를 논하면서 가깝게 지낸 것이 전부였다고 한다. 특히 당시 그는 첫 저술인 『문심조룡강소(文心雕龍講疏)』를 출판하는 등 학술 생애에 뜻을 두고 있었다. 그렇지만 결국 곧 당국의 체포 위협이 닥치자 1927년 베이징으로 피신하였고, 1930년 같은 혐의로 베이핑 헌병사령부(北平憲兵司令部)에 체포되면서 본격적으로 '이데올로기 시대'를 경험하였다. 판원란은 1932년 베이핑뉘즈대학 문리학원 국문계의 정식교원이 되기까지 근 5년 이상을 베이징대학, 베이징사범대학(北京師範

大學) 등 여러 대학의 강사로 출강하면서 진보적인 학생은 물론 중공과 연계된 베이징 지역의 좌련, 좌익교사연맹, 사련(社聯) 등을 통해 문화, 지식인 운동과 폭넓은 관계를 유지하였다.[24] 1932년 쿠쉰좌담회를 그의 집에서 개최하였고, 역시 1933년 차이위안페이, 송칭링(宋慶齡) 등이 발기한 중국민권보장동맹(中國民權保障同盟) 베이징 지부 주비(籌備)위원으로 활동하였다.[25] 국민당의 당치와 계엄이라는 제한된 조건 속에서 진보적인 지식인으로 활동한 셈이었다.

물론 판원란은 이러한 활동 과정에서 일역본 마르크스, 레닌의 원전과 마르크스주의 유물사관을 학습하는 등 마르크스주의에 대해 상당한 관심을 보였다고 한다.[26] 사회사 논전 이래 마르크스주의 관련 번역이 넘쳐났던 상황에서 당연해 보이지만, 당시 그가 구체적으로 어떤 책을 읽고, 어느 정도 마르크스주의를 수용했는지는 정확히 알 수는 없다. 다만 당시 장빙린의 제자였던 우청스(吳承仕)가 그로부터 『공산당선언』이나 『가족 사유재산과 국가의 기원』 등을 구해 읽었던 것으로 보아, 판원란 역시 마르크스주의 기본 원전을 섭렵하였고, 또 좌익 지식인으로서 어느 정도 이름을 얻었던 것으로 이해할 수 있다.[27] 동시에 당시 그에 대해 "교수연 하지 않으면서 진보적 사상과 정직한 인품으로 학생운동을

---

24 侯外廬, 1985, 『韌的追求』, 三联书店, 29~30쪽.
25 葉毅均, 2020, 앞의 책, 339~347쪽.
26 劉之惠, 1981, 「范文瀾同志在三十年代的幾件事」, 『奮鬪』 1981年 11期(葉毅均, 2020, 위의 책, 339, 340쪽에서 재인용).
27 특히 우청스는 이후 『철학적 빈곤』, 『도이치이데올로기』 등을 읽고, 마르크스주의를 학문연구 방법으로 수용하였다. 판원란 역시 유사한 과정을 밟았을 것이다. 庄華峰, 2000, 「由舊經學向馬克思主義歷史哲學的轉變」, 『史學理論研究』 2000年 3期; 周少川, 2012, 「吳承仕的經學史研究」, 『北京師範大學學報』 2012年 5期.

적극 지지했다"는 베이징대학 학생 첸지아거우(千家駒)의 회고를 통해 그의 면모를 일부 짐작할 수 있다.

> 판원란은 이미 고인이 되었다. 해방 전, 나는 그와 교류가 깊었다. 예과 시절 그는 『문심조룡(文心雕龙)』을 강의했다. 그러나 그는 늘 선생티를 내지 않아서 자주 왕래했고 마침내 가장 가까운 친구가 되었다. 당시 그가 지하당원이었는지는 알 수 없지만 사상이 진보적이고 인간됨은 정직했다. 내가 베이징대학에서 학생운동을 할 때 가장 적극적인 지원자였고, 졸업 이후에도 자주 왕래하였으니, 가슴을 열고 말하지 못할 것이 없었다.[28]

첸지아거우는 또 판원란이 당시 '문화인'이라면 관심을 갖는 영화를 전혀 접하지 않았음을 소개하였다. 판원란이 특유의 도덕의식과 검박한 생활[29]을 통해 세속 사회 또는 주류적인 지식인 사회와 긴장관계를 유지하였음을 알 수 있다. 판은 1934년 같은 이유로 다시 체포되어, 난징(南京) 경비사령부에 장기 구류되었다.[30] 6개월 만에 겨우 석방되었지만 더는 베이징에서 활동하는 것이 불가능해졌다.

문제는 이 시기 그가 전개했던 학술 활동을 어떻게 이해할 것인가 하는 점이다. 우선 『문심조룡강소』(1925), 『제자략의(諸子略義)』(1928), 『정

---

28 千家駒, 1986, 『七十年的歷程』, 香港: 鏡報文化企業有限公司, 79쪽.
29 당시 베이징의 대학 강사료는 시간당 5원 정도로, 월 40시간을 강의해야 보통 교수 급여인 200원을 받을 수 있었다. 여러 대학 강의를 전전한 것은 생활 유지에 버거운 박봉 때문이었다. 葛劍雄, 1997, 『悠悠長水: 譚其驤前傳』, 華東師範大學出版社, 53쪽.
30 당시 그의 구명을 위해 차이위안페이(중앙연구원 원장), 이린위(李麟玉, 중파대학 교장) 및 베이징 지역 교수들이 연대 서명에 나서고, 천커푸(陳果夫)의 비서였던 고모부 쉬스취엔(許世銓) 등의 도움이 컸다. 范元維, 2002, 「我的父親范文瀾在河南的一段經歷」, 『范文瀾全集』10, 河北教育出版社(원재 『河南文史通信』, 1983).

사고략(正史考略)』(1931), 『군경개론(群經槪論)』(1933) 등 그의 저술은 모두 난카이대학 등에서 이루어진 강의 내용에 기초한 것이었다. 그러나 강의가 대부분 문과 저학년 대상이었던 만큼 학술적 전문성을 기대하기는 어려운 부분이 있다. 다만 내용적으로 위진(魏晉) 시기까지의 문학사에 대한 계보학적 정리였던 문심조룡 연구에서 출발하여 경, 사, 자 연구로 확장, 보완하고 있음을 알 수 있다. 전통에 대한 나름의 학술적 정리 작업이었던 셈이다. 『제자략의』는 삼대제도(三代制度)에서 위진 시기 청담(淸談)까지의 제자학을 유가·도가·묵가 및 그 지류의 변화를 통해 밝힌 것이며, 『군경개론』은 『13경주소(十三經注疏)』의 예에 따라 13경을 설명한 일종의 경학 개론서였다. 『정사고략』은 중국에서 사(史)의 기원과 체제를 간략히 밝힌 총론과 함께 역대 정사인 22사에 대한 문헌 해제였다. 다른 저술도 그러하지만 특히 이 책은 본문보다는 각주가 많은 전통적인 서술 방식을 취하여서 동시대 저작인 진리우푸의 『중국사학사(中國史學史)』(1944, 商務印書館)와는 물론, 정리국고운동 등 당시의 주류적 학술 풍격과는 차이가 컸다.

물론 그는 첫 저작인 『문심조룡강소』(1925)와 그것을 발전시킨 『문심조룡주(文心雕龍注)』를 발간함으로써 학계에서 상당한 이름을 얻었다. 그렇지만 그것 역시 상당 부분 그의 스승이었던 황칸의 『문심조룡차기(文心雕龍箚記)』를 중심으로 하고, 류스페이(劉師培)와 천한장의 논의를 더하는 등 기왕의 연구를 자신의 입장에서 종합하는 전통적인 방식을 취한 것이었다.[31] 기타 저서에서는 개인적인 견해를 좀 더 개진하고 있지

---

31 『문심조룡주』는 기왕의 『문심조룡』에 대한 주석을 모으고, 개인의 의견을 덧붙임으로써 「문심조룡학」을 추동하였다는 평가를 받았다. 그러나 동시에 황칸의 『문심조룡차기』의 체제뿐 아니라 내용의 대부분을 출처 표기 없이 인용함으로써 표절 혐의를

만, 적어도 이것만 놓고 보면 그의 학술 활동의 목적이 스승의 구설로 구현된 전통학술을 계승·발양하는 데 있었다고 할 수 있다.[32] 물론 이러한 과정에서 판원란은 공자를 "육경(六经)을 산정(刪定)했을 뿐이며, 주공이 정한 주례 등을 집대성한" 자로 서술하고 '공자의 학문은 곧 주공(周公)의 학문이요 중국 민족의 전통학문'[33]이라고 하여, 고문경학적 입장을 분명히 했다. 또 같은 맥락에서 선진 시대에 중국 학술과 사상의 자유가 가장 꽃피었지만, 한 대 유가 독존 이후 그것이 쇠퇴하고 세속화함으로써 도덕적으로 타락했다고 보는 장빙린, 량치차오(梁啓超) 등과 인식을 같이하였다.[34] 이들이 전통 학술의 혁신을 통해 새로운 도덕 원리를 추구했듯이, 판의 작업 역시 새로운 사회 통합에 필요한 도덕적 원리의 수립과 그를 위한 실천, 또는 그 모색 과정으로 볼 수 있을 것이다.

물론 판원란의 작업 역시 전통에 대한 가치적 재평가 형식을 취하고 있고, 그의 『제자략의』를 베이징대학(京師大學校) 명의로 출판하거나, 보사(朴社)를 통한 구제강과의 교류를 들어[35] 정리국고나 신문화운동과의

받기도 했다. 陳其泰, 2000, 『范文瀾學術思想評傳』, 北京圖書館出版社, 160쪽; 『靜晤室日記』 卷第118, 1943年 3月 10日, 5126쪽; 『靜晤室日記』 卷第144, 1947年 12月 22日, 6486쪽.

32 『제자략의』(1928)나 『군경개론』은 모두 '방정박인(旁征博引)'을 특징으로 한다. 전자는 胡适이나 王国维·梁启超·章太炎, 蔡元培, 마叙伦 등 관련 저술을 두루 인용하여, 자신의 견해를 밝히고 있다. 후자 역시 황간과 류신수의 론에 자신의 새로운 견해를 덧붙이고 있다. 葉毅均은 이를 판원란이 장빙린의 울타리에서 벗어나 자신의 독자적 입장을 세운 것이자, 정리국고의 일환으로 이해하였다. 葉毅均, 2020, 「早年范文瀾的學术与思想新探」, 『安徽史學』 2020年 3期, 69쪽.

33 范文瀾, 2002, 『諸子略義』, 『范文瀾全集』, 第2卷, 河北教育出版社, 213쪽.

34 范文瀾, 2002, 『文心雕龍講疏』, 『范文瀾全集』, 第3卷, 河北教育出版社, 171쪽.

35 范文瀾, 2002, 「與顧頡剛論五行說的起源」, 『范文瀾全集』, 河北教育出版社, [원재 『史學年報』(燕京大學) 1931年 3期].

관계를 논할 수도 있다. 그러나 판원란의 활동 범위 자체가 시종 '정리국고'의 중심에 있지 않았고, 그 출발점이 신문화운동에 있지도 않았다.[36] 오히려 그의 첫 저서가 량치차오의 서문을 받아 출판되었다는 점은 시사하는 바가 있다. 당시 량치차오는 일종의 문화권력으로서 중국의 전통을 새로운 맥락에서 재해석하고, '세계 국가'로서 중국의 새로운 정체성을 추구함으로써 지식계의 관심을 모았다.[37] 특히 량치차오는 문화운동을 구상하면서 베이징대학 중심의 신문화운동을 견제하려는 차원에서 난카이대학에 동방학연구소 설립을 계획하기도 하였다. 판원란의 사유가 후스 그룹보다는 량치차오와 보다 가까운 입장이었다고 볼 수 있으니, 그것은 중국의 전통을 활용하여 신문화운동이 결여하고 있던 공백을 메우고, 나아가 새로운 국민적 정체성을 창출하려는 방향이었다. 그리고 그것은 그가 계승한 전통 학술에 대한 확신과 탈속적(脫俗的) 도덕의식을 바탕으로 하고 있어서 실천의 동력을 담보한 것이었다.

III. 항전 활동과 옌안행: 『중국통사간편』을 편찬하기까지

판원란이 류사오치(劉少奇)의 소개장을 휴대하고 국민 정부의 통치

---

36 이 점은 장빙린 계통의 주씨주, 첸쉬안퉁, 저우쭤런(周作人) 등이 나름의 국어통일운동의 논리에 따라 '백화문운동' 및 신문화운동에 합류하게 된 과정과도 구별된다. 陳以愛, 2002, 앞의 책, 19~21쪽.
37 吳炳守, 2002, 「研究系知識分子的文化权力及其基础」, 『史林』 2002年1期; 오병수, 2023, 「일차세계대전후, 양계초의 사상전환과 세계국가론」, 『중국학보』 164.

지역을 벗어나 옌안에 도착한 것은 1940년 초였다. 전해 가을(9월) 허난·산씨 교계(交界) 지역인 씨산커우(西峽口)에서 지원푸(嵇文甫)의 집을 나선 지 4개월만이었다. 도중인 롱주자이(龍駒寨, 산시성 상셴)에서 불온서적[『연공당사(联共党史)』] 소지 혐의로 두 달씩이나 억류당하는 등 곤욕을 치렀으니,[38] 그의 옌안행은 말 그대로 '과오관참육장(過五關斬六將: 다섯 관문을 넘고 여섯 장수를 베어 냄)'의 험난한 여정이었다. 그렇지만 판원란은 옌안 도착 즉시 중공당의 대대적인 환영을 받았고, 곧 천보다(陳伯達)의 후임으로 마리학원(馬列學院) 역사연구실 주임으로 임명되어, 『간편』 집필에 착수하였다. 결국 옌안행은 그가 『간편』을 집필하게 된 직접적인 계기였던 셈이다.

그렇다면 그는 어떻게 옌안에 가게 된 것일까? 알려지기로는 1937년 항전 폭발 이후 판원란은 허난에서 중공과 연계하에 항일 활동에 투신하였고, 1939년 말 국공 관계가 악화되자 그의 안전을 고려한 중공의 결정에 따라 옌안행이 이루어졌다고 한다. 상황적 설명이지만 『간편』 집필의 동기와 배경을 이해하기 위해서는 이 과정을 좀 더 살펴볼 필요가 있다.

우선 주목할 것은 그는 이미 1935년에 카이펑으로 거처를 옮겼고, 이듬해 봄 학기부터 허난대학에서 정식으로 중국상고사, 경학사(經學史), 중국 문학사 등을 강의하고 있었다는 점이다. 베이징에서는 이미 '위험인물'로 낙인찍혀 더는 강의 자리도 구할 수 없었고, 또 화베이(華北) 정세가 '위급'해지면서 당국에 의한 예비구금 등이 우려되었기 때문이었다.

---

[38] 嵇道之, 1995, 「歷史的安排: 嵇文甫與范文瀾·曹靖华·冯玉祥」, 『河南大學學報』 (社會科學版) 1995年1期; 范文瀾, 1940, 「從煩惱到快樂」, 『中國青年』 3-2.

반면 허난은 그가 젊은 시절을 보냈던 곳인 만큼, 새로운 활동에 필요한 지인들의 도움을 기대할 수 있었다.[39] 실제 그는 이 시기에 처음으로 백화(白話)로 쓴 대중용 역사서적인 『대장부(大丈夫)』(1935)를 출판하면서 새로운 활동을 모색하였다.

『대장부』는 장건(張騫), 문천상(文天祥), 척계광(戚繼光) 및 사가법(史可法) 등 중국 역사상 항외 영웅의 행적을 쉬운 문장으로 서술한 책이었다.[40] 사료에 근거하면서도 원문을 선록(選錄)한 것이 아니라, 전기(傳記) 형식의 '역사적 서사'를 구사한 점이 특징이다. 그런데 보다 생각할 점은 역시 유교의 이상적 인간형인 군자의 다른 이름이자, 실천력을 지닌 현실 인간형인 '대장부'를 서명(書名)으로 차용한 점이었다. 관원란은 그 뜻을 "부귀로 마음을 어지럽히지 못하며, 빈천으로 절개를 변하게 할 수 없으며, 위세나 폭력으로도 그의 뜻을 꺾을 수 없는 …" 등의 『맹자(孟子)』를 원용하여 설명하였다.[41] 일제의 침략이 민족의 위기로 가시화되는 상황에서 대중들의 민족의식을 고취하려는 뜻과 함께, 어떤 어려움 속에서도 자신이 추구하는 이상적 가치를 실천하겠다는 뜻을 함께 부의한 것으로 볼 수 있다. 이 점은 '범례'의 인물 선록 기준에서도 명확히 드러난다.

> 2. 이 책에서 옛 사람을 선록(選錄)한 기준은 도덕과 사업을 함께 고려하였으나, 특히 도덕적인 측면을 중시하였다. 사업의 성패는 환경의 제약

---

39 范文瀾, 1940, 「從煩惱到快樂」, 『中國靑年』 3-2.
40 范文瀾, 1935, 『大丈夫』, 上海 開明書店(『范文瀾全集』 6, 河北敎育出版社, 2002에 재수록).
41 范文瀾, 1935, 『大丈夫·凡例』, 上海 開明書店(『范文瀾全集』 6, 河北敎育出版社, 2002에 재수록).

을 받지만, 도덕적 책임은 누구라도 질 수 있는 것이기 때문이다.
3. 본서가 고인을 서술한 목적은 한족(漢族)의 위엄(威嚴)과 이적(夷狄)의 침략에 저항했던 사적을 발양하고자 하는 것이므로 역사상 가능한 한 모범적인 위인을 감작하였으나….
4. 외족이 통치했던 조대(朝代) 시기에도 늘 적지 않은 (그 왕조에 충성하는) 충의지사가 있었다. 그들은 이류(異類)에게 효로(效勞)하는 것만 알고 종족 간의 대의를 망각했다. 공자가 『춘추』를 편찬하여 이하(夷夏)의 교훈을 엄격하게 가린 것을 이들은 취하지 않은 것이다.
5. 외력(外力)이 중국을 침략할 때마다, 늘 충신 의사들이 각종 방식으로 민족 간 비장한 투쟁에 참가하였다. 어떤 사적은 전해지고, 어떤 경우는 이름조차 잊혔다. 그들이 피와 생명을 바쳐 민족의 생존을 보증했던 것을 영원히 존중해야 한다. …[42]

사실상 한족의 위엄을 내외에 과시하고, 이적의 침략에 저항하는 한편, 정치적 불의에 저항한 인물들의 행적을 『춘추』 정신에 따른 '도덕'으로 포양한 것이다. 또 여기에는 한족과 기타 민족과의 갈등을 중심으로 자국의 역사를 소환하며, 나아가 중국의 문화와 무공을 자긍하면서 한족 중심의 화이론적 역사의식을 수반하였다.[43] 그렇지만 '사업의 성패'를

---

[42] 范文瀾, 1935, 위의 책.
[43] 예컨대 다음 서술이 그러하다. "漢朝는 우리 역사상 가장 빛나는 朝代이고 특히 漢武帝 시기 漢族의 위엄을 장엄 찬란하게 발양했다. … 당시 병력이 도달한 곳은 극남의 儋耳 朱厓…로부터 서남의 滇國, 야랑국, 동북의 고구려도 모두 중국의 판도에 들어왔다."[范文瀾, 1937, 『大丈夫』, 開明出版社(范文瀾, 「大丈夫·張騫」, 『范文瀾全集』 6, 河北敎育出版社, 2002, 170쪽 재수록)], "황하 유역은 우리 大漢民族이 발전해 온 근거지이다. … 夏朝 이전 漢族은 苗族과 싸웠고, 묘족은 서남산지로 敗逃했다고 한다. … 현재의 간쑤 내외몽고는 흉노가 유목하던 지역이다. 그들은 水草를

넘어선 도덕적 완성을 추구할 것이며, 특히 당시 민족적 위기 상황에 대중적 실천을 통해 그것을 실현하겠다는 의지를 함축한 셈이었다. 그렇다면 그를 초빙한 허난대학은 이에 적합한 공간이었을까?

1935년 당시 허난대학은 학내 분규가 끊이지 않는 성립(省立) 대학에서 벗어나,[44] 대대적으로 학교를 정돈하면서 전국형 대학으로의 발전을 모색하고 있었다. 특히 교장 류지홍(劉季洪)[45]은 '중원문화(中原文化)의 발양'을 명분으로 대학의 국립화를 추진하면서,[46] 저명학자를 초빙하여 학술 강좌를 열거나 역량 있는 연구자를 교수로 적극 채용하였다. 그런

따라 살며, 문자와 윤리가 없었다. 천성이 殺伐을 좋아하고, … 풍속은 壯健을 귀히 여기고, 노약을 천시 여기며, 아비가 죽으면 후모를 처로 삼았다."[范文瀾, 1937,『大丈夫』, 開明出版社(范文瀾,「大丈夫·衛青」,『范文瀾全集』 6, 河北教育出版社, 2002, 174쪽 재수록)], "세계사적으로 중국의 西漢 東漢 양조는 유럽의 고대 로마제국과 흡사해서, 강토를 개척하고 재부가 증가하며, 문화와 무공이 모두 극도로 발전했다. 주위의 야만민족이 그 聲威를 앙모해서 진심으로 항복하니…"[范文瀾, 1937,『大丈夫』, 開明出版社(范文瀾,「大丈夫·劉琨」,『范文瀾全集』 6, 河北教育出版社, 2002, 205쪽 재수록)].

44 원래 허난의 고등교육의 중심은 허난대학당(1902), 허난사범학당(1905)과 그것을 이은 河南一中과 허난사범이었다. 그러나 허난대학의 전신은 1912년 성립한 河南留學欧美預备學校·허난농전 및 법전이었다. 원래 中州大學(1923)과 농전, 법전으로 정립하였으나, 북벌 이후 국민 정부의 주도로 허난 중산대학(1927)으로 통합되었고, 이후 성립허난대학(1930)으로 발전하였다. 학교는 '삼민주의 실현'을 종지로 文·理·法·農, 医科 5개 학원과 천여 명의 학생을 거느릴 정도로 규모가 있었으나 국민당 내 계파 갈등이 학내정치로 비화하면서 분규가 끊이지 않았다. 1935년 刘季洪이 교장으로 부임하면서 학교가 정돈되기 시작하여, 1942년 국립대학으로 승격하였다. 河南省立河南大學編, 1935,『河南省立河南大學現況簡览』, 1935年10月1日;「行政院會議: 決議要案」,『申報』1942年03月11日(第2版).
45 류지훙(1903~1989)은 장쑤성 출신으로 베이징고등사범 졸업 후, 미국의 워싱턴대학, 컬럼비아대학과 영국의 옥스퍼드대학에 유학하였다. 귀국 후 江蘇省清黨委員長 및 국민당 국대위원 등으로 국민당 당료 생활을 하다가 1935년 허난대학 교장으로 부임하였다. 항전폭발 후 학내 분규로 사직하였다.
46 「六中全會: 昨開第二次大會」,『申報』1935年11月05日(第3版).

데 판위안을 문사계(文史系) 교수로 초빙한 사람은 문학원장 수이싼(蕭一山)이었다.[47] 류지훙과 동향이었던 그는 원장 취임 후, 문학원을 문사·영문, 교육 및 경제 등 4개학과로 개편하는 한편,[48] 허난성 정부와 교섭하여, 허난대학 내에 역사연구소를 설립하였다.[49] 또 리진씨(黎錦熙)·마쥔우(馬君武)·타오씨성(陶希聖)·런훙준(任鴻雋) 등 저명한 학자를 초청하여 강연회를 개최하는 한편, 많은 신진 교수를 임용하였다. 문사계 교수로는 먼저 지원푸,[50] 까오헝(高亨),[51] 위셰중(余協中, 문사계 주임)[52]

---

[47] 嵇道之, 1995, 앞의 글.

[48] 당시 허난대학은 5개 학원으로 구성되어 있었는데, 그중 문학원은 전체 교수 52명 중 29명의 교수가 속해 있었고 압도적으로 많은 수의 강좌를 개설하고 있었다. 학교의 중심이었던 셈이다. 河南省立河南大學編, 1935, 앞의 책.

[49] 張光華, 2009, 「蕭一山史學研究」, 南開大學博士學位論文, 22쪽.

[50] 지원푸(1895~1963)는 河南省 汲縣 출신으로, 1918년 베이징대학 哲學門을 졸업하고, 河南第一師範의 국문교원 노릇을 하면서, 馮友蘭과 신문화운동을 전개하였다. 1922년 중국공산당에 가입하고, 1926~1928년 모스크바 중산대학에 유학하였다. 귀국 후 北京大學 및 淸華, 燕京, 女師大 등에서 강의하면서 진보적인 활동을 전개하였다. 1933년 開封으로 돌아가 허난대학 문사계 주임, 문과대학 학장으로 근무하였다. 지원푸가 판위안과 가까워진 것은 양자가 베이징에서 진보적 활동을 하면서부터였다. 특히 1933년 北平大學女子文理學院 院長으로 취임한 판위안은 지원푸를 새로 개설한 中國社會經濟史, 中國思想史 과목의 강사로 초빙하기도 하였다. 판위안의 카이펑행은 먼저 옮겨 간 지원푸와의 연고가 작용했을 것이다. 鄭州大學嵇文甫文集編寫組, 1985, 「前言」, 『嵇文甫文集』 上冊, 河南人民出版社; 嵇道之, 1995, 앞의 글.

[51] 까오헝(1900~1986)은 淸華學校研究院을 졸업(1925~1926)하고 1929년 동북대학에 부임했으나 9·18 후 河南大學으로 전임했다. 이후 수이싼을 따라 다시 동북대학으로 전임했다. 해방 이후 山東大學 敎授와 中國科學院哲學研究所 研究員을 겸임했다. 『周易』 연구로 학계의 인정을 받았다.

[52] 위셰중(1898~1983)은 安徽 潛山 출신으로 위잉스의 친부이다. 1916년, 燕京大學 歷史系 졸업 후 미국의 콜게이트칼리지와 하버드대학에서 수학하였다. 1929년, 귀국 후 南開大學, 安徽大學 교수를 지내면서 北平市東北外交委員會(委員長, 張學良), 中國國防設計委員会(委員長 蔣介石) 委員으로 활동했다. 1935년 河南大學 文史系 主任으로 부임했으나, 곧 국민 정부의 외교전문가로 활약했다. 수이싼과 가

등을 임용하고,⁵³ 다시 판원란, 장웨이화(張維華)를 빙용(聘用)하였다. 특이한 것은 이들 중 국제정치와 서양사를 연구한 위셰중(1898~1983)을 제외하면, 모두 국학(國學)연구를 근간으로 당시 학계에서 활약하고 있던 중견학자들이었다는 점이다. 같은 베이징대학 출신으로 판원란과 교분이 있던 지원푸는 일찍부터 마르크스주의에 입각한 선진 및 명말 사상사 연구를 선도하였고,[54] 칭화대학 연구원 출신의 까오헝 역시 이미 『노자정고(老子正詁)』를 저술, 출판함으로써 왕궈웨이의 학문을 계승했다는 평가를 받고 있었다.[55] 또 연경대학 연구원 출신인 장웨이화는 명청시대 중서교통사를 연구하면서, 구제강과 함께 우공학회에서 적극 활동하고 있었다. 이미 문심조룡 연구를 통해 학계의 주목을 받았던 판원란에 대해서도 유사한 평가와 기대가 있었을 것이다.

그런데 이들은 전통 학문을 계승하고 있다는 점 외에 더 뚜렷한 학술 성향을 갖고 있었다. 당시 학계 주류인 후스, 푸쓰녠(傅斯年) 등이 주도한 정리국고(整理國故) 작업을 '번쇄한 고증' 위주의 공담(空談)으로 비판하면서, 학술의 경세치용적 기능을 강조한 점이었다. 수이싼[56]이 대표

까운 '경세파'의 핵심이었다.
[53] 余协中, 1979,「悼一山兄: 五十年关系的追忆」, 萧一山文集编辑委员会, 『萧一山文集』, 台北 : 经世书局, 746쪽.
[54] 嵇文甫, 1932, 『先秦诸子政治社会思想述要』, 开拓社: 嵇文甫, 1934, 『左派王學』, 上海: 開明書店 (이영호 외 옮김, 2015, 『유교의 이단자들』, 성균관대학교출판부) 등.
[55] 『靜晤室日記』 1938년 8월 31일, 98책, 4206쪽.
[56] 수이싼(1902~1978)은 1921년 베이징대학 정치계에 입학하여 1925년 졸업했다. 량치차오의 추천으로 칭화대학에서 중국통사를 강의하였다. 1931년 중앙대학 정식교원이 된 뒤 1932~1934년 장제스의 후원으로 유럽에서 太平天國 관련 史料를 조사하고 귀국하였다. 1935~1938년 河南大學文學院 院長으로 초빙되었다. 이후 東北大學, 西北大學 文學院院長 및 교장을 지내다가 타이완으로 갔다. 그는 베이징대학 재학 시절부터 稻葉君山의 『清朝全史』를 겨냥하여, 『清代通史』 上卷(1923), 中卷

적이었다. 그는 후스, 푸쓰녠 등을 "고거가(考据家)라 할 수는 있을지언정 역사학자라고 할 수는 없"다고 비판하고,[57] 심지어 그들의 학문을 건가(乾嘉) 시대 한학(漢學)을 계승한 '신한학(新漢學)'으로 규정하면서, "한학이 청을 망하게 하더니 지금은 '국고(國故)'가 중국을 망치고 있다"[58]고 직격하였다. 대신 그는 통사(通史), 통유(通儒), 통재(通才)와 함께 광박함(廣博)·통관(通貫)을 중시하는 량치차오의 역사학을 진정한 역사학으로 간주하였다.[59] '정리국고'에 대한 비판은 늘 있었지만,[60] 수이쏸은 당시 국난 상황에서 국가건설에 필요한 새로운 학술운동을 제기하고, 그가 주도한 경세학사(經世學社) 및 허난대학이라는 제도적 공간을 통해 그것을 구현하고자 한 것이었다. 특히 정치적으로 국민당과 가까웠지만, 학문적으로는 량치차오를 계승한 수이쏸의 입장에서는 학술로써 정치 현실에 참여하고, 전통을 바탕으로 국민적 정체성을 창출하려는 의지가 강했다. 그는 "공자는 고대문화를 계승하여 그것을 집대성한 사람이니, 그 도리는 중용이고, 그 학술은 경세이다"라며, "중국문화

(1925)을 저술하였고, 이후 『近代秘密社会史料』(1935), 『太平天国诏谕』(1935)등을 연속 출간하여 학문적 지위를 굳혔다. 특히 역사학의 '经世'적인 측면을 강조하는 등 梁啓超의 학술을 계승했다. 张光華, 2011, 「萧一山"经世學"的理論與實踐」, 『史學史研究』 2011年2期.

57 萧一山, 1973, 「历史上几个重要的问题」, 『非宇馆文存』卷二, 台北: 文海出版社, 131쪽.

58 萧一山, 1973, 「爲淸代通史下卷稿批評事再致吳宓君書」, 『非宇馆文存』, 台北: 文海出版社, 32쪽.

59 萧一山, 1973, 「悼张荫麟君」, 『非宇馆文存·卷十』, 台北: 文海出版社, 59~61쪽.

60 대표적인 예는 學衡派를 들 수 있지만 1930년대 중국의 문화 보수주의 흐름은 매우 다양하였다. 그 배경에는 량치차오, 왕궈웨이 등이 칭화대학 연구원을 통해 배출한 연구자들이 전문학자로 등장하는 사정과 무관하지 않다. 전인갑, 2021, 「민국 시기 東南國學과 역사연구의 제도화」, 『歷史學報』 249; 王锐, 2022, 「历史何以彰显道德?; 柳诒徵的學術理念与史學实践再认识」, 『廣東社會科學』 2022年6期.

와 서양문화를 융합한 새로운 문화를 창조함으로써 중국 부흥의 동력으로 삼고, 세계 대동의 기초를 다져야 한다"고 주장하였다. 같은 맥락에서 역사학은 고루한 고증이 아니라, "세변(世變)의 철리(哲理)", "실용의 과학"을 추구해야 하며, 또 사론을 통해 의리를 드러냄으로써 '문명을 증진하고 인지를 밝히'는 데 기여해야 한다고 주장하였다.[61] 그리고 이러한 그의 역사인식을 『청대통사(清代通史)』 및 태평천국과 비밀결사 연구를 통해 구현하였으니, 중국 근대사를 반청 배만, 반제국주의적 저항, 그리고 항일운동으로의 세 단계 발전 과정으로 정리한 것이었다. 민족주의에 바탕을 둔 경세학을 역사학의 본질적 가치로 인식하면서, 중국의 근현대사의 전개 과정을 외세에 대한 민족적 저항을 중심으로 서술한 것이었다. 특히 이러한 그의 입장은 민족주의의 입장에서 태평천국과 그 기원인 천지회(天地會)를 높게 평가하는 등 이후 판원란이 저술한 『중국근대사』의 입장과 같은 것이었다.

물론 수이싼은 량치차오와 같이 통사 서술의 방법으로 '사회'를 중시하는 '사회적 방법'을 주장하고, '중용'을 유교식 변증이론으로 간주함으로써 극단적인 계급 이론을 제외한 마르크스주의와도 소통할 수 있는 기반을 가지고 있었다. 지원푸가 계급이론의 기계적 적용에 반대하고 사상의 자율성을 강조하였음을 감안하면,[62] 당시 허난대학 문학원은 정치

61　蕭一山, 1973, 「近代史书史料及其批评」, 『非宇館文存·卷四』, 台北: 文海出版社, 134쪽; 蕭一山, 1973, 「清代通史·导言」, 『非宇館文存·卷五』, 台北: 文海出版社, 4쪽.

62　지원푸는 공자를 봉건 귀족의 대표로 규정하면서도, 인문주의자로서 상대적 진보성을 인정하였다. 嵆文甫, 1985, 「先秦諸子政治社會思想述要·序」(1931年 12月 9日), 『嵆文甫文集』 上册, 144쪽; 嵆文甫, 1985, 「先秦諸子政治社會思想述要·孔子」(1931年 12月 9日), 『嵆文甫文集』 上册, 148~149쪽; 嵆文甫, 「關于孔子的歷史評價問題」, 『歷史教學』 1953年 8期.

이념을 불문하고 '민족주의'와 전통을 바탕으로 새로운 국가 정체성을 창출함으로써 항일전쟁과 같은 위기에 대응하고자 했던 지식인들의 실천 공간이었던 셈이다. 판원란 역시 애초부터 정리국고와 거리를 두었던 만큼 여기에 동조할 여지는 많았다.

그러나 7·7사변 이후, 판원란을 포함한 허난대학 문학원은 학술운동보다는 적극적인 항전 활동에 몰입할 수밖에 없었다. 당시 항일정서가 높아진 허난의 정치 상황과[63] 시안사변 이후 펼쳐진 국공합작 국면에서 허난 전시대학 차원의 항전에 참여한 것인데, 판원란의 경우 다음 두 가지 차원이었다.[64]

첫째는 수이싼, 지원푸 등과 함께 허난 대학생 조직인 항적공작훈련반(抗敵工作訓練班)을 조직·운영한 일이었다. 항일운동에 참가하려는 학생들에게 중국문제와 유격전술 등 필요한 이론과 기능을 훈련시킨 뒤 평한선(平漢線) 철로 연변의 농촌에 파견하여, 민중운동을 전개하게 하

---

63 사실 카이펑에서는 1935년 12월 22일, 12,000여 명의 학생이 베이징의 12·9운동을 지지하는 시위를 전개할 만큼 항전 분위기가 무르익었다. 여기에 동북 학생들이 허난대학에 대거 유입되고, 톈진, 난징, 상하이 지역에 대한 일제의 폭격이 일상화되면서 위기의식은 더욱 고조되었다. 「河大願收東北學生」, 『申報』 1931년 10월 2일(제9판); 「東北大學生陸續到汴」, 『申報』 1937년 02월 03일(제11판); 「東北大學在汴成立辦事處」, 『申報』 1937년 02월 05일(제11판); 「豫省學生游行」, 『申報』 1935년 12월 22일(제3판).

64 허난대학은 일찍부터 군사훈련처를 두고, 방공, 반세균전 및 전시 구호활동 등 군사교육을 실시하였다. 특히 1937년 국민 정부가 "總動員時督導教育工作辦法綱領" (1937년 8월 11일), "戰區內學校處置辦法"(1937년 8월 19일) 등을 반포하자 본격적으로 전시체제로 전환하여, 학교를 전핑(镇平), 쑹셴(嵩縣)으로 소개(疏開)하고 학생들의 농촌활동을 지원하였다. 판원란과 지원푸는 1938년 3월부터 학교 측의 지시에 호응하여 이러한 학생 조직 운영에 적극 참여하였다. 河南省立河南大學編, 1935, 앞의 책; 宋战利, 2021, 「抗战时期河南大學办學史略及大學精神之生成」, 『教育史研究』 2021年 3期.

고, 이후 신양(信陽) 등지에서 활약 중인 신사군에 합류시키는 것이 핵심이었다. 실제 판원란은 70여 명의 학생들을 쉬창(許昌)까지 인솔하여 현지 활동을 전개하기도 하였다. 사실상 '기존 체제를 활용하여 무장 조직의 발전'을 추구하던 중공의 정책과 연계된 활동이었다.[65] 또 판원란은 활동지침 격인 『유격전술(遊擊戰術)』(1937, 經世半月刊社)을 펴냈으니, '구국의 유일한 방법'으로서 유격 전쟁의 핵심을 농촌에서의 민주 정권 구성으로 정의하면서 필요한 이론과 기술, 방법을 정리한 것이었다. 부록으로 주더(朱德), 펑더화이(彭德懷)의 글을 첨부하였으니, 역시 중공과의 연계성을 짐작할 수 있다.[66]

그렇지만 보다 두드러진 판원란의 활동은 항일 여론 활동이었다. 역시 수이쏸, 지원푸와 함께 『경세(經世)』 잡지를 주편하고 『풍우(風雨)』의 편집에도 적극 관여한 것이다.[67] 전자는 수이쏸이 1937년 초 난징에서 창간한 반월간 잡지 『경세』를 『경세전시특간』으로 고쳐 카이펑(開封)에서 간행한 것이었다.[68] 국민 정부의 항전정책을 지원하려는 것이 간행 취지였다.[69] 판원란은 수이쏸의 권유에 따라 약 1년간 주편을 담당하였는데, 지원푸, 왕씨허(王希和), 위셰중 등 허난대학 교수 및 다수의 경세파

---

65 「中央關于南方各遊擊區域工作的指示」(1937年8月1日), 中央檔案館 編, 『中共中央文件選集』 11, 中共中央黨校出版社, 1991, 300~302쪽.

66 范文瀾, 1937, 『遊擊戰術』, 經世半月刊社(『范文瀾全集』 6, 河北教育出版社, 2002) 303쪽; 「關于整個華北工作應以抗遊擊戰爭爲戰惟一方向的指示」(1937年9月25日), 中央檔案館 編, 1991, 앞의 책, 353쪽.

67 范文瀾, 「抗戰初期我在河南的救亡活動」(원재 「從煩惱到快樂」, 『新華日報』 1945年5月28日).

68 张维华, 1943. 9, 「经世學社成立纪事」, 『经世』 季刊, 第3卷第1期, 83쪽; 萧一山, 1937. 1. 15, 「经世释义」, 『经世』 半月刊, 第1卷第1期, 2쪽.

69 萧一山, 1937. 10. 16, 「经世在抗战期中的意义」, 『经世战时特刊』 제1기.

(經世派) 인물들이 필자로 참여하면서 상당한 영향력을 발휘했다.[70] 판원란 역시 「논단결일치(論団结一致)」 등 10여 편의 시론을 직접 발표하였는데, 장제스(蔣介石)의 항전정책을 지지하면서[71] 민족적 도덕의식을 앞세워 한간(漢奸)의 투항 논리를 비판하는 내용이었다.[72]

판원란은 1937년 9월, 중공의 지원하에 창간된 『풍우』 주간(周刊)에도 여러 편의 논설을 실었다. 역시 '사기(士氣)'와 '도덕(道德)' 차원에서 전쟁을 논하면서 항전에 참여할 수 있는 민족주의적 도덕의식을 강조하는 내용이었다.[73] 그렇지만 한편으로 항전을 지구전으로 규정하면서, 청년 학생들에게 "향촌을 조직"하고, "봉건세력을 박멸"하여 새로운 농촌 권력을 구축할 것과 함께 다음과 같이 호소하였다.[74]

> 세계 민주주의자와 평화주의자에 호소하여 국제의용대를 조직하라: 중일 전쟁은 스페인 내전과 성격이 같은 것으로 파시스트 연합이 평화 민주주의 국가를 향해 진공하는 것이다. 파시스트 국가 일본이 평화 민주주의 국가인 중국을 소멸하려는 것이다. 따라서 국내적으로 평화정책을 수행하고, 민주정치를 확대하면서 전 세계 평화 민주의 옹호자에게 개인 명의

---

70 이는 애초 "(1) 신문잡지에 글을 쓰거나, (2) 登壇하여 연설하거나, (3) 권세가에게 명함을 돌리는 일을 하지 않기"로 한 그의 인생의 원칙과 배치되는 과감한 현실 참여였다. 范文瀾, 1937. 10. 16, 「编辑后记」, 『经世战时特刊』 第1期; 「编辑后记」, 『经世战时特刊』 第3期, 1937年11月16日.
71 范文瀾, 1937. 12. 16, 「论纷乱与摩擦」, 『经世战时特刊』 第5期.
72 范文瀾, 1937. 11. 1, 「请放弃准汉奸理论」, 『经世战时特刊』 第2期.
73 范文瀾, 「對于持久抗戰的幾個膚淺意見」(원재 『風雨』 3, 4기, 1937).
74 范文瀾, 2002, 「贈鄉村訓練員序」(원재 『風雨』 9기, 1937)『范文瀾全集』 10, 河北教育出版社; 范文瀾, 2002, 「對于持久抗戰的幾個膚淺意見」(원재 『風雨』 3, 4기, 1937), 『范文瀾文集』 11, 河北教育出版社.

로 중국에 와서 도와줄 것을 호소하고, 중국 정부의 조직하에 각종 의용대를 조직해야 한다. 일본대, 조선대, 구미대와 같은 것이다. …

항전을 세계적인 반'파시스트 연합'으로 이해하고, 민족 통전을 장기적 정치 전략이자 혁명적 건국 과정으로 이해한 중국공산당과 노선을 같이 하고 있는 것이다.[75] 물론 여전히 '계급'의식보다는 도덕적 의기(義氣), 기절을 강조하고, 윤리적 개인으로 구성된 국제 연대에 호소하고 있지만, 어쨌든 중공의 항전 정책에 접근하고 있었던 셈이다.

그러나 1937년 말 카이펑이 일제에 점령되고, 점차 국공관계가 악화되면서 이러한 그의 현실 참여도 곧 갈림길에 설 수밖에 없었다. 결국 판원란은 학교로 돌아간 지원푸와 달리 신사군 유격대에 교원으로 투신하였고, 1939년 중국공산당에 재가입하였다.[76] 판원란은 이 시기 일년 정도 "군중 속의 '교원(教員)'"노릇을 하면서, 상당한 수준의 마르크스주의 이론을 공부하였던 듯하다. 그 덕분에 옌안 도착 직후 귀모러의 서주노예제설(西周奴隷制說)을 비판하고, 서주가 봉건시대였음을 논증하는 논문을 집필할 수 있었다.[77] "인류 역사 발전은 원시공동체(原始公

---

[75] 항일전쟁 폭발 후, 중국공산당은 국민당과 항일통전을 구체화하면서 전쟁을 일반적 반제 투쟁보다 차원이 높은 반파시스트 투쟁으로 규정하였다. 당시 중국공산당 중앙은 모든 문제를 민족문제에 종속시키면서 민족의 이익 내에서 계급모순은 조화할 수 있으며, 민족해방운동에서 계급합작의 진보성을 인정함으로써 민족통전에서 국민당의 영도권을 인정했다. 이에 따라 많은 진보적 지식인들은 항전을 사회주의 혁명으로 연속하는 자산계급 민주주의 혁명으로 이해하였다. 자본주의는 이미 發展高峰을 지났다는 전제하에 중국혁명을 특수한 비서방적 혁명으로 이해한 결과였다. 候外廬, 1939, 『抗戰建國的文化運動』, 中山文化教育館.

[76] 范文瀾, 1940, 「從煩惱到快樂」, 『中國青年』 3-2.

[77] 范文瀾, 2002, 「關于上古歷史階段的商榷」(원재 『中國文化』 1卷 3期, 1940), 『范文瀾全集』 10, 河北教育出版社.

社), 노예점유제도, 봉건제도, 자본주의제도를 거친 후 사회주의 사회에 도달한다", "생산 공구의 변경과 발전에 따라 사람들의 생산 경험, 노동 기술도 변화한다. 일정한 공구와 노동자가 결합하여 하나의 사회 생산력이 된다", "일정한 생산력에 조응하는 것이 사람들의 생산관계이다. 생산력의 정도에 따라서 생산관계도 결정된다"는 식으로 오종사회형태(五種社會形態), 생산력, 생산관계 등 마르크스주의 역사학의 기본 개념을 구사하여, 중국 고대사에 대한 기본적인 이해의 틀을 제시한 것이었다. 마르크스주의 이론 및 마르크스주의 역사학에 대한 상당한 소양을 과시한 것으로 볼 수 있다.

그렇지간 판원란이 마르크스주의자로 확실하게 전환했다고 볼 수 있는 표지는 옌안 도착 후, 신철학회에서 행한 '중국경학사(中國 經學史)' 강연이었다.[78] 마오쩌둥이 '마르크스주의적 방법으로 경학을 청산하려는 처음 시도'이자 '현재 사상투쟁의 가장 중요한 임무'라고 평가한[79] 이 강연에서 그는 경학을 "5·4운동 이전, 중국의 전통 학문을 통칭하는 것"으로 정의하였다. 동시에 그것은 봉건사회의 산물로서 봉건사회와 흥쇠를 같이 하였다고 하면서, 사실상 마르크스주의적 입장에서 그가 그동안 연구해 온 전통 학술을 비판·정리하였다. 주목할 점이 있다.

첫째, 경을 고대 사료로서만 인정한 것이었다.

경은 본래 고대 사료였다. 『상서』, 『춘추』, 삼례, 『주례』, 『의례』, 『예기』는 (인간의: 필자) 언어(言), 행위(行) 및 제도(制)를 기록한 것으로 분명히

---

78 范文瀾, 2002, 「中國經學史演變」, 『范文瀾全集』 11, 河北教育出版社.
79 毛澤東, 1983, 「致范文瀾」(1940年9月5日), 『毛澤東書信選集』, 人民出版社, 163쪽.

역사(史)라 할 수 있다. 『역(易)』은 복축서(伏祝書)이고, 『시경』은 시가집이지만, 모두 풍부한 역사자료를 포함하고 있다. … 그러나 (이러한 사료가) 당시의 기재인지, 후인이 추술(追述)한 것인지, 믿을 수 있는 것인지 그렇지 않은 것인지?는 경을 고사(古史)로서 연구하면 자연스럽게 답이 나올 것이다.[80]

이처럼 경의 신성성을 배제하고, 사료로서만 이해한 것은 그의 고문경학의 입장에서는 당연한 일이었다. 다만 그가 제기한 문제는 이러한 경을 봉건통치계급의 필요에 따라 이데올로기화하여 억압의 도구로 악용해 왔다는 점이었다. 즉 "경과 유생, 경학은 삼위일체인데, 통치계급은 표면상 존경(尊經)과 독경(讀經)을 강조하지만 실제로는 사람들에게 군주에 영합하는 유생들을 존경하게 함으로써 경학의 (본쾌) 면모를" 바꾸었다는 것이었다.

둘째, 그는 이처럼 경 자체의 내용보다는 정치적 필요에 따른 해석 또는 그 방법에 주목하면서, 진(秦)에서 5·4 이후까지 중국 경학의 흐름을 한학, 송학, 그리고 신학(新學)으로 나누어 일별하였다. "경의 원래 의미와 달리, 경학은 지속적인 내부투쟁[한학과 송학, 고문경학과 금문경학, 정주육왕(程朱陸王)]과 외부투쟁을 통해 변모해 왔고, 따라서 현재 신민주주의 혁명 시기에 맞추어, 스스로 개조하지 않으면 소멸할 것"이라는 것이었다. 경을 시대에 맞게 재해석해야 할 과제로서 제시한 셈이었다.

셋째, 판원란은 같은 맥락에서 아편전쟁 이후 근대 경학사를 개관하고, 금·고문경학을 함께 비판하였다. 경학은 새로운 변화가 필요한 상

---

80 范文瀾, 2002, 「中國經學史演變」, 『范文瀾全集』 11, 河北教育出版社.

황에서 모두 현실과 타협했다는 것이었다.

중국 자산계급이 미약하여 자력으로 봉건세력을 혁명할 수 없기 때문에 통치계급과 타협하여 위로부터의 개량 노선을 택하면서 금문경학 일파를 형성했다. 반면 자산계급을 싫어한 봉건세력은 자기의 전통적 지위를 확보하기 위해 고문학파를 형성함으로써 양 파는 충돌하였다. 그렇지만 결국 중서회통(中西回通) 식으로 자본주의와는 타협할 수밖에 없었다.

특히 캉유웨이(康有爲), 량치차오, 담사동(譚嗣同) 등이 대표하는 금문경학은 예컨대, 캉유웨이가 주장한 대동론(大同論)처럼, 소자산계급(小資産階級)의 환상으로 민중을 속인 것에 불과하며, 고문학파는 사실상 봉건 통치를 옹호하였다고 보았다. 그중 장빙린, 류스페이 등은 국수의 보존을 기치로 종족혁명을 주장했으나, 이들 역시 신해혁명 이후 통치계급에 투항하고 말았다는 것이었다. 또 후스와 량수밍(梁漱溟)을 사실상 신한학계(新漢學系)와 신송학계(新宋學系)로 분류하여, 전통학술과 같은 차원에서 비판하였다.

주목할 점은 그의 학술적 뿌리이자, 중국혁명의 상징인 장빙린을 직접 비판한 점이었다.[81]

---

[81] 물론 이 점은 항전에 필요한 동원을 위해 장빙린을 소환하면서도, 구시대 인물로 치부한 옌안의 공식 입장에 부합하는 것이었다. 예컨대 판문란보다 앞서 옌안에서 혁명사를 강의하고 있던 우위장(吳玉章)은 장빙린을 다음과 같이 평가했다. "장타이옌은 구문학에 정통한 중국의 근대의 문학가이자 역사가이다. 그가 깊게 품었던 민족주의와 애국주의는 구 역사에 대한 이해에서 오는 것이다. 그러나 그는 문자적으로 고문을 쓰는 것을 좋아하고, 고문을 숭배하며, 백화문을 반대하는, … 완고한 수구인일 뿐 아니라, 그의 민족사상은 우수한 민족을 자거하는 대한족주의(大漢族主義) 사상이어서, 우리 무산계급의 민족해방, 민족자결 사상과 근본적인 차이가 있다. 그가 역

고문학파의 최후 대표는 장빙린이다. 고문경학은 학이불사(學而不思) 해서 혁명사상을 끌어내기 어렵다. 장빙린은 혁명 분자이지만, 그의 사상은 고문경학과 관계가 없고, 황종희(黃鍾禧) 등 절동학파(浙東學派)의 영향을 받았다. 장은 주로 반만(反滿)을 했지만, 신해 이후에는 위안스카이(袁世凱)에게 달려갔다.

그렇지만 이러한 비판 작업은 역시 단순한 전통학문의 폐기나 발양이 아니라, 전통을 활용하여 새로운 시대에 맞는 가치를 창출하려는 것이었다. 따라서 그는 경학으로 통칭되는 전통학술을 깡그리 부정하지 않고 오히려 그것의 일부 긍정적인 작용을 적극 개진하였다. "… 많은 민족들이 종교 신앙의 영향을 깊게 받은 데 비해 유독 한족(漢族)만은 그렇지 않았다. 그것은 송학의 반불(反佛), 반도교적(反道敎的) 작용의 결과이다", "송 이전에는 나라가 망한 후, 죽음으로써 순국한 경우는 드물었으나, 송학 이후 그런 현상이 많아졌다. 두 정(程) 씨가 '굶어죽는 것(餓死)은 작은 일이나 절개를 잃는 것은 큰일'이라고 가르친 까닭이다. …" "송학은 기절(氣節), 나라와 함께 순국하는 것(國亡殉國), 외국에 불투항을 강조했는데, 이는 긍정할 만한 일이다"라는 것이었다. 경학이 민족적 도덕 양성에 바탕이 될 수 있음을 시사한 것이다. 또 판원란은 고문학의 전통과 관련해서도 "황종희는 절동학파로서 역사학을 중시했고, 고염무(顧炎武)는 경학을 강조했다. 황은 부친의 유언에 따라 젊어서부터 역사를 연구했다. 경학은 경세(經世)를 위해 필요하지만 반드시 역사

사를 연구하는 의의가 우리와 크게 다른 것이다. …" 吳玉章, 1949, 『中國革命敎程緖論』, 華中新華書店, 3~4쪽.

학과 함께 해야 하기 때문이었다"라며 비판적 계승을 주장하였다.

흥미로운 것은 경학에 대한 이러한 그의 입장은 당시 '전통'을 마르크스주의적 입장에서 재해석하려는 시도, 즉 '신계몽운동'이나 이후의 '마르크스주의 중국화' 선언, '학술 중국화'운동 등과 접맥하고 있다는 것이다. 알다시피 천보다 아이쓰치(艾思奇) 등이 제기한 '신계몽운동'은 국민 정부의 문화공세에 대응하는 차원에서, 문화계의 광범위한 연합전선을 촉구하기 위한 통전전략으로서 제기된 것이었다.[82] 화베이의 위기 심화와 학생들의 12·9운동을 배경으로, 국민 정부에 대해 언론, 사상의 자유를 요구하면서,[83] 또 국민적 각성을 위한 사상자원으로서 유럽 자산계급의 '이성주의'를 끌어오는 한편[84] 항전의 맥락에서 민족주의와 마르크시즘의 효과적 결합을 모색하였다. 구체적으로 중국혁명과의 관계 속에서 '전통'을 재평가함으로써 새로운 문화운동을 모색하였으니, 천보다가 묵자(墨子)를 공산주의를 내포한 중국 고대 철학자라고 주장한 것은 대표적인 예였다.[85] 이처럼 '전통'을 재해석하려는 시도는 당시 진보적인 학생들은 물론 우청스와 같은 국학자들의 동조를 얻을 만큼 반향이 컸

---

82 陳伯達, 1936, 「論新啓蒙運動」, 『新世紀』 1권2기, 新世紀社.
83 陳伯達, 1935, 「論自由」, 『蓋旦』 1권3기, 北平: 蓋旦月刊社.
84 陳伯達, 1937, 「思想的自由與自由的思想: 再論新啓蒙運動」, 『認識月刊』 창간호(上海, 1937. 6); 陳白達, 1936, 「哲學的國防動員: 新哲學者的自己批判和關於新啓蒙運動的建議」, 『讀書生活』 4卷9期(上海, 1936년 9월); 張申府, 1939, 『什麼是新啓蒙運動』, 生活書店, 24쪽.
85 陳伯達, 1937, 「思想無罪」, 『讀書』 3(上海, 1937). 이러한 그의 묵자론(「墨子哲學思想」)은 1939년과 1940년, 옌안의 『解放』(82기 및 102, 104기)에 실렸고, 마오쩌둥은 이를 칭찬하며 수정 의견을 제시하였다. 毛澤東, 1983, 「致陈伯达」(一九三九年二月一日), 『毛澤東書信選集』, 人民出版社, 140~143쪽.

다.[86] 우청스가 중공에 입당한 뒤 옌안행을 결정할 정도였다. 사실 5·4 이래 중국의 문화건설과 관련하여 다양한 논의가 지속되었으나, 서화파의 주장은 물론 전근대적 유가윤리를 사회 통제에 활용하는 국민 정부의 문화정책에 동조할 수 없었던 우청스나 판원란의 입장에서는 전통을 바탕으로 서구 문화를 흡수하여 새로운 대중문화를 창출하려는 신계몽운동의 논리를 거절할 이유는 별로 없었다. 특히 당시 판원란과 가까웠던 베이징 지역의 진보적 지식인들 다수가 이러한 신계몽운동을 배경으로 옌안을 선택한 경우가 많았고,[87] 그가 존경했던 우청스가 옌안으로 출발하기 직전에 사망한 것은 판원란에게는 옌안행을 촉진하는 계기가 되었을 것이다.[88]

더욱이 이러한 신계몽운동의 논리는 1938년 12월 마오쩌둥의 '마르크스주의의 중국화' 선언을 계기로 중국공산당의 공식정책으로 수용되었다.

---

86 우청스는 장빙린에게 직접 수업을 받은 경학 연구자로서 황간과 병칭되었다. 베이징대학, 중궈대학, 베이징사범대학 등에서 강의하면서 『經學通論』, 『經典釋文序錄疏證』 등 150여 종의 학술 서적을 냈다. 당시로서는 판원란보다 이름이 높은 학자였던 셈이다. 특히 1930년대 궈모러의 『中國古代社會研究』(1932)가 출판된 이후, 고대사 연구 방법으로서 마르크스주의를 수용하면서 적극적으로 항일운동에 투신하였다. 12·9운동 이후 진보적 잡지인 『文史』, 『蓋旦』, 『時代文化』 등을 창간하였다. 허우와이뤼(侯外廬)는 이러한 우청스의 학문적 전환을 적극적으로 평가했으며, 천보다 역시 우청스가 주편하고 있던 잡지에 여러 편의 글을 발표하였다. 葉毅均, 2020, 「范文瀾與吳承仕: 早期中國馬克思主義史家的世代變遷」, 『國立政治大學歷史學報』 53期; 侯外廬, 1985, 앞의 책, 38쪽; 陳伯達, 1934, 「從名實問題論中國古代哲學的基本分野」, 『文史』 1권 2, 3호(北平, 1934); 陳伯達, 1934, 「中國社會停滯狀態的基礎: 論封建生產方式在中國所展開的特殊亞細亞形態」, 『文史』 1권4호(北平, 1934) 등; 陳伯達·陳曉農, 2005, 『陳伯達最後口述回憶』, 陽光環球出版香港有限公司.

87 천보다 역시 1938년 말 옌안으로 옮겨 마오쩌둥의 이론적 조수가 되었다. 于光遠, 1998, 「初識陳伯達」, 『讀書』 1998年6期.

88 范文瀾, 1940. 5, 「如果死者能立在山上看的話」, 『中國青年』 2卷7期.

우리의 유산을 학습하여, 마르크스주의 방법으로 비판적으로 총결하는 것은 우리의 다른 임무이다. 우리 민족은 수천 년의 역사가 있고 …. 현재의 중국은 역사적 중국이 발전하여 이루어진 것이니, 우리 마르크스주의 역사학자는 우리의 역사를 단절해서는 안 된다. 공자에서 손중산까지, 우리는 총결하고 진귀한 유산을 계승해야 한다. … 마르크스주의는 반드시 우리 나라의 구체적 특점과 결합하여야 하며, 일정한 민족형식을 통해서만 실현할 수 있다. 중국공산당으로서는 마르크스주의를 학습하여 중국의 구체적 환경에 응용하여야 한다. 중국의 특점과 떨어진 마르크스주의는 추상적이고 공허한(空洞的) 마르크스주의일 뿐이다. 마르크스주의를 중국에서 구체화하고, 반드시 중국적 특성을 띠게 하여야 한다.[89]

상술한 신계몽운동의 성과를 적극 채용한 것임을 말할 필요도 없다. 특히 그것은 당내 이데올로기 투쟁과 결합하면서 '학술 중국화'운동과 연결되었다. 당 중앙이 주도한 이 논의는 대외적으로는 일제와 국민 정부의 문화정책을 겨냥하여, 민족 문화 건설을 둘러싼 마르크스주의 진영의 패권적 지위를 확립하고 당내에서는 당시 당권을 장악하고 있던 소련 유학파를 제압하려는 의도를 가진 것이었다.[90] 핵심은 중국의 구문화를 비판적으로 정리하고, 세계의 선진 문화와 중국 전통의 유기적 결합을 통해 새로운 정체성을 창출하자는 것이었다.[91] "고대문화의 발전

---

89 毛澤東, 1991,「中國共産黨在民族戰爭中的地位」(1938年10月14日),『毛澤東選集』第2卷, 人民出版社, 533~534쪽; 王明, 1982,「目前抗戰形勢與如何堅持持久戰戰爭最後勝利」(1938年10月20日),『王明言論選集』, 人民出版社, 637~638쪽.
90 楊松, 1940. 7,「關于馬克思主義中國化的問題」,『中國文化』第1卷第5期.
91 嵇文甫, 1940,「漫談學術中國化問題」(1940年2月15日),『理論與現實』第1卷第4期 (『嵇文甫文集』中).

과정을 정리하여 봉건성의 껍질은 버리고, 민족성의 정화를 흡수하는 것은 민족의 신문화를 발전시키고, 민족 자신감을 제고하기 위한 필요조건"이자,[92] "세계문화의 통일성, 보편성 중에서 중국 문화의 민족성을 인식하는 것"과 같은 의미였다.[93] 물론 이를 위해서는 판원란과 같은 지식인의 참여가 불가피하였으니,[94] 그의 옌안행은 곧 이러한 중공의 정책에 적극 호응한 것이었다.

IV. 『중국통사간편』 집필의 배경과 조건

1. 집필의 조건

1951년, 판원란이 직접 밝힌 『간편』의 저술 과정은 다음과 같다.[95]

> 1940년 나는 옌안으로 갔는데, 중앙선전부(中宣部)에서 나에게 간부학습용으로 10여 만 자 분량의 중국통사를 써줄 것을 요청했다. 나는 당시 마리학원(馬列學院) 역사연구실의 몇몇 동지들과 분담 집필하기로 하고, 총편집을 맡았다.[96] 그러나 집체 집필 경험이 없었기 때문에 전체 체제에

---

92 毛澤東, 1991, 「新民主主義論」, 『毛澤東選集』 第2卷, 人民出版社, 707~708쪽.
93 嵇文甫, 1943, 「中國民族文化的新發揚」(1943年1月), 『力行』 第7卷第1期((『嵇文甫文集』中).
94 毛澤東, 1991, 「大量吸收知識分子」(1939年12月1日), 『毛澤東選集』 第2卷, 人民出版社, 618~620쪽.
95 范文瀾, 1951, 「關於"中國通史簡編"」, 『科學通信』 第二卷6期.
96 분담 집필자는 통동(佟冬, 1905~1996), 인다(尹達, 1906~1983), 예후성(葉蠖生,

대한 일치된 의견도 없었고, (집필된) 원고도 일정치 않아서, … 함께 쓸 수가 없었다. 중선부에서는 아예 나에게 처음부터 다시 쓰게 하였다. 1940년 8월에 시작하여 1941년 4, 5월에 상책(근대 이전)을 완성했고, 연말에 하책(사실상 중책: 필자)을 완성했다.

이 책은 본래 10여 만 자로 쓸 요량이었으나, 상책만으로 이미 20만 자가 넘어서 자수 제한 없이 계속하여 썼다. 그래서 이 책은 점차 늘어났지만, 사전에 전체적인 집필 계획과 제강(提綱)은 없었다[대략, 구어체 사용, 통치계급의 죄악 폭로, 사회발전 법칙의 현시(顯示) 등이 있었을 뿐이다]. 이것이 『간편』의 집필 경과이다.

판원란은 또 이 책이 시간과 자료 부족 등 많은 제약 속에서 집필되었지만, 구시대의 어떤 역사책보다는 우월하며, 따라서 보다 나은 새로운 통사를 출간하기까지 '대안적 저술'로서 기능할 수 있다고 하였다. 동시에 '서주봉건설, 민족조기형성론'을 견지했다는 점을 자부하였다. 『간편』의 역사적 성격, 집필과정, 그리고 그에 대한 자신의 평가 등을 함축하고 있어서 음미할 부분이 많다.

확실히 『간편』은 1940~1941년, 중공당의 간부교육용 교재로서 기획되었고, 판원란이 책임 저술한 일종의 '흠정사서(欽定史書)'였다. 그런데 그 의미는 당시 옌안의 정치 상황 속에서 해석될 필요가 있다. 1940~1941년은 옌안의 중공이 변구별로 '민주선거'를 통해 3·3제 형식의 정권을 구성하고, 각종 군중 조직과 대중 동원 체제를 수립하는 등 단순한 혁명정

1904~1990), 진찬란(金燦然, 1913~1972), 당궈칭(唐國慶) 등이었다. 인다(고고학)를 제외하면, 전문적인 역사 연구 경험은 없었다.

당을 넘어서 대안 권력으로서의 성격을 구체화하고 있었기 때문이다. 동시에 새로운 체제에 필요한 이데올로기 창출을 위해 각종 학술, 문화 영역의 제도적 기구도 구축하였다. 철학, 역사, 문예 등 영역별 정책과 조직이 강구되었지만, 그중에서도 기왕의 마리학원(1938)을 단계적으로 옌안 마리학원(延安馬列硏究院), 그리고 중공중앙연구원(中共中央硏究院, 1941.11)으로 개명하고, 당의 고급 이데올로기 기구로 개조한 것은 핵심적인 조치 중의 하나였다. 판원란은 바로 이 기구의 부원장이자, 중국역사연구실 주임으로서 역사 서술과 편찬을 통해 당의 이데올로기 정책을 구현하고, 교육하는 핵심 역할을 하게 된 것이다.[97] 이 때문에 그가 저술한 『간편』은 중국공산당이 통치 체제를 확립한 지역에서 대안적 미래 권력으로서, 당의 공식 노선을 구현한 '흠정사서'로서 충칭(重慶) 등지에서 생산된 여타의 마르크스주의 역사 서술과는 비교할 수 없는 지위를 누리게 되었다.[98]

그런데 주목할 점은, 이와 함께 이루어진 마오쩌둥의 정치적 권위 확립 과정이다. 그것은 표면적으로는 1938년 이후, 민족 통전이 약화되면

---

[97] 물론 이후 판원란은 중국공산당의 대표적인 이론가로서 정풍운동에 참가하고, 또 국민당과 이념 투쟁의 전면에 나섰다. 마오쩌둥의 '신민주주의 혁명'론을 바탕으로, 국민당의 계급기초와 정치적 태도를 분석하고, 그 이데올로기를 비판하는 내용이었다. 范文瀾, 「開始了幷結束了舊民主主義革命的辛亥革命」, 『解放日報』 1942년 4월 11일(延安); 范文瀾, 「斥所謂中國文化的統一性」, 『解放日報』 1943년 7월 10일(延安); 范文瀾, 「誰革命?革誰的命」, 『解放日報』 1943년 8월 1일(延安).

[98] 물론 충칭에서 '민주인사'로 활동하던 젠보짠(翦伯贊)이나 뤼전위(呂振羽)는 서주봉건론은 물론 신민주주의론 등 당의 공식적인 학술, 정치노선에 비판적이었다. 항전 방식과 혁명 과정에 대한 정치적 논의가 다양하였을 뿐 아니라 시대 구분 및 사회성질을 둘러싼 학술적 논의도 해소되지 않은 것이다. 翦伯贊, 2008, 「泛論中國抗戰的歷史原理及其發展的邏輯」, 『中國史論集』(合編本), 中華書局; Mechthild Leutner(羅梅君), 1997, 앞의 책, 117~120, 139쪽.

서 항전과 사회주의 혁명의 동시 추진을 주장해 온 그의 정치노선이 득세한 결과였다. 마오쩌둥은 1938년 11월, 노선투쟁을 통해 당 중앙을 장악한 이래「전쟁과 전략문제(戰爭和戰略問題)」(1938.11.6),「중국혁명과 중국공산당(中國革命與中國共産黨)」(1939.12),「신민주주의론」(1940.1) 등을 통해 공식적인 혁명이론을 완성하였다. 중국혁명을 "일체 반제 반봉건적 인민이 연합하여 독재하는 신민주주의 공화국" 수립을 목표로 한 "무산계급 영도의 반제 반봉건의 민주주의 혁명"으로 규정함으로써 대안 체제를 전망할 수 있는 근거를 제공한 것이다. 그것은 애초의 군사적 실력을 바탕으로 소련 유학파가 장악하고 있던 당내 이데올로기 해석권을 대체하는 과정이었으니, 당의 이데올로기 기구 장악과 자신의 독자적인 사상적 영향력을 전 당원들에게 관철시킴으로써 이루어졌다. 이른바 정풍운동의 발동이었다.[99]

그런데 이러한 마오의 이론 작업은 시종 '마르크스주의 중국화'를 내걸었지만, 당시 스탈린 시대의 소련의 이념정책 및 국제공산주의 운동의 영향하에 진행된 것이었다. 크게 세 가지 측면에서 그러하였다. 첫째는 이른바 유물변증법류의 소련식 관방 철학의 수용과 활용을 들 수 있다. 마오는 당시 보구(博古), 선즈웬(沈志遠) 등이 번역한 스탈린 시대 소련의 당교(黨校) 및 고등교육기구의 공식 철학 교재를 집중적으로 수용하고, 간부 및 당원교육에 활용하였다.『변증유물론역사교정(辨證唯物論歷史教程)』(Mikhail Sirokov, 上海: 筆耕堂書店, 1932),『변증유물론과 역사유물론(辨證唯物論與歷史唯物論)』(Mark Borisovich Mitin, 商務印書館,

---

[99] 高華, 2000,『紅太陽是怎樣升起的:『延安整風運動的來龍去脈』, 香港中文大學出版社, 192~195쪽; 陳永發, 1990,『延安的陰影』, 臺北: 中央研究院近代史研究所.

1936), 『新哲學大綱』(Mark B. Mitin, 國際文化社, 1937), 그리고 스탈린이 직접 쓴 『변증유물론과 역사유물론(辨證唯物論與歷史唯物論)』 등이 그것이었다. 이러한 서적들은 마르크스주의적 세계관과 사상을 변증유물주의와 역사유물주의의 이중 구조로 파악하면서, 주로 엥겔스와 레닌의 언술을 동원하여 소련의 정치현실을 재해석함으로써 스탈린 체제를 정당화하는 것이었다.[100] 당연히 스탈린의 저작을 주해한 교의문답식으로 해석하는 경우도 많았다. 마오쩌둥이 「모순론(矛盾論)」(1937), 「실천론(實踐論)」(1937) 등을 저술하고, 반대파를 교조주의로 비판하는 한편, 당내에 사상적 권위를 세울 수 있었던 것은 이러한 소련의 관방철학과 신계몽운동의 논리를 결합한 결과였다.

둘째는 사회주의 진영 내에서 자국사 서술의 중요성이 강조되었다는 점이었다. 특히 코민테른 7대에서 디미트로프(Gecrgiy Mihaylovich Dimitrov, 1882~1949)는 파시즘적 민족주의에 대항하기 위해서 마르크스주의적 관점에서 자국사를 서술할 것을 강조하였다. 당시 옌안의 대변인 격이었던 우위장(吳玉章)은 이를 받아들여 국민당과 일제 파시즘에 대항하는 역사 서술의 필요성을 강조하였다.

> 파시스트는 각 민족의 모든 역사를 곡해하여, 자기를 일체의 민족사상, 일체의 고상하고 영용하게 투쟁한 사적의 계승자라고 형용하면서 … 파시스트 정신으로 독일 국민의 역사를 위조하는 것이다. 독일사회당의 역사가는 온갖 노력을 다해 독일 역사를 위조한다. … 이런 사정을 방관하

---

[100] 楊耕, 2012, 「蘇聯馬克思主義哲學模式: 形成, 特徵與缺陷」 『學術月刊』 2012年 7期.

는 것은 마르크스주의 정신에 위배되고, 민족의 모든 역사를 파시스트에 바치는 꼴이다.

중국의 현재 상황은 꼭 디미트로프가 말한 것처럼, 반혁명적 역사왜곡가들이 복고와 존경 놀음을 즐기면서, 역사 사실을 왜곡하여 민중을 기만하고 있다. … 이들은 서슴없이 사실을 왜곡할 뿐 아니라, 시비를 도치시켜 당대의 반동 통치자에게 아첨한다.[101] … 일본군벌 파시스트들은 각 점령지에서 공자, 왕도 등 교조를 떼창(大唱)하고, 중국과 동방문화의 보호자임을 자처하면서, 학교에서는 일어교육을 강제하고, 중국인들이 중국역사를 못 배우게 하여 중국의 민족성을 소멸하고자 기도하고 있다. … 이러한 반동 세력과 파시스트 세력의 사기(詐欺)적 수완을 경시한다면 죄악이 될 것이다.[102]

결국 중국으로서는 일제와 국민 정부라는 두 파시즘의 문화공세에 대응하여 당 주도의 자국사 서술의 필요성을 제기한 것이었다. 판원란의 『간편』이 기획된 배경이라 할 수 있다.[103]

같은 맥락에서 보다 중요한 것은 스탈린 집권 이후 소련의 역사정책이었다. 특히 스탈린은 1934년, 자국사 중심의 역사교육을 강화하면서

---

[101] 우위장은 특히 '역사곡해가'들이 장제스와 왕징웨이의 부저항정책을 변호하기 위해 악비(岳飛)와 진회(秦檜)를 전도하여 진회는 심모원려의 애국 책사이고, 악비는 폭도난당으로 묘사한 점을 격렬하게 비판했다. 이는 판원란의 입장에서도 수용할 수 없는 것이었다. 吳玉章, 1949, 앞의 책, 1~2쪽.

[102] 吳玉章, 1949, 위의 책, 5~6쪽.

[103] 葉蠖生, 1941, 「抗戰以來的歷史學」, 『中國文化』第3卷2期(李孝遷 編, 2018, 『中國現代史學評論』, 上海古籍出版社); 吳玉章, 1987, 「六十自述」, 『吳玉章文集』(下), 重慶出版社, 1256~1257쪽.

소련사 교과서를 편찬하고, 1938년 오종사회형태설과 역사유물주의를 바탕으로 『소련공산당 약사(略史)』를 출판하였다. 전자인 『소련역사강화(蘇聯歷史講話)』(A. 舍斯達柯夫編·張仲實譯, 生活書店 1939)는 소련 역사를 태고에서 현재까지, 통사적으로 서술한 책이었다. 특히 기왕의 기계적 공식주의 대신 민족서사를 취했는데, 몽골침략에 저항하는 과정에서 러시아 민족이 탄생했다고 하면서도, 그 전 소련 경내에 있었던 키예프국을 포함하여 슬라브족 등의 역사를 (씨족사회에서 고대국가로, 키예프 공국사, 몽골 및 나폴레옹의 침략과 저항 등) 두루 서술했다. 또 봉건 전제체제인 차르 체제의 억압과 국외의 간섭을 뚫고 사회주의 혁명이 성공하는 과정을 계통적으로 서술함으로써 사회주의 소련에 대한 애국심을 고취하려는 것이었다.

스탈린이 직접 편저한 후자는 자본주의 발전이 낙후하고, 프롤레타리아의 출현이 늦은 소련에서 어떻게 볼셰비키 영도를 통해 사회주의 혁명을 성취했는지를 레닌과 스탈린을 중심으로 서술한 것이었다. 동시에 마르크스주의를 소련혁명의 맥락에서 재해석함으로써, 스탈린의 영도력을 정당화하는 것이었다. 구체적으로 당의 역사를 레닌과 스탈린을 중심으로 정확한 노선과 착오노선 간의 투쟁으로 묘사하면서, 반대파를 기회주의, 인민의 공적, 반도, 매국적, 특무 등으로 악마화하였다. 또 모든 책에서 레닌, 스탈린의 이름을 총 650여 차례나 인용하는 등 그 역할을 강조하였다.

이러한 스탈린 시기 소련의 역사정책 및 당사 편찬은 마오쩌둥과 중국공산당에 대단한 영향을 미쳤다. 특히 상술한 마오의 「중국혁명과 중국공산당」(1939)은 이미 오종사회형태이론과 함께 중화민족을 주체로 하는 서사, 즉 원시공동체의 붕괴에 의한 노예제의 출현, 농민봉기에 의

한 왕조교체, 외래 민족의 억압에 대한 민족적 저항, 중화민족의 우수한 문화유산, 봉건사회 내부의 상품경제의 발전과 자본주의 맹아, 외국자본과 봉건세력의 결탁에 의한 반식민지반봉건사회론, 중국혁명의 이중적 성격 등 주요 내용은 모두 스탈린의 이론을 바탕으로 한 것이었다.[104] 이러한 사정은 당연히 판원란의 『간편』에 그대로 반영될 수밖에 없었다. 특히 『간편』 근간을 이루는 자국사 서사체계가 이미 스탈린 시기 소련의 영향하에 형성되었다는 점은 주목할 만한 부분이다.

물론 소련의 영향은 이뿐만이 아니었다. 마오쩌둥 역시 스스로 중공 당사를 정리하고, 간부교육에 활용하였다.[105] 특히 1928년 이래 당의 주요 문건을 자신이 대표하는 '정확한 노선'과 왕밍(王明)·보구 등의 '착오노선(错误路线)' 간의 갈등으로 정리하고[『육대이래(六大以來)』, 1942] 당원 및 간부교육을 강화하였다.[106] 특히 간부 교육 과정을 초급, 중급, 고급으로 세분하고, 각급에 맞추어 마르크스·레닌주의, 정치경제학, 역사유물론과 변증유물론 등 마르크스주의 철학과 함께 중국통사, 중국혁명사, 중공당사, 소련당사, 유럽혁명사 등을 교수하였다. 당연히 마오의 저작학습도 이루어졌다.[107] '역사' 교육이 당원 교육의 핵심으로 등장한 것이니 『간편』의 용처 역시 여기에 있었다.

여기에는 특히 파시즘 체제라는 현실 속에서 당원들의 이론 수준과

---

104 毛澤東, 1991, 「中國革命與中國共産黨」(1939年12月), 『毛澤東選集』 第2卷, 人民出版社.
105 高華, 2000, 앞의 책, 89쪽.
106 공식 黨史는 1951년 胡喬木이 집필한 『中國共産黨的三十年』(人民出版社)이다.
107 毛澤東, 1940. 4, 「中共中央關于幹部學校的指示」, 『共産黨人』 第5期; 「改造我們的學習」, 『毛澤東選集』 3卷, 人民出版社, 1991; 溫濟澤 등, 1984, 『延安中央研究院回憶錄』 長沙 : 湖南人民出版社.

도덕의식, 즉 당에 대한 헌신성을 강화해야 한다는 국제공산주의 운동의 논리도 적극 활용되었다.[108] 일제의 문화공세에 대응하여, "중국 인민의 민족의식을 발양하고, 인민의 자존심과 자신감을 제고하며, 중국 민족 5천 년의 문화전통을 계승"[109]하여 항전에 승리할 수 있도록 하여야 한다는 것이었다. 이를 위해 "공산당원은 어떤 조건하에서도 절대적이고 무조건적으로 개인의 이익을 당의 이익에 복종하여" 느동자와 인류해방을 위해 헌신해야 한다는 논리가 횡행하였다. 류사오치는 특히 "先天下憂而憂, 後天下之樂而樂(천하의 걱정거리는 앞서 걱정하고, 천하의 즐거움은 뒤에 누린다)"이나 "富貴不能淫, 貧賤不能移(부귀로서 음탕할 수 없고, 빈천하다고 해서 뜻을 바꿀 수는 없다) …" 등을 인용하여 최고의 기절(氣節)을 요구하였다. 판원란이나 우위장의 평소 지론이었다.[110] 유교적 덕목이자 그가 중시한 기절이 당에 절대 복종을 의미하는 당원 윤리가 된 셈이었다.

2. 집필 전략

『간편』은 애초 계획과 달리 판원란의 개인저술로 귀결되었다. 소련식 집체 집필 경험의 부재와 전문 역사 연구자의 결핍 탓이겠지만, 결국 판원란 개인의 공력으로 약 1년 정도의 짧은 시간에, 그것도 자료 부족과

---

108 「季米特洛夫论宣传的群众化」, 「斯大林论党的布尔塞维克化」, 『紅色檔案: 延安時期文獻檔案數據庫』. http://www.yahsda.com/Journal/list?baseid=zfwx; 劉少奇, 「論共産黨員的修養」, 『紅色檔案: 延安時期文獻檔案數據庫』.
109 「各抗日根據地文化教育政策討論提綱」, 『共産黨人』第15期, 1941年 2月.
110 吳玉章, 1987, 「六十自述」, 『吳玉章文集』下, 重慶出版社, 1257쪽.

같은 난관을 뚫고 통사를 집필한 셈이다.[111] 그것이 가능했던 이유는 무엇일까? 우선 그가 참고한 자료를 생각할 수 있다. 물론『간편』자체가 어떤 주석이나 특정 관점의 인용을 밝히지 않고 있지만, 당시 출판된 통사류 및 마르크스주의 역사학의 성과를 적극 활용했을 가능성이 크다. 첸무(錢穆)의『국사대강(國史大綱)』(1940)이나 저우구청(周谷城)의『중국통사(中國通史)』(1939) 등은 '민족주의'적 시각에서는 상통할 점이 많은 만큼 그의 집필 구상에 상당한 도움이 되었을 것이다.[112] 또 '사회사 논전'을 통해 독자적인 학문 방법으로서 입지를 굳힌 마르크스주의 역사학의 성과도 생각할 수 있다. 특히 그것은 논전 당시 노정된 공식주의를 극복하고 사료의 엄밀한 구사를 바탕으로 한 독자적 연구로 발전하고 있었다.[113] 다만 논전이 원래 소련과 일본에서 전개된 아시아적 생산양식론 논쟁에서 발원한 것이기 때문에 고대사, 사회사, 사회경제사 영역의 성과가 많았고, 그것은 곧 새로운 통사 서술로 구체화되고 있었다. 뤼전위[呂振羽,『간명중국통사(簡明中國通史)』, 生活書店, 1941], 화캉[華崗,『중국민족해방운동사(中國民族解放運動史)』, 1940] 등이 그러한 예라 할 수 있다.

같은 맥락에서 마르크스주의 원전들과 함께 번역된 역사학의 기본 텍스트나, '국제 좌파'의 중국사 연구서적도 참고했을 것이다.[114] 전자는 엥겔스의『독일혁명과 반혁명(德國革命與反革命; 1848年的德國)』(劉鏡園 譯,

---

111　范文瀾, 1951,「關於"中國通史簡編"」,『科學通信』第二卷6期.
112　黃靜, 2004,「1931年―1945年的中國通史撰述」,『史學史研究』2004年第3期.
113　翦伯贊, 1938,『歷史哲學教程』, 新知書店.
114　李孝遷, 2018,「"红色史學": 范文瀾《中國通史简編》新論」,『中共黨史研究』2018年11期.

新生命書局, 1939)이나 『독일농민전쟁(德國農民戰爭)』(錢亦石 譯, 生活書店, 1938), 그리고 『프랑스내전(法蘭西的內戰)』(吳黎平·刘云 合译, 解放社, 1938) 등을 들 수 있고, 후자는 라데크[Radek, K., 『중국역사이론의 분석(中國歷史之理論的分析)』, 上海: 辛墾書店, 1933], 사파로프[沙發諾夫, 『중국사회발전사(中國社會發展史)』, 上海: 新生命書局, 1932], 모리타니 가쓰미[森谷克己, 『중국사회경제사(中國社會經濟史)』, 上海: 商務印書館, 1937], 사노게사미[佐野加裟美, 『중국역사교정(中國歷史敎程)』, 讀書生活社, 1939] 등이었다.

이러한 서적들은 그가 쉽게 참고할 수 있었겠지만 문제가 없는 것도 아니었다. 특히 후자의 경우 일단 민족 서사를 취하지 않을 뿐 아니라, 동방 사회의 고대적 발전의 특수한 형식, 즉 아시아적 생산양식이나 공동체론을 기초로 중국 봉건사회의 장기적 정체성, 낙후성을 강조하는 서술이 많았기 때문이다.[115] 중국 학계는 이를 비판하면서 그 개념과 맥락을 변용하는 것으로 대응하였다. 젠보짠, 뤼전위, 허우와이뤄(候外廬) 등이 그러한 예였다. 이들은 옌안에서 판원란 등이 스탈린의 오종사회형태론을 공식화한 이후에도 이를 계속 사용하였는데 그것은 이 개념 자체가 스탈린 이전, 마르크스의 저작에 근거를 두고 있을 뿐 아니라, 중국사를 세계사적인 보편과 특수의 논리로 설명하는 방식의 하나이기 때문이었다.

---

[115] 아시아적 생산양식문제는 애초 1928년에 정치적으로는 일단락되었지만 학술적 논의는 여전히 지속되었다. 특히 일본에서의 논의도 영향을 미쳤는데, 주로 자국사의 후진성에 대한 성찰을 중국에 투영하면서 그 후진성, 즉 사적소유의 결여, 기형적 봉건제, 장기적 발전의 지체, 전제주의 사회로의 진전 등을 강조하는 개념이었다. 1937년 이후 아시아주의와 결합하여 침략을 정당화하는 논리로 비화하였다. 周雨霏, 2021, 「馬馬克思主義史學與二战前及戰時日本的亞洲觀; 以"亞細亞的"一詞的流行與語義變遷爲中心」, 『史學月刊』 2021年11期; 秋澤修二, 1939, 『支那社會構成』, 白楊社; 祁建民, 2014, 「戰前日本的中國觀與"共同體"理论」, 『抗日战争研究』 2014年3期.

그러나 판원란은 스탈린의 오종사회형태이론과 함께 『소련역사강화』 나 『소련공산당 약사』의 체제를 적극 채용하였다. 전자로부터는 소련 경내의 모든 민족과 역사를 소련사로 서술하는 식의 서술 체계를 수용하는 한편 근대 이후 부분은 후자를 참고하였다. 역사적으로 후진적인 러시아가 사회주의 혁명을 쟁취했다는 유사한 경험 때문이겠지만 차르 체제의 전제 정치나 민족 억압 정책, 또 제국주의 정책을 청조에 대한 서술에 투영하였다.[116] 이에 따라 『간편』은 중국사의 발전 과정을 원시공산사회[하(夏) 이전]에서 노예제사회[하상(夏商)], 봉건제사회(서주에서 아편전쟁까지)·반봉건반식민지사회(아편전쟁 이후) 등으로 파악하면서 원시공산제의 해체, 중앙집권적 봉건국가의 성립, 외족과 서구의 침략 등 주요 개념을 내용 구성의 핵심으로 삼았다. 당연히 서술 과정에는 생산방식, 사회경제 형태를 중시하여 경제면을 전면에 배치하였다. 또 계급적 관점에 따라 통치계급과 피통치계급으로 나누고 통치계급[군(君)·상(相)·사대부(士大夫)·부상(富商)·호민(豪民)]의 폭력성, 부도덕성을 강조하였다.[117] 사 계급에 대해서도 계급적 입장에 따라 평가를 달리하였으며, 공자에 대한 평가는 유보하면서도 묵자에 대해서는 "하층사회를 대표하여 농공계층의 이익을 위해 정치 해방을 추구"하였다고 평가하는 식이었다. 그렇지만 이를 통해 기왕의 마르크스주의 서적들이 전제하는 아시아적 생산양식론 등을 불식할 수 있었다.

---

[116] 『간편』의 서술 구조에 대해서는 선행 연구가 있다. 별고에서 상론한다. 趙慶雲, 2017, 「范文瀾与中国通史撰著」, 『史學理論研究』 2017年4期; 李孝遷, 2018, 「"红色史學": 范文瀾《中国通史简编》新論」, 『中共黨史研究』 2018年11期.

[117] 李孝遷, 2018, 위의 글.

그런데 『간편』의 특이한 점은 대중들이 익히 아는 과거 전통을 풍부한 서사로 구현하면서 '한민족(漢民族)'의 형성을 근대 이후가 아닌 진제국에서 기산했다는 점이다. 그가 자부하는 "서주봉건설과 민족조기형성론"의 핵심이라 할 수 있다. 그는 "진한에서 신민주주의 혁명 승리 이전까지, 한족은 부족이었나 민족이었나? … 한족의 역사를 근거로 볼 때 한족은 진한 이래 분열 시기의 부족이나 자본주의 시대의 자산계급 민족이 아닌 '독특한 사회조건하에 형성된 독특한 민족이었다'"는 것이었다.[118] 특히 "공동언어, 공동지역, 공동경제생활 및 공동의 문화상, 심리상태에 표현되는 안정적인 공동체"라는 스탈린의 민족개념을 인용하면서 동시에 『예기(禮記)』 중용편의 공자의 말을 인용하여 이를 논증하였다.

"지금 천하는 차동궤(車同軌), 서동문(書同文), 행동륜(行同倫)"이라 했다. 여기서 지금은 분명히 진시황 통일 이후를 가리키며, 이는 『사기』 시황본기에서 기술한 진시황의 통일조치와 부합한다. … 4개 특징에 비추어 보면, "공동의 언어"는 바로 서동문(書同文)이다. … "공동의 지역"은 바로 장성 이내의 광대한 강역을 의미한다. "공동의 문화상, 심리상태에 표현되는 것"은 바로 행동륜(行同倫)이다. 유가사상의 주요 부분, 즉 조종숭배와 효도는 한족의 공동심리이다. … 이상의 세 특징은 진한 시기부터 모두 구비되었다. 전체 봉건사회 시대에서 본질상 변화가 없었다. 제4의 특징을 보자. 차동궤(車同軌)는 "공동의 경제생활", "경제적 연계성" 이런 특징에 해당한다. … 춘추 시기에 이미 편리한 교통설비와 역참제도가 있었다. … 전국 및 진한 시기에 경제생활에서 상품교환이 이렇게 중요하였으

---

[118] 歷史問題編輯部, 1957, 『漢民族形成問題討論集』, 北京: 三聯出版社.

니, 대소시장과 경제 중심은 자연스럽게 형성되었다.[119]

결론적으로 "진한 대부터 한족(과 그 제국)은 이미 상당히 안정적 공동체였고, 북송 대부터 전국적인 경제관계가 강화되면서 더욱 안정되었다. 이 때문에 봉건통치자는 중앙집권을 강화하였고, 지방할거 세력을 제압하여 공연하게 활동할 수 없도록 함으로써, 정치적 통일을 더욱 진전시켰다. …"는 것이었다. 이처럼 중국의 장기적인 집권성을 강조한 의도는 역시 아시아적 생상양식론이 전제하는 역사발전의 장기적 정체성에 대응하려는 것이었다. 특히 중앙집권적 관료제를 중심으로 중국의 봉건제를 설명함으로써 장기적인 정체성의 원인과 발전 동력을 집권자의 부패 및 이민족의 침략과 그에 대한 대항으로 설명하는 것이었다. 특히 민족관계를 한족을 중심으로 한 투쟁관계로 설명한 점이 특이하다.

물론 이러한 그의 '민족조기형성론'은 중국 내에서도 격렬한 논쟁을 야기하였지만 역사에 대한 정치적 통제와 소련의 지배적 영향 속에서도 상당한 지지를 받았고, 특히 소련의 영향이 약화된 1960년대 이후, 더욱 힘을 얻었다. 다만 소련식 민족 개념이 소련 경내의 모든 민족을 의미한 반면, 판원란은 역사적으로 한족만을 유일한 민족으로 보았다. 옌안 시기 논쟁에도 불구하고 민족문화를 확정하지 못했듯이, 소련의 사회주의적 민족개념을 수용하면서도 한족을 전통시대 역사의 주체로 설정함으로써 중국 경내의 모든 민족을 포괄하는 민족의 형성은 전후의 일로 미룬 것이었다.

---

119 歷史問題編輯部, 1957, 위의 책.

V. 맺음말

중화인민공화국 수립 이후, 마르크스주의 역사학은 사회주의 체제의 체제학문이 되었다. 이 때문에 그것은 독립적인 분과학문보다는 체제의 일부로 작동되면서, 이데올로기적 기능을 수행하였다. 국가 제도를 통해 당사, 혁명사, 자국사, 세계사 등이 서술되고 교육되었다. 이러한 점을 이해하기 위한 기초 작업으로서 이 글은 판원란의 『중국통사간편』의 저술 과정을 통해 역사학이 정치와 결탁하게 되는 과정과 조건을 분석하였다.

애초 베이징대학에서 전통학문을 익힌 판원란은 지방에서 교편을 잡는 것으로 사회생활을 시작하였다. 당시 그는 '현대'에 대한 도덕적 비판을 전제한 선비로 처신하면서, 개인의 윤리적 각성을 통한 사회 문제 해결을 추구했다. 특히 신문화운동과 달리 전통을 활용하여 새로운 국민적 정체성을 창출하는 방향을 택한 것이었다.

그러나 그는 1925년 이후, 공산당과 연계되어 진보적인 운동에 열중하였다. 특히 1935년 이후 허난대학에서 수이싼, 지원푸 등 경세과 학자들과 함께 적극적으로 항전에 투신하였다. '사기(士氣)'와 '도덕' 차원에서 항전 참여를 촉구하는 여론 활동과 함께, 학생들과 함께 현지 활동을 전개한 것이다. 이후 그는 신사군 유격대를 거쳐 옌안으로 갔는데, 그것은 중공의 항일정책과 함께 '신계몽운동', '마르크스주의 중국화' 등을 통해 전통을 재평가하고 새로운 민족정체성을 창출하려는 시도에 동조했기 때문이었다. 당시 옌안의 중공은 대안권력으로서 성격을 분명히 하면서, 새로운 체제에 필요한 이데올로기 차원에서 자국사 서술이 필요하였다. 판원란을 통해 전통 학술과 마르크스주의와 결합시킨 자국사의 서술을 기대하였으니 그것은 민족주의를 표방하면서도 스탈린주의를 차용하여 자신의 권위를 구축하고 있던 마오쩌둥의 정치적 요구와 부합하는 것이기도 하였다.

이에 따라 판원란은 스탈린의 오종사회형태설을 바탕으로 『소련역사강화』 등 스탈린 시대의 역사저작을 적극 참고하여 『간편』을 서술하였다. 아시아적 생산양식론 등 중국사의 특수성을 부정하는 한편, '민족투쟁'과 계급투쟁을 역사동력으로 전제함으로써, 중국 봉건사회의 장기적 지속성을 발전사관으로 대체하였다. 그렇지만 진한제국 이후 한민족이 형성되었다는 논리에 기초한 그의 역사 서술은 소련의 역사학과 달리, 중국의 역사민족을 한족으로 국한하였으며, '아시아적 생산양식' 이후 지역에 대한 인식 결여를 문제로 남겼다.

동시에 그의 『간편』 저술을 추동한 옌안 시기의 민족주의는 기본적으로 항전과 반국민 정부를 기본으로 하지만 역시 스탈린 시대 소련의 그것을 차용한 것인 만큼 중국인의 정서와 차이가 컸다. "중공 건국 이후 마르크스주의를 학습하였지만 그것은 소련판 마르크스주의였을 뿐 … 다수의 통사라는 것도 교조주의를 벗어나지 못하였다"[120]는 것이다. 그럼에도 불구하고 그의 『간편』이 오랫동안 당의 권위 있는 저술로 인정받은 것은 역시 전통적인 풍부한 서사를 적극 활용한 점에 있었다. 이에 대해서는 별고에서 다루고자 한다.

---

120 季羨林, 2006, 「我的學術總結」, 王岳川 編, 『學問人生: 季羨林自傳』, 齊南: 山東友誼出版社, 398~400쪽.

참고문헌

단행본

『毛澤東書信選集』, 北京: 人民出版社, 1983.
『毛澤東選集』, 人民出版社, 1991.
『嵇文甫文集』, 河南省人民出版社, 1985.
拉德克(Radek, K.), 1933, 『中国历史之理论的分析』, 上海: 辛垦書店.
聯共(布)中央特設委員會編, 1955, 『蘇聯共產黨(布)歷史簡明教程』, 北京: 人民出版社.
李孝迁 編校, 2016, 『中国现代史學评论』, 上海古籍出版社.
李孝遷, 2014, 『域外漢學與中國現代史學』, 上海古籍出版社.
沙發諾夫, 1932, 『中國社會發展史』, 上海: 新生命書局.
森谷克己, 1937, 『中國社會經濟史』, 上海: 商務印書館.
蕭一山, 1973, 『非宇館文存』, 台北: 文海出版社.
歷史研究編輯部 編, 1956, 『中國的奴隸制与封建制分期問題論文選集』, 北京: 三聯書店.
歷史研究編輯部 編, 1957, 『漢民族形成問題討論集』, 北京: 生活・讀書・新知三聯書店.
葉毅均, 2020, 『走向馬克思主義史學之路: 范文瀾前傳』, 臺北: 三民書局.
張暉 編, 2006, 『量守廬學記: 黃侃的生平與學術』, 北京:三聯書店
翦伯贊, 2008, 『中國史論集』(合編本), 中華書局.
_____, 2015, 『歷史哲學教程』, 三联.
趙慶雲, 2019, 『创榛辟莽: 近代史研究所与史學发展』, 社會科學院文獻出版社.
佐野加裟美, 1939, 『中國歷史教程』, 上海: 讀書生活社.
陳其泰, 2000, 『范文瀾學術思想評傳』, 北京圖書出版社.
陳永發, 1990, 『延安的陰影』, 臺北: 中央研究院近代史研究所.
陳以愛, 2002, 『中國現代學術研究機構的興起: 以北大研究所國學門為中心的探討(1922-1927)』, 南昌: 江西教育出版社.
蔡美彪, 2012, 『學林舊史』, 中華書局.
千家駒, 1986, 『七十年的歷程』, 香港:鏡報文化企業有限公司.
河南省立河南大學編, 1935, 『河南省立河南大學現況簡覽』.

許冠三, 1986, 『新史學九十年』, 中文大學出版社.
侯外廬, 1985, 『韌的追求』, 三联书店.
A. 舍斯達柯夫編, 1939, 張仲實譯, 『蘇聯歷史講話』, 生活書店.
Leutner, Mechthild(羅梅君), 1997, 『政治與科學之間的歷史編纂: 30和40年代中國馬克思主義歷史學的形成』, 山東教育出版社.

福本承淸, 2015, 『アジア的生産様式論争史』, 東京: 社會評論社.
石井知章, 2012, 『中國革命論のパラダイム轉換: K・A・ウィットフォーゲルの「アジア的復古」をめぐり』, 東京: 社會評論社.
石井知章 等, 2010, 『一九三0年代のアジア社會論:「東亞協同體」論を中心とする言說空間の諸相』, 東京: 社會評論社.
秋澤修二, 1939, 『支那社會構成』, 東京: 白楊社.

Dirlik, Arif. 1978, *Revolution and History: Origins of Marxist historiography in China, 1919-1937*, University of California Press.
_____, 2005, *Marxism in the Chinese Revolution*, Rowman & Littlefield Publishers.
Li, Huaiyin, 2013, *Reinventing Modern China: Imagination and Authenticity in Chinese Historical Writing*, Honolulu: University of Hawai'i Press.

논문

오병수, 2017, 「항전시기 중국의 "중국 근대사" 서술과 동아시아 인식의 변용 및 그 유산」, 『서강인문논총』 50.
_____, 2018, 「民國時期 傅斯年 史學의 興衰: 과학주의와 민족주의의 연쇄」, 『역사학보』 240.
_____, 2023, 「일차세계대전후, 양계초의 사상전환과 세계국가론」, 『중국학보』 164.
柳鏞泰, 2019, 「개혁개방시기 中國의 通史・文明史 편찬과 그 인식체계; 사회형태설에서 다민족국가론으로」, 『동양사학연구』 147.
장현근, 2018, 「맹자의 군주: '대인(大人)' 정치론」, 『정치사상연구』 24(2).
전인갑, 2009, 「『學衡』의 문화보수주의와 '계몽' 비판」, 『동양사학연구』 106.
_____, 2022, 「중국 국가건설 100년의 역정과 역사학(Ⅰ); 천하 패러다임의 해체와

근대 역사학」,『역사학보』256.

祁建民, 2014,「战前日本的中国观与"共同体"理论」,『抗日战争研究』2014年3期.
罗志田, 2021,「史料与理论: 范文澜探讨汉民族形成的语境」,『河北學刊』第41卷 5期.
_____, 2021,「以国家说民族: 范文澜关于汉民族形成思想的特色」,『南京大學學報』 2021年6期.
李勇, 2017,「同道異趣: 郭沫若和范文澜的先秦诸子研究」,『河南師范大學學報』 2017年5期.
李孝遷, 2014,「国际左派中国研究与中国左派史學」,『上海大學學報』(社会科學版) 2014年5期.
_____, 2017,「革命与历史: 中国左派历史读物」,『中共黨史研究』2017年5期.
_____, 2018,「"红色史學": 范文澜《中国通史简编》新论」,『中共黨史研究』2018年 11期.
_____, 2023,「范文澜与郭沫若的隐秘论辩: 以西周社会性质为中心」,『文史哲』 2023年1期.
卞孝萱, 2010,「范文澜先生治學道路與方法」,『卞孝萱文集』第7권.
徐秀丽, 2015,「中国近代史研究中的"范式"问题」,『清华大學學報』2015年第1期.
葉毅均, 2018,「范文澜与整理国故运动」,『近代史研究』2018年1期.
_____, 2019,「走向革命:1920年代范文澜急遽政治化的历程」,『中山大學學報』, 2019年3期.
_____, 2020,「范文澜與吳承仕: 早期中國馬克思主義史家的世代變遷」,『國立政治 大學歷史學報』53期.
_____, 2020,「早年范文澜的學术与思想新探」,『安徽史學』2020年3期.
王家范, 2003,「中国通史编纂百年回顾」,『史林』2003年第6期.
伊秀芬, 2002,「抗日战争时期的河南大學」,『民国档案』2002年第1期.
张越, 2020,「范文澜与"汉民族形成问题争论"」,『中国社会科學』2020年7期.
趙慶雲, 2002,「1950年代范文澜与尚钺學术论争再析」,『天津社会科學』2022年5期.
_____, 2016,「范文澜续写, 重写《中国近代史》的构想及实践」,『史學理论研究』 2016年2期.
_____, 2017,「范文澜与中国通史撰著」,『史學理论研究』2017年4期.
周雨霏, 2021,「马克思主义史學与二战前及战时日本的亚洲观: 以"亚细亚的"一词的流行与语义变迁为中心」,『史學月刊』2021年11期.
陈峰, 2022,「传统史學与中国马克思主义史學范式的构建」,『天津社会科學』2022年 1期.
崔志海, 2020,「中国近代史研究范式与方法再检讨」,『历史研究』2020年3期.
嵇道之, 1995,「历史的安排: 嵇文甫与范文瀾, 曹靖华, 冯玉祥」,『河南大學學报』(社會科學版) 1995年1期.
黃静, 2004,「1931年—1945年的中国通史撰述」,『史學史研究』2004年第3期.

Dirlik, Arif, 1996. 7, "Reversals, Ironies, Hegemonies: Notes on the Contemporary Historiography of Modern China," *Modern China*, Vol. 22, No. 3.

_____, 2012, "Mao Zedong in Contemporary Chinese Official Discourse and History," *China Perspectives*, No. 2 (90).

Li, Huaiyin, 2010. 10, "From Revolution to Modernazation: The Paradigmatic Transition in Chinese Historiography in the Reforn Era," *History and Theory*, Vol. 49, No. 3.

_____, 2010, "Between Tradition and Revolution: Fan Wenlan and the Origins of the Marxist Historiography of Modern China," *Modern China*, Vol. 36, No. 3.

2장

냉전 시기, 중국의 고대 농민전쟁에 대한 인식

양보정책론을 중심으로

이유표 | 동북아역사재단 연구위원

I. 냉전 시기, 마르크스주의 역사학을 둘러싼 중국의 논쟁

중국에서 마르크스주의 역사학은 언제 시작되었을까? 혹자는 리다자오(李大釗, 1889~1927)[1], 리다(李達, 1890~1966), 차이허썬(蔡和森, 1895~1931) 등이 활동했던 5·4운동 시기로 거슬러 올라간다고 하지만, 학문적으로 이를 체계화하고 그 본격적인 시작을 알린 시기는 궈모러(郭沫若, 1892~1978)가 『중국고대사회연구(中國古代社會研究)』를 출간한 1930년이라 할 수 있다.[2] 궈모러는 출토문헌과 전래문헌을 적절히 이용하여, 원시공산제에서 노예제, 봉건제를 거치는 마르크스주의적 역사발전단계가 중국에도 적용될 수 있다는 의견을 밝혔는데, 이는 이른바 '중국사회사논전(中國社會史論戰)'이 본격적으로 펼쳐지는 계기가 되었다고 할 수 있다.[3]

---

1 리다자오는 국립베이징대학(國立北京大學)과 국립베이징사범대학(國立北京師範大學) 등에서 '유물사관연구(唯物史觀研究)', '사학사상사(史學思想史)', '사회주의사(社會主義史)' 등의 수업을 개설하고, 또 중국 전역을 돌아다니면서 역사철학과 사학개론 방면의 강연을 하는 등 중국 마르크스주의 역사학의 기틀을 닦았고, 그 결정체로 1924년 상무인서관(商務印書館)을 통해 『사학요론(史學要論)』을 출간하였다. 다만, 1927년 군벌에 의해 처형되고 『사학요론』 또한 출판이 금지되면서, 그의 사상은 당시 큰 영향을 끼치지는 못했다[周勵恒, 2021, 「從『史學要論』到『歷史哲學教程』: 論中國馬克思主義史學理論的初步發展」, 『四川師範大學學報(社會科學版)』 2021-5, 43~50쪽].

2 郭沫若, 1930, 『中國古代社會研究』, 上海聯合書店. 이 글은 허베이교육출판사(河北教育出版社) 2004년 판 참고.

3 물론 그 이전에 타오씨성(陶希聖)이 발표한 「중국 사회는 도대체 어떤 사회인가(中國社會到底是什麼社會)」를 '논전'의 발단으로 볼 수 있으나, 마르크스주의적 관점에서 '논전을' 확장한 사람은 궈모러라 할 수 있다[陳峰, 2010, 『民國史學的轉折-中國社會史論戰研究(1927~1937)』, 山東大學出版社, 47쪽].

이 '논전'은 1937년 중일전쟁(1937~1945)이 발발할 때까지 지속된 것으로 보이는데, 주로 아시아적 생산양식 문제, 중국에서의 노예사회 존재 여부, 중국 봉건사회 및 그 과정, 그리고 중국에 자본주의 사회가 있었는가 등을 둘러싸고 진행되었다. 여기에는 공산당 내부 학자들은 물론 국민당원과 당적이 없는 연구자 등 광범위한 참여가 이뤄졌다.[4] 이러한 '논전'을 통해 중국의 마르크스주의 역사학은 비약적 발전을 이루었다. 그 결과가 바로 1939년 마오쩌둥의 명의로 발표된「중국혁명과 중국공산당(中國革命與中國共産黨)」이라 할 수 있다.

이러한 논쟁은 1949년 중국 공산화 이후에도 지속되었다. 특히 '중국 고대사 시대 구분 문제', '중국 봉건 토지제도 문제', '중국 봉건사회 농민전쟁 문제', '중국 자본주의 맹아 문제', '한민족(漢民族)의 형성 문제' 등 이른바 '오타금화(五朶金花)'를 둘러싼 논쟁이 치열하게 전개되었다. 이 가운데 그 성과가 양적으로 두드러진 것이 바로 '중국 봉건사회 농민전쟁 문제'로, 소위 '문화대혁명(文化大革命, 1966~1976)' 이전까지 관련 논저만 100여 편, 각종 신문과 잡지에 발표된 것만 3천여 편에 이를 정도로,[5] '오타금화' 중 기타 네 문제와 관련된 논고 총합의 3배에 달할 정도였다.[6] 이와 관련된 연구는 내용적으로 농민전쟁 및 농민정권의 성격에 관한 것, 농민전쟁에 있어서의 황권주의와 평균사상에 관한 문제, 농민전쟁과 종교의 관계에 대한 문제, 농민전쟁의 역사상의 작용에 관한

---

4 이와 관련된 연구사는 陳峰, 2010, 위의 책; 백영서 외, 1988,『중국사회성격논쟁』, 창작과비평사 등 참고.
5 盧鐘鋒, 1999,「回顧與總結: 新中國歷史學五十年」,『中國史研究』1999-3, 6쪽.
6 鹿野,「毛澤東時代的歷史研究評析-以"五朶金花"爲中心」, 紅色文化網, 2016. 10. 13, https://m.hswh.org.cn/wzzx/llyd/ls/2016-10-12/40484.html(검색일: 2022. 9. 15).

문제 등 다방면으로 이뤄졌다.[7] 이는 1950년대 초반부터 마오쩌둥이 강조한 문화예술 분야의 '백화제방(百花齊放)'과 학술 분야의 '백가쟁명(百家爭鳴)'의 분위기가 큰 영향을 끼쳤다고 할 수 있다. 이는 1956년에 이른바 '쌍백방침(雙百方針)'[8]으로 명문화되었다.[9]

그러나 문화예술과 학술의 자유로운 발휘를 보장한 '쌍백방침'이 채택된 지 얼마 지나지 않은 1957년, 중국에서는 '반우파투쟁(反右派鬪爭)'이 치열하게 전개되었고, 1958년에는 이른바 '사학혁명(史學革命)'이라 불리는 '역사대약진(歷史大躍進)'운동이, 1960년에는 소위 '수정주의(修正主義)'를 비판하는 움직임이 거세게 일어나기도 하였다. 물론 중국공산당 정권 수립 초기부터 '후스 사상 비판(胡適思想批判)' 등 여러 비판 운동이 있었으나, 이 시기에는 논쟁이 다소 과열되면서 '폭력성'을 띠기도 하였다. 예컨대, 당시 난카이대학(南開大學)의 레이하이종(雷海宗, 1902~1962)은 '우파'로 몰려 해직되었고, 인민대학(人民大學)의 상웨(尙鉞, 1902~1982)의 경우, '수정주의자'로 몰려 고초를 겪었다.[10] 이는 수많은 논쟁을 통해 발전한 중국의 마르크스주의 역사학이 정치적으로 경직될

---

7 전해종, 1993, 「중국사의 시대구분」, 『국사관논총』 50, 182~185쪽. 전해종 선생은 이 논고에서 1949년 이후 중국 마르크스주의 역사학계의 여러 논쟁을 주제별로 정리하였다.

8 洪子誠, 2020, 「雙百方針」, 『南方文壇』 2000-1.

9 물론 지식인들의 자발적인 참여를 유도하기 위한 정책으로도 볼 수 있으나, 당시 소련의 반(反)스탈린운동과 헝가리폭동으로 인해 지식인과 일반 민중들에게 불만을 토로할 수 있는 기회를 부여함으로써, 중국에서 헝가리폭동과 같은 사태를 사전에 방지할 수 있다는 계산이었다는 분석도 있다(Richard H, Solomon, 1971, *Mao's Revolution and the Chinese Political Culture*, University of California Press, p. 288; 이경희·김호길, 1988, 「중공문화대혁명의 발단배경에 관한 연구」, 『외대논총』 6, 548~551쪽).

10 盧鐘鋒, 1999, 앞의 글, 9~10쪽.

경우 충분히 '폭력성'을 띨 수 있다는 것을 보여 준 것이라 할 수 있다.

이러한 '폭력성'이 극대화되어 나타난 것이 바로 1965년부터 전개되는 '양보정책비판론'이다. '양보정책론'은 농민전쟁의 역사적 작용에 관한 문제와 관련된 것이다. 농민전쟁으로 봉건통치자에게 큰 타격을 주고 압박하자, 농민들이 통치계급으로부터 어느 정도 '양보'를 얻어 내어 사회생산력을 발전시킬 수 있는 계기를 마련한다는 것을 골자로 하는 이론이다. 1930년대 처음 제기된 것으로 볼 수 있는 '양보정책론'은 1950년대 젠보짠(翦伯贊, 1898~1968)을 거치면서 학계의 주류학설로 자리 잡았으나, 1965년 9월, 쑨다런(孫達人, 1935~)이 『광명일보(光明日報)』에 발표한 「어떻게 '양보정책'을 평가해야 하는가(應該怎樣估價"讓步政策")」를 기점으로 상황은 급변하기 시작했다. 이 글은 "도대체 중국 봉건사회 발전의 동력은 농민전쟁인가 아니면 봉건지주계급의 '양보정책'인가, 아니면 농민전쟁과 '양보정책'이 함께 역사의 발전을 이끈 것인가?"라고 '양보정책론'에 근본적인 물음을 던졌다.[11] 이후 왕위저(王玉哲, 1936~2005), 장보취안(張博泉, 1926~2000) 등의 반론이 있었으나,[12] '양보정책론'에 '계급관점'에 입각한 비판이 더해지자, '양보정책론'을 지지했던 자들은 '반동(反動)' 혹은 '반공(反共)' 분자, '우귀사신(牛鬼蛇神)' 등으로 낙인찍히면서 폭력적인 핍박을 당하게 된다.

---

11 孫達人,「應該怎樣估價"讓步政策"」,『光明日報』, 1965. 9. 22.
12 王玉哲·陳振江,「如何正確地理解"讓步政策"」,『光明日報』, 1965. 11. 3; 張博泉·李春圃,「根據馬克思主義觀點應該怎樣看待"讓步政策": 與孫達人同志商榷」,『光明日報』, 1965. 12. 1.

II. 이른바 '신중국' 성립 후 농민전쟁 인식과 '양보정책론'의 정립

1. 왜 농민전쟁인가?

중국 근대 역사학에서 농민전쟁에 대한 연구는 량치차오(梁啓超, 1873~1929)로 거슬러 올라갈 수 있다. 량치차오는 1901년 「의화단이 중국에 세운 공적(義和團有功於中國說)」에서 외세의 침략에 맞서 싸운 의화단의 공적을 언급한 후, 중국 국민의 정신은 이로부터 떨쳐 일어나게 되었다고 평가하였다. 이후 류청위(劉成禺, 1876~1952)는 『태평천국전사(太平天國戰史)』를 편찬하였고, 류스페이(劉師培, 1884~1919)는 「중국혁명가 진섭전(中國革命家陳涉傳)」을 저술, 진섭[陳涉, 곧 진승(陳勝)]을 '삼대 이래 혁명 대가(三代以來革命大家)'로 칭송하였고, 「비전편(悲佃篇)」에서는 역대 농민혁명을 찬양하였다. 그리고 저우구청(周谷城, 1898~1996)은 1930년 중국 역대 농민전쟁을 종합하여 『중국 사회의 구조(中國社會之結構)』를 편찬하였는데, 이는 중국의 농민전쟁 연구를 개척한 저서로 평가할 수 있다.[13]

중국공산당 성립 이후, 마르크스주의 역사학이 발전하면서 계급투쟁론적 관점에서 농민문제와 현실적 대책에 대한 관심이 증가하였다. 이들은 역사상 농민기의의 교훈을 연구하면서 당시 농민운동을 사회주의 건

---

[13] 侯雲灝, 1997, 「從三十年代的兩部中國農民戰爭史論著看早期中國農戰史硏究」, 『史學理論硏究』 1997-3; 蔣海昇, 2006, 「"西方話語"與"中國歷史"之間的張力: 以 "五朶金花"爲中心的探討」, 山東大學博士學位論文, 46쪽.

설의 궤도에 앉힐 것을 건의하기도 하였다.[14] 이는 '중국사회사논전'을 거치면서 구체화되었다. 이 시기 차이쉐춘(蔡雪村, 생몰년미상)은 1933년 『중국 역사상의 농민전쟁(中國歷史上的農民戰爭)』을 3권의 책으로 발간하였고,[15] 쉐농산(薛農山, 생몰년미상)은 『중국 농민전쟁의 사적 연구(中國農民戰爭之史的研究)』를 출간하였다.[16] 이는 마르크스주의 관점에서 농민전쟁을 평가한 선구적 성과로 평가된다.[17] 차이쉐춘은 농민의 끊이지 않는 폭동을 중국 역사 진보의 중요한 요소로 평가하였고,[18] 쉐농산은 모든 농민폭동을 역사변동의 동력으로 평가하였다.[19]

이들의 관점은 1939년 마오쩌둥이 '마르크스주의의 중국화'라는 명제하에 편찬한 「중국혁명과 중국공산당」에 그대로 반영되었다. 그 내용을 보도록 하자.[20]

(가) 지주계급의 농민에 대한 잔혹한 경제 수탈과 정치압박은 일찍이 역사상 무수한 농민폭동을 일으켜 지주계급의 통치에 반항할 수밖에 없게 만들었다. 진조(秦朝)의 진승(陳勝)·오광(吳廣)·항우(項羽)·유방(劉

---

14 蔣俊, 1995, 『中國史學近代化進程』, 齊魯書社, 340쪽.
15 蔡雪村, 1933, 『中國歷史上的農民戰爭』, 上海亞東圖書館.
16 薛農山, 1933, 『中國農民戰爭之史的研究』, 上海神州國光社.
17 蔣俊, 1995, 앞의 책, 341쪽.
18 蔡雪村, 1933, 앞의 책, 序論.
19 薛農山, 1933, 앞의 책, 113쪽.
20 이 글에서 인용한 (가)와 (나)는 『共産黨人』 제4~5기에 발표된 「中國革命與中國共産黨」을 바탕으로 한 것으로, www.maxist.org에서도 제공하고 있다. https://www.marxists.org/chinese/maozedong/marxist.org-chinese-mao-193912aa.htm(검색일: 2022. 9. 20). 이는 훗날 수정을 거쳐 「中國革命和中國共産黨」으로 제목이 바뀐다.

邦)으로부터, 한조(漢朝)의 신시(新市)·평림(平林)·적미(赤眉)·황건(黃巾)·동마(銅馬), 수조(隋朝)의 이밀(李密)·두건덕(竇建德), 당조(唐朝)의 황소(黃巢), 송조(宋朝)의 송강(宋江)·방납(方臘), 원조(元朝)의 주원장(朱元璋), 명조(明朝)의 이자성(李自成), 청조(淸朝)의 태평천국(太平天國)에 이르기까지, 모두 수백 차례나 되었는데, 모두 농민의 반항운동이었고, 모두 농민의 혁명전쟁이었다. 중국 역사상의 농민폭동과 농민전쟁의 큰 규모는 세계 역사상 유례없는 것이다. **오직 이러한 농민폭동과 농민전쟁만이 중국 역사 진화의 진정한 동력이다. 모든 농민폭동과 농민전쟁의 결과 모두 당시의 봉건통치에 타격을 준 까닭에 사회적 생산관계를 약간 변동시키고 사회생산력을 다소 촉진시켰다.** (밑줄과 강조는 인용자)

이는 농민폭동과 농민전쟁이 중국 역사 발전을 촉진시킨 중국 역사 진화의 진정한 동력이라는 것을 인정한 것이지만, 중국 역사를 봤을 때 농민폭동과 농민전쟁의 결과는 언제나 새로운 이른바 '봉건왕조'의 탄생이었다. 이에 대해 차이쉐춘은 농민이 자신의 정권을 건립할 수 없었기 때문에 농민기의는 성공할 수 없었고, 왕조교체의 도구로 이용될 수밖에 없었다고 하였다.[21] 마오쩌둥은 이를 「중국혁명과 중국공산당」에 반영하면서, 그 원인에 대해서도 다음과 같이 논하였다.

(나) 다만, 당시 아직 새로운 생산력과 새로운 생산방식이 없었고, 새로운 계급 역량이 없었으며, 선진적인 정당이 없었는데, **이러한 농민전쟁과 농**

---

21 蔡雪村, 1933, 앞의 책, 94쪽.

<u>민폭동이 현재의 무산계급과 공산당이 농민폭동과 농민전쟁을 정확히 영도하는 것과 같은 선진계급과 선진정당의 영도를 얻을 수 없었기 때문이다.</u> 이런 상황은 당시의 농민혁명을 항상 실패에 빠지게 했고, 항상 혁명 중, 혁명 후에 지주계급에 이용당하게 하여, 그들이 왕조를 교체하는 도구가 되게 하였다. 이런 상황은 **모든 농민혁명투쟁이 가라앉은 후, 비록 다소간의 진보가 있었지만, 봉건적 경제관계와 봉건적 정치제도는 기본상 여전히 계속되게 하였다.** (밑줄과 강조는 인용자)

곧 역사상의 농민폭동과 농민전쟁이 실패한 까닭은 바로 '중국공산당'과 같은 선진적인 정당의 영도가 없었기 때문이라는 것이다. 다시 말해, 비록 중국 역사상의 농민전쟁은 실패할 수밖에 없었으나, 중국공산당의 이른바 '선진계급과 선진정당'이 이끄는 농민전쟁은 반드시 성공한다는 '혁명 이데올로기'를 강하게 내비치고 있는 것이다.

'혁명 이데올로기'는 인류 문명시대의 역사는 모두 계급투쟁사로 인식하고, 노동 인민의 착취계급에 대한 어떠한 '반란(造反)'도 모두 근대 의의상의 '혁명'으로 간주했다. 이러한 '혁명'은 바로 '폭동'이었다. 한 계급이 다른 계급을 타도하는 폭력적인 행동, 하층 민중의 폭력적 반항 또한 어떠한 형식이든 간에 모두 정당화되었고, 상층 통치자, 곧 봉건지주계급의 정치적인 '개량'은 어떠한 상황 속에서라도 정당화될 수 없었다.[22]

1949년 이른바 '신중국'이 성립되었으나, '혁명 이데올로기'가 지속되면서 중국의 농민전쟁사 연구에 막대한 영향을 끼치게 되었다. 이러한

---

22 王學典, 2005, 「意識形態與歷史: 近50年來農戰史硏究之檢討」, 『史學月刊』 2005-7, 12쪽.

현상은 '신중국'의 성립, 곧 이른바 '중국혁명'이 바로 성공한 농민혁명이자 농민전쟁으로, 이 자체가 '중국혁명'에 역사적 합법성을 제공해 주었기 때문으로 해석할 수 있다.[23] 당시 농민전쟁 연구가 '오타금화' 가운데 가장 활발하게 전개될 수 있었던 데에는 이러한 현실적 배경을 무시할 수 없다.

한편, (가)와 (나)에서 인용한 마오쩌둥의 「중국혁명과 중국공산당」은 수정을 거쳐, 1951년 『마오쩌둥선집(毛澤東選集)』에 현행본의 모습으로 수록되었다.[24] 그 수정된 부분을 표로 만들어 보도록 하자.

〈표 1〉 (가)의 초판본과 『마오쩌둥선집』본 비교 (밑줄과 강조는 인용자)

	초판본	『마오쩌둥선집』본
1	지주계급의 농민에 대한 잔혹한 경제수탈과 정치압박은, **일찍이 역사상 무수한 농민폭동**을 일으켜 지주계급의 통치에 반항할 수밖에 없게 만들었다.	지주계급의 농민에 대한 잔혹한 경제수탈과 정치압박은, **농민들로 하여금 여러 차례의 기의를 거행하게 하여** 지주계급의 통치에 반항할 수밖에 없게 만들었다.
2	… 수조의 이밀 · 두건덕, **당조의 황소**, 송조의 송강 · 방납 … **모두 수백 차례나 되었는데**	… 수조의 이밀 · 두건덕, **당조의 왕선지(王仙芝) · 황소**, 송조의 송강 · 방납 … **총 크고 작은 수백 차례의 기의는** …
3	중국 역사상의 **농민폭동**과 농민전쟁의 큰 규모는 세계 역사상 **유례없는 것**이다.	중국 역사상의 **농민기의**와 농민전쟁의 큰 규모는 세계 역사상 **극히 드문 것**이다.

---

23 왕쉐덴(王學典)은 이를 다음 몇 가지를 들어 설명하고 있다. 첫째, 농민전쟁 연구에서 '실패한 농민전쟁'을 언급하는 것은 곧 '중국혁명'의 타산지석을 가리키는 것이다. 둘째, 농민전쟁을 '역사 발전의 진정한 동력'으로 말하는 것은 곧 '중국혁명' 또한 역사 발전의 '진정한 동력'으로 역사상 수많은 농민전쟁을 '중국혁명'의 선구로 인식하는 것이다. 셋째, '역사적으로 농민들이 기의하여 수립된 정권은 '봉건정권'일 수밖에 없었다'고 말하는 것은 오히려 '신중국'의 '무산계급'적 성격과 '마르크스주의'적 성격을 강조하고 두드러지게 하는 것이다. 넷째, '역사적으로 농민들이 기의하여 자신의 "정부"를 건립할 수 있다'고 언급하는 것은 바로 '신중국'의 건립이 수천 년 동안의 역대 농민들의 몽상과 추구를 실현한 것을 가리키는 것이다(王學典, 2005, 위의 글, 13~14쪽).

24 毛澤東, 1951, 『毛澤東選集』 2, 人民出版社, 619쪽.

4	오직 이러한 **농민폭동과 농민전쟁**만이 중국 역사 진화의 진정한 동력이다.	중국 봉건사회 속에서, 오직 이러한 농민의 계급투쟁, 농민의 기의와 농민의 전쟁만이 역사 발전의 진정한 동력이다.
5	모든 농민폭동과 농민전쟁의 결과 모두 당시의 봉건통치에 타격을 준 까닭에 **사회적 생산관계를 약간 변동시키고 사회생산력을** 다소 촉진시켰다	모든 비교적 큰 농민기의와 농민전쟁의 결과, 모두 당시의 봉건통치에 타격을 준 까닭에 **사회생산력의 발전을** 다소 촉진시켰다.

〈표 2〉 (나)의 초판본과 『마오쩌둥선집』본 비교 (밑줄과 강조는 인용자)

	초판본	『마오쩌둥선집』본
1	다만, … 선진적인 정당이 **없었는데, 이러한 농민전쟁과 농민폭동**이 현재의 무산계급과 공산당이 **농민폭동과 농민전쟁**을 정확히 영도하는 것과 같은 **선진계급과 선진정당의 영도를 얻을 수 없었기 때문**이다.	다만, … 선진적인 정당이 **없었기 때문에 이러한 농민기의와 농민전쟁**은 현재의 모든 무산계급과 **공산당과 같은** 정확한 영도를 얻을 수 없었다.
2	이런 상황은, 모든 농민혁명투쟁이 가라앉은 후, 비록 다소간의 진보가 있었지만 …	이런 상황은, 모든 **대규모의** 농민혁명투쟁이 가라앉은 후, 비록 **사회에** 다소간의 진보가 있었지만 …

이를 통해 알 수 있듯이, '폭동' 혹은 '농민폭동'은 모두 '기의' 혹은 '농민기의'로 수정되어, '폭동'이라는 단어가 연상케 하는 부정적 이미지를 '의롭게 일어선다'는 '기의'로 바꿈으로써, 농민전쟁에 보다 긍정적인 의미를 부여하였다. 특히 위의 '(가)-4'에서 '농민폭동'을 '농민기의'로 바꾸고 '사회 진화'를 '사회 발전'으로 자구 수정을 가한 것 외에, '농민의 계급투쟁'을 새롭게 추가함으로써 '계급투쟁론'을 강조하게 된다.

2. 양보정책론의 정립

앞서 (가)와 (나)에서 인용한 마오쩌둥의 「중국혁명과 중국공산당」에서 선뜻 이해되지 않는 부분이 있다. 바로 (가)에서는 '농민폭동과 농민전쟁만이 중국 역사 진화의 진정한 동력'이라 하였는데, (나)에서는 농민폭동과 농민전쟁의 결과 '다소간의 진보'는 있었지만, 봉건적 경제관계와 봉건적 정치제도를 여전히 존속시켰다는 점이다. 다시 말해, '농민폭동' 혹은 '농민전쟁'이 성공하더라도, 결국 황제만 바뀌었을 뿐 농민들의 처지는 거의 변화가 없었다는 것이다. 그렇다면 (가)에서 인용한 '농민폭동과 농민전쟁만이 중국 역사 진화의 진정한 동력'이라는 말을 어떻게 이해해야 하는가?

젠보짠이 1951년에 발표한 「중국 고대의 농민전쟁을 논함(論中國古代的農民戰爭)」은 바로 이 부분에 대한 주석서라 할 수 있다. 당시 판원란(范文瀾, 1893~1969)이 젠보짠에게 마오쩌둥의 「중국혁명과 중국공산당」을 보충 설명할 원고를 의뢰하여 젠보짠은 이 글과 함께 「중국 고대의 봉건사회(中國古代的封建社會)」를 집필하였다. 이 두 원고는 모두 판원란의 꼼꼼한 퇴고와 윤문을 통해 완성되었다.[25] 젠보짠은 「중국 고대의 농민전쟁을 논함」에서 농민전쟁의 원인을 농민계급과 지주계급의 모순에서 찾았다. 그리고 농민전쟁의 결과에 대해 다음과 같이 논하였다.

중국 역대로부터의 농민폭동이 비록 계속 실패하여 중국 봉건사회의 경제기초와 정치제도를 바꾸지 못했지만, 모든 대폭동은 다소간 중국 봉건사회의 발전을 촉진하였다. **매번 대폭동 이후 새로운 봉건통치자는 봉건질서의 회복을 위해 반드시 농민에 대해 어느 정도의 양보**를 해야만 했다.

---

[25] 「翦伯贊同志革命的一生」, 『翦伯贊歷史論文選集』, 人民出版社, 1980년 판, 498~501쪽; 張傳璽, 1998, 『翦伯贊傳』, 北京大學出版社, 273~276쪽.

다시 말해 반드시 많든 적든 간에 농민에 대한 착취와 압박을 경감시켜야만, 봉건생산관계의 생산력에 대한 구속을 경감시켜, 봉건사회의 생산력의 지속 발전 가능성을 얻을 수 있었다. **이렇게 중국 역사의 전진이 촉진되었기 때문에, 중국 역사상의 모든 농민폭동 혹은 농긴전쟁은 모두 중국 봉건사회 발전의 이정표라 할 수 있다.**[26] (밑줄과 강조는 인용자)

이는 농민폭동과 농민전쟁이 어떻게 역사 진화 혹은 발전의 진정한 동력이 되는지를 설명하고 있는데, 바로 농민폭동 이후 무너진 봉건질서를 회복하기 위한 봉건통치자의 양보를 통해서였다. 이것이 바로 소위 '양보정책론'[27]으로 당시 학계에 큰 영향을 끼치게 된다.[28]

---

26 翦伯贊, 1951, 「論中國古代的農民戰爭」, 『學習』 3-10. 西北大學歷史系 編, 1973, 『"讓步政策"批判集』, 西北大學歷史系, 269~280쪽에서 재인용.

27 '양보정책'이라는 말을 표면적으로 봤을 때, 특히 한국어 언어 환경에서 '겸양', '사양', '희생' 등을 연상하게 된다. 그러나 중국어에서 '양보'라는 말은 "다툼 속에서 자신의 의견 혹은 권리를 부분 혹은 전부 포기하다"는 뜻으로 '겸양', '사양', '희생'이라는 의미보다는 '타협' 혹은 '양해'의 의미가 보다 두드러진다. 따라서 영어권 학자들은 '양보정책'을 'policy of concession' 혹은 'concessionary policy'로 번역하고 있다. 곧 '양보정책'은 사실상 '타협정책', '양해정책'으로 이해하는 것이 보다 타당하다고 할 수 있다(Kwang-Ching Liu, 1981, "World View and Peasant Rebellion: Reflections on Post-Mao Historiography," *The Journal of Asian Studies*, Vol. 40, No. 2, p. 303; Alessandro Russo, 2020, *Cultural Revolution and Revolutionary Culture*, Duke University Press; Bryce Kositz, 2018, "Chinese Communist Historiography of the 1911 Revolution, 1935-1976," Ph.D. Thesis at ANU).

28 후술하겠지만, 문화대혁명을 전후한 시기, 젠보짠이 '양보정책' 비판론의 집중포화를 받게 된 원인이기도 하다. 사실 '양보정책'론은 젠보짠의 독창적인 주장은 아니었다. 일찍이 1933년, 앞서 언급한 차이쉐춘은 자신의 저서에서 농민은 자신의 정권을 건립할 수 없었기 때문에 '농민기의'는 여태까지 성공한 적이 없고 새로운 왕조 성립의 도구밖에 될 수 없었으나, 신흥 부농 지주 정권은 농민 세력의 위대함을 거울삼아 어쩔 수 없이 약간의 '개량정책(改良政策)'을 시행할 수밖에 없었다고 언급하였다(蔡雪村, 1933, 앞의 책, 94쪽). 이는 내용적으로 '양보정책'론의 시작, 곧 선하(先河)를 열었다

'양보정책론'을 받아들인 대표적인 학자로 자오리성(趙儷生, 1917~2007)과 가오자오이(高昭一, 1914~2006),[29] 그리고 쑨쥐민(孫祚民, 1923~1991), 차이메이뱌오(蔡美彪, 1928~2021),[30] 치샤(漆俠, 1923~2001) 등이 있는데, 이 가운데 쑨쥐민과 치샤의 설을 살펴보도록 하겠다.[31]

쑨쥐민은 1956년 편찬한 그의 저서 『중국 농민전쟁 문제 탐색(中國農民戰爭問題探索)』에서, 수천 년 동안 농민의 고된 노동으로 창조된 물질문명이 인류를 유지해 왔고, 사회의 발전을 촉진했다고 여겼다. 그러나 통치계급의 착취와 폭정으로 인해 인민들이 '재생산'을 지속할 수 없을 때 사회는 혼란에 빠지고 역사의 발전 또한 정체상태에 빠지게 되는데, 오직 '농민기의폭동'만이 이러한 국면의 돌파구가 된다고 여겼다.

농민폭동과 전쟁은 한편으로는 옛 부패 정권에 타격을 주거나 전복시키고, 동시에 이후 건립될 **새로운 정권의 통치계급 및 그 대표 인물에게 깊**

고 할 수 있다(張海昇, 2009, 『"西方話語"與"中國歷史"之間的張力: 以"五朶金花"爲中心的探討』, 山東大學出版社). 이후, '양보정책'론은 천보다(陳伯達, 1904~1989)가 1938년 집필한 「봉건 중국에서 반식민지 반봉건의 중국까지(由封建的中國到半植民地半封建的中國)」에서 이론적으로 내용을 갖추게 된다. 천보다는 약 200년 주기로 전국적인 대기근이 발생하는데, 이로 인해 전국적인 '대농민전쟁(농민혁명)'에 불이 붙었다고 이해했다. 그리고 "모든 농민전쟁이 비록 도시 혁명 계급의 영도로 인해 실패하기도 했지만, 그 결과 항상 통치계급에 막대한 타격을 주어 그들이 어느 정도 양보를 할 수밖에 없게 만들어, 농민 및 기타 독립생산자들로 하여금 '휴양생식'하게 하였다. 이는 사회생산력을 더욱 발전시키는 출발점이 되었다."고 하였다(陳伯達, 1941, 「由封建的中國到半植民地半封建的中國」, 『解放』128. 西北大學歷史系 編, 1973, 앞의 책, 268쪽에서 재인용).

29 趙儷生·高昭一, 1955, 『中國農民戰爭史論文集』, 新知識出版社.
30 蔡美彪, 1961, 「對中國農民戰爭史討論中幾個問題的商榷」, 『歷史研究』1961-4.
31 이 글에서 쑨쥐민과 치샤를 검토 대상으로 삼은 것은, 1960년대 '양보정책' 비판론의 주요 비판 대상으로 등장하기 때문이다.

은 교훈을 주어 그들로 하여금 농민기의의 거대한 위력을 두려워하게 하고, 농민에 양보할 수밖에 없게 하여 '**경요박부(輕徭薄賦), 여민휴식(與民休息)**' 등의 정책을 실행하게 하였다. 이처럼 봉건생산관계의 생산력에 대한 속박을 경감시켜 생산력이 앞으로 계속 발전할 수 있는 가능성을 얻게 하였고, 역사를 한 걸음 한 걸음 앞으로 전진하게 하였다.[32] (밑줄과 강조는 인용자)

곧 농민폭동과 전쟁의 경험이 새로운 정권에 깊은 교훈을 주었고, 결국 농민에 양보하여 요역과 부세를 가볍게 하고 백성들과 휴식하는, 곧 '경요박부, 여민휴식' 정책을 추진하게 했다는 것이다. 이를 통해 모든 봉건왕조 초기의 생산력 발전과 경제적 번영은 우연히 발생한 것이 아니라, 바로 이러한 '양보정책'을 통해 이루어졌음을 알 수 있다고 여겼다. 더 나아가 이를 통해 마오쩌둥이 강조한 "중국 봉건사회에서 오직 이러한 농민의 계급투쟁, 농민의 기의와 농민의 전쟁만이 역사 발전의 진정한 동력이다"를 철저하게 이해할 수 있다고 생각했다.

치샤 등은 농민전쟁이 전제통치를 타도함과 동시에 새로운 봉건통치에도 막대한 개조작용을 일으켰다고 여겼다. 곧 새로 정권을 잡은 봉건통치집단은 농민혁명의 압력 속에서 어쩔 수 없이 농민에 대한 '양보정책'을 실시할 수밖에 없었다는 것이다.

이를 통해 당시 인민들이 가장 통한해 마지않는 착취 압박제도의 어떤 부분에 대해 개정 혹은 조정을 하여 착취 압박의 정도를 완화, 경감시켰다.

---

32 孫祚民, 1956, 『中國農民戰爭問題探索』, 新知出版社, 16쪽.

세 번에 걸친 대규모 농민전쟁 이후에도 이러한 상황이 나타났는데, 이로써 농민계급과 지주계급 사이의 모순 관계에 대한 다음과 같은 규율적 발전을 체현하였다. "**혁명투쟁(革命鬪爭)-강제양보(被迫讓步)**, 다시 투쟁(再鬪爭)-다시 양보(再讓步)", 이러한 규율적 발전 속에서 봉건통치집단의 양보를 볼 수 있는데, 이는 농민혁명투쟁의 직접적 결과였다. 보다 고급적 사물이 나타나기 전에, 특히 봉건제도단계가 아직 상승단계에 처해 있던 당시, 농민의 혁명투쟁이 아직 봉건제도의 범위(즉 아직 이러한 제도 소멸을 제기하기 전)를 초월할 수 없었던 시기, 농민의 혁명투쟁이 이러한 결과를 얻은 것, 곧 착취압박의 상대적이고 완화적인 경감은 사회적 진보에 유리한 것이었다.[33] (밑줄과 강조는 인용자)

치샤 등은 '혁명투쟁-강제양보, 다시 투쟁-다시 양보'라는 농민전쟁과 통치계급의 양보 사이의 규율성을 제시하였다. 여기서 주의해야 할 것은 바로 '강제양보'라는 표현이다. 비록 통치계급이 양보를 했다고는 하나, 이는 통치계급의 의지가 아니라 농민전쟁의 직접적인 결과라는 것을 강조한 것으로 해석할 수 있다.

젠보짠과 쑨줘민, 그리고 치샤의 설을 종합해 보면 소위 '양보정책론'의 발전 과정을 정리할 수 있다. 젠보짠은 '봉건사회 생산력의 지속 발전한 가능성을 얻기 위한' 목적에서 '봉건생산관계의 생산력에 대한 구속 경감'이라는 양보를 했다고 이해했고, 쑨줘민은 농민폭동과 전쟁이 '새로운 정권의 통치계급 및 그 대표 인물에게 깊은 교훈'을 주었고, 또 생산력이 앞으로 '계속 발전할 수 있는 가능성을 얻게' 하기 위해 '봉건

---

33 漆俠 等, 1962, 『秦漢農民戰爭史』, 三聯書店, 207쪽.

생산관계의 생산력에 대한 속박을 경감'시켰다고 이해하고, 그 구체적인 것으로 요역과 부세를 가볍게 하고 백성들과 휴식하는 '경요박부, 여민휴식' 등의 정책을 언급하였다. 치샤 등은 여기서 더 나아가 이를 '혁명투쟁-강제양보, 다시 투쟁-다시 양보'로 규율화하였다. 이는 '양보정책론'이 하나의 공식이 된 것이다.

그러자 '양보정책론'이 학계의 주류 학설로 자리잡는 데 큰 공헌을 한 젠보짠은 1961년 「몇 가지 역사 문제 처리에 대한 초보적 의견(對處理若干歷史問題的初步意見)」에서 다음과 같이 논하였다.

> 한 차례 큰 농민전쟁을 겪은 이후, 봉건통치계급은 봉건질서를 회복하기 위하여 때로는(有時) 농민에 대해 일정 정도의 양보를 하였지만, 모든 농민전쟁에서 양보한 것은 아니다. 그들은 [규모가] 작은 지역적으로 국한된 농민전쟁에 대해서는 양보하지 않았다.[34]

젠보짠은 당초 '모든 농민전쟁'이 통치계급의 '양보'를 이끌어 냈다고 했던 것과 달리, 여기서는 '모든 농민전쟁에서 양보한 것은 아니다'라는 입장을 제시하며 한 발 물러선 태도를 보이고 있다. 이는 '양보정책론'이 공식화되는 것에 대한 우려에서 비롯된 것으로 보이지만, 이미 '양보정책론'은 공식화된 후였다.

---

34 翦伯贊, 1961, 「對處理若干歷史問題的初步意見」, 『人民教育』 1961-9, 1~7쪽.

III. '양보정책' 비판론의 전개와 그 내적 요인

1. '양보정책' 비판론의 주요 맥락

젠보짠, 쑨줘민, 치샤 등 '양보정책론'을 주장했던 학자들 모두 자신의 주장이 마오쩌둥의 「중국혁명과 중국공산당」에 위배된다고 생각하지 않았다. 그뿐만 아니라 학계에서도 '양보정책론'은 이미 정설로 자리 잡아, 중등 교과서에 그대로 반영될 정도였다. 예컨대, 중학교 역사교과서인 『중국역사(中國歷史)』 제1책의 제8장 「서한 전기의 경제 발전(西漢前期的經濟發展)」에 다음과 같이 서술되어 있다.

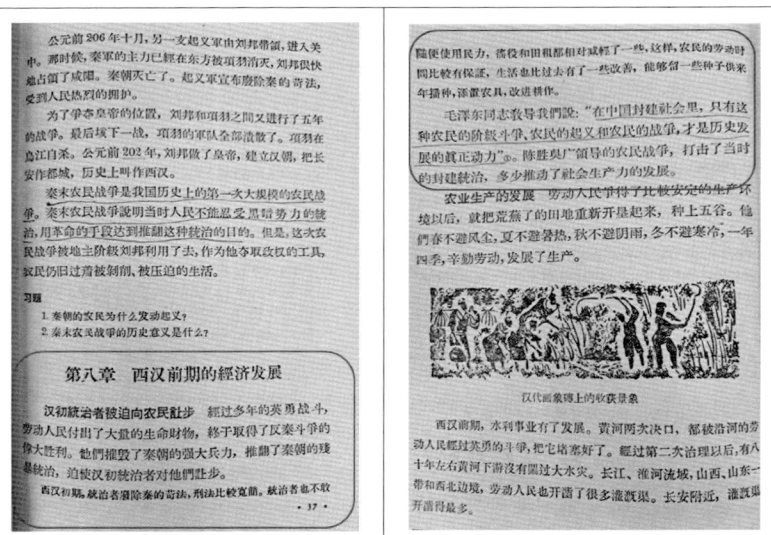

〈그림 1〉 중학 교과서 『中國歷史』(人民敎育出版社, 제5판 제7쇄, 1962)에 반영된 '양보정책'론

수년에 걸친 영용(英勇)한 전투를 통해, 노동 인민은 대량의 생명과 재물을 쏟아부어 마침내 반진(反秦) 투쟁의 위대한 승리를 거두었다. 그들은 진(秦)나라의 강대한 병력을 꺾고 진나라의 잔폭(殘暴)한 통치를 전복시키면서, 한(漢)나라 초기 통치자를 압박하여 그들에 디한 양보를 하게 하였다.[35]

이어서 교과서는 통치자의 노동 인민에 대한 요역(徭役)과 전조(田租)의 상대적인 경감은 농민의 노동시간을 보장하고 생활 또한 개선시켰다고 부연 설명한 후, 마오쩌둥의 "중국 봉건사회에서 오직 이러한 농민의 계급투쟁, 농민의 기의와 농민의 전쟁만이 역사 발전의 진정한 동력이다"를 인용할 정도였다.[36]

그러나 보는 각도에 따라 달리 이해할 수 있는 여지도 충분했다. 마오쩌둥에 따르면 농민의 기의와 농민의 전쟁만이 역사 발전의 진정한 동력이지만, '양보정책론'에서 '양보'의 주체는 소위 '봉건통치계층'이 된다. 계급투쟁론적으로 보면, 피착취계급인 농민이 주도한 전쟁으로 인해 얻은 성과가 착취계층의 '양보'가 된다는 것이다. 다시 말해, 마오쩌둥의 이른바 '역사발전의 진정한 동력'은 농민의 기의와 전쟁이기도 하지만, 또 '봉건통치계층'의 '양보'라는 도식도 성립된다는 것이다.[37]

이러한 도식은 아직 '혁명 이데올로기'의 범주에서 농민전쟁을 이해하

---

35 『初級中學課本 中國歷史』 1, 人民教育出版社, 1962(제5판 제7쇄), 37~38쪽.
36 젠보짠과 쑨줘민, 치샤 등도 '양보정책'론을 이야기하면서 마오쩌둥의 이 구절을 인용하였다. 곧 이들 모두 '양보정책'론이 마오쩌둥의 『中國革命和中國共産黨』에 위배되지 않는다고 여긴 것이다.
37 최은진·류현정, 2014, 「젠보짠(翦伯贊)의 역사주의를 통해 본 중국 마르크스주의 역사학 형성의 내적구조」, 『中國史研究』 88, 159~161쪽.

고 있던 당시에 결코 용납될 수 없는 것이었다. 농민전쟁 이후에는 봉건 통치계층의 '양보정책'이 아니라 농민에 대한 보복, 곧 '반공도산(反功倒算)'만 있을 뿐이었다. 따라서 '양보정책'에 대한 비판론은 '양보정책'이라는 이론적 토론의 범주를 벗어나 자연스럽게 '계급관점'으로 옮겨 가면서 학술적 토론의 장이 아닌 인민재판의 장으로 급속히 변질되었다. 이러한 맥락에서 몇 가지 비판론이 고착화되었다. 이를 세 가지로 귀납해 보면 다음과 같다.

첫째, 쑨줘민은 농민폭동과 전쟁이 '새로운 정권의 통치계급 및 그 대표 인물에게 깊은 교훈'을 주어 농민들에 어느 정도 양보를 하게 했다고 주장했는데, 이는 통치계급을 미화한 '유심주의(唯心主義)'적 관점으로 간주되어 비판받았다. 이는 '청관론(淸官論)'에 대한 비판과 맞물려[38] 역사적으로 '훌륭한 황제(好皇帝)'는 물론 '청렴한 관리(淸官)'도 존재하지 않았다는 극단적인 주장으로 이어졌다.[39]

둘째, 쑨줘민이 '양보정책'의 주요한 구성요소의 하나로 제기한 백성들의 요역을 경감시켜 주는 '경요박부'에 대해서도 많은 비판이 이어졌다. 혹자는 농민을 회유하여 착취하기 위한 수단에 불과했다는 의견을 제시하였고,[40] 혹자는 당시 지주계급이 대부분 토지를 장악하고 있었기

---

38 '청관론'은 1959년 우한이 「論海瑞」에서 해서(海瑞)를 16세기의 유명한 청관(淸官)으로 농민과 시민의 입장에서 봉건관료 대지주와 일생을 투쟁하여, 억압받고 멸시받는 억울한 사람들의 구원자(救星)라고 한 데서 비롯되었다. 이는 1964년 싱위(星宇)의 「論"淸官"」을 시작으로 간간히 비판되다가, 1965년 『해서파관(海瑞罷官)』에 대한 비판에 불이 붙으면서, '淸官'론에 대한 비판이 본격화되었다(吳晗, 「論海瑞」, 『人民日報』, 1959. 9. 21; 星宇, 「論"淸官"」, 『人民日報』, 1964. 5. 29).
39 戚本禹, 「『海瑞罵皇帝』和『海瑞罷官』的反動實質」, 『人民日報』, 1966. 4. 2; 關鋒·林傑, 1966. 5. 『海瑞罵皇帝』和『海瑞罷關』是反黨反社會主義的兩株大毒草」, 『紅旗』.
40 孫達人, 「應該怎樣估價"讓步政策"」, 『光明日報』, 1965. 9. 22. 등.

때문에 '경요박부'의 수혜자는 결국 지주계급으로, 실제 농민은 큰 수혜를 받지 못했다고 주장하기도 하였다.[41]

셋째, 치샤가 제시했던 '혁명투쟁-강제양보, 다시 투쟁-다시 양보'의 규율 또한 비판을 맞았는데, 이는 마오쩌둥이 제시한 바 있는 '투쟁-실패-다시 투쟁(再鬪爭)-다시 실패(再失敗)-다시 투쟁-승리할 때까지'라는 인민 투쟁의 논리[42]에 위배되기 때문이었다.

이러한 비판론은 대체로 쑨줘민 혹은 치샤의 주장에 대해 나타난 것이다. 처음에는 비교적 학술적인 토론이 이어지다가, 토론이 과열되면서 맹목적인 마녀사냥으로 변질되었다. 이는 다음 절에서 살펴보도록 하자.

2. '양보정책' 비판론의 전개

'양보정책'에 대한 비판론은 1978년까지 크게 네 차례에 걸쳐 진행되었다. 이를 편의상 4기로 나누어 보면 다음과 같다.[43]

제1기: 1950년대 말에서 1960년대 초, 쑨줘민에 대한 비판
제2기: 1965년에서 1966년까지, 문화대혁명 발발 전후, '양보정책론' 비판
제3기: 1970년대 초반, 젠보짠, 우한(吳晗, 1909~1969), 류사오치(劉少奇, 1898~1969) 사후, '양보정책'에 대한 재비판

---

41 張仁忠, 1973, 「封建社會農民起義的歷史作用-批判"讓步政策論"」, 『北京大學學報』 1973-1.
42 毛澤東, 1951, 「丟掉幻想, 準備鬪爭」, 『毛澤東選集』 3.
43 이 시기 구분은 '양보정책' 비판론의 전개를 설명하기 위하여 필자가 임의로 설정한 것이다.

제4기: 1974년 이후,[44] '평법비유(評法批儒)'의 분위기 속에서 '양보정책론' 비판

먼저 제1기를 보도록 하자. 쑨줘민은 1956년 『중국 농민전쟁 문제 탐색』을 출간한 후, 오직 통치자의 '양보정책'을 통해서만 농민전쟁의 역사 작용을 철저하게 이해할 수 있다는 단정적이고 경직된 관점으로 인해 많은 비판을 받았다.[45] 그리고 1951년 모든 농민전쟁에서 '봉건통치계급'의 '양보'가 있었다고 논술했던 젠보짠은 전술했듯이 이 시기 '봉건통치계급'이 봉건질서 회복을 위해 '때로는(有時)' 농민에 대해 일정 정도 '양보'하였지만, 모든 농민전쟁에서 '양보'한 것은 아니라고 의견을 수정하기도 하였다.[46] 이 시기 쑨줘민에 대한 비판과 젠보짠의 의견 수정은 '양보정책론'이 공식화, 규율화되는 것에 대한 일종의 반성의 기회를 마련한 것이라 할 수 있다.

제2기의 '양보정책론' 비판은 1965년 9월 22일, 쑨다런이 『광명일보』

---

[44] 제4기의 시작을 1974년으로 설정한 것은, 1974년에 중국에서 평법비유(評法批儒) 논쟁이 본격화되기 때문이다.

[45] 예컨대, 자오지옌(趙繼顔, 1933~) 등은 쑨줘민이 '양보정책'과 '농민전쟁의 역사작용'을 동일시하여, 농민전쟁의 역사적 작용을 폄하하여 통치계급의 작용을 과장했다고 비판했다. 우옌난(吳雁南, 1929~2001)은 쑨줘민이 농민기의와 농민전쟁의 작용을 서술할 때, 사회생산력 발전을 촉진시킨 것만 언급했는데, 사실 마오쩌둥의 '농민의 기의와 농민의 전쟁이 역사 발전 촉진의 진정한 동력'이라는 말은 사회생산력 발전뿐만 아니라 정치와 문화 등 사회의 상층구조를 포함하는 것이기 때문에, 쑨줘민의 논술은 농민기의와 농민전쟁의 작용을 크게 저평가한 것이라 비판하기도 하였다. 趙繼顔·蔡方新, 1962, 「批判『中國農民戰爭問題探索』一書中有關農民戰爭歷史作用問題上的幾個錯誤觀點」, 史紹賓 主編, 『中國封建社會農民戰爭問題討論集』, 三聯書店, 409쪽; 吳雁南, 1962, 「關於農民起義和農民戰爭的歷史作用」, 史紹賓 主編, 『中國封建社會農民戰爭問題討論集』, 三聯書店, 440~441쪽.

[46] 翦伯贊, 1961, 앞의 글, 1~7쪽.

에 「어떻게 '양보정책'을 평가해야 하는가」라는 글을 게재하면서 시작되었다. 쑨다런은 이 글을 통해 쑨줘민과 치샤의 '양보정책론'을 비판하면서, 이 둘의 경직된 사고와 사료 처리 문제 등을 미판하면서 여러 가지 물음을 던졌다. 특히 그가 던진 "중국 봉건사회 발전의 역사 동력은 농민전쟁인가? 아니면 봉건지주계급의 '양보정책'인가?"라는 물음과 새로운 봉건왕조의 여러 정책은 결국 농민전쟁이 일궈 낸 투쟁의 과실을 겁탈해 가기 위한 것인데, 이를 '양보'라 부를 수 있는가에 대한 질의 등[47]은 앞서 언급한 대로 '양보정책론'의 허점을 날카롭게 지적한 것이다. 이후 『광명일보』는 '양보정책론'을 둘러싼 다양한 의견을 교환하는 플랫폼이 되었고, 논쟁이 활발해지자 『문회보(文匯報)』와 『인민일보(人民日報)』도 '양보정책' 논전에 지면을 제공하였다. 이렇게 역사 연구자들의 토론으로 시작된 논쟁은 초중등학교 교사들은 물론 전국 각지의 공인들과 농민들까지 참여하면서 활발히 전개되는 양상을 보이다가, '계급투쟁론'으로 번지면서 걷잡을 수 없이 가열되어 폭력성을 띠기 시작했다.[48] '양보정책론'을 지지하는 자들은 '봉건통치계급'을 옹호하고 자본주의의 '복벽(復辟)'을 주장하는, 곧 자본주의를 부활시키고자 하는 반동이자 '유물주의'를 반대하는 '유심주의자'라는 꼬리표가 붙었다. 특히 젠보짠, 치샤, 우한 등 대표적인 학자들은 '반동학술권위(反動學術權威)',

---

47 孫達人,「應該怎樣估價"讓步政策"」,『光明日報』, 1965.9.25.

48 피경훈은 잡지 『홍기(紅旗)』에 주목, 문화대혁명이 발동한 1966년의 내용을 분석하여 문화대혁명의 기원과 관련된 세 가지 축선을 제시한 바 있다. 첫째는 역사가 봉건주의 시대와 부르주아 단계를 거쳐 사회주의 및 공산주의에 이르게 될 것이라는 이행의 법칙과 전망, 둘째는 사회를 상부구조와 하부구조로 분석하는 패러다임, 셋째는 상부구조에 대한 개입을 통한 인간의식의 개조다. 바로 '계급투쟁론'이 이 세 축선을 관통하고 있다(피경훈, 2019, 「'문화대혁명'과 그 '기원'의 몇 가지 축선(軸線)에 관하여: 1966년 잡지 '홍기(紅旗)'를 통해 본 '문화대혁명'의 '기원'」,『진보평론』 81).

'반공노수(反共老手)', '반동권위(反動權威)', '반당사회주의의 큰 독초(反黨社會主義大毒草)' 등의 오명을 뒤집어썼고, 다른 여러 학자들도 '우귀사신(牛鬼蛇神)'이라 일컬어지며 외양간에 갇히는 모욕을 당하기도 했다.[49]

이후 '양보정책론'에 대한 비판은 소강상태를 유지하다가 1970년에 이르러 다시 활기를 띠었다. 이 글에서는 이 시기를 '제3기'로 설정하였다. 이 시기, 전국적으로 '양보정책론'에 대한 비판회(批判會)가 개최되면서 '양보정책'을 비판하는 논고를 모은 비판집이 다수 출간되었는데, 예컨대 광둥인민출판사(廣東人民出版社)에서는 『'양보정책'은 반드시 다시 비판해야 한다('讓步政策'必須再批判)』,[50] 저장인민출판사(浙江人民出版社)에서는 『비판 '양보정책론'(批判'讓步政策論')』,[51] 시베이대학(西北大學)에서는 『'양보정책'비판집('讓步政策'批判集)』[52] 등이 있다.

이 시기에 이르러 비판 내용과 비판 대상이 비교적 고정되는 경향을 보인다. 먼저 비판 내용을 보면, 앞서 언급한 것과 같이, 쑨줘민이 제기했던 농민폭동과 전쟁이 '새로운 정권의 통치계급 및 그 대표 인물에게 깊은 교훈'을 주었다는 것, 새로운 왕조 개창 후 추진한 '경요박부'에 대한 논박, 그리고 치샤가 제시했던 '혁명투쟁-강제양보, 다시 투쟁-다시 양보'라는 규율에 대한 비판 등이다.[53] 그리고 비판 대상도 특정 인물로

---

49 이런 와중에 고초를 겪다 못한 젠보짠은 부인과 함께 자결하였고, 우한은 사인조차 알 수 없이 운명을 달리하고 말았다.
50 『"讓步政策"必須再批判』, 廣東人民出版社, 1971.
51 『批判"讓步政策論"』, 浙江人民出版社, 1972.
52 西北大學歷史系 編, 1973, 앞의 책.
53 중국 시베이대학 역사과(歷史系)에서 제작한 『'양보정책' 비판집』에 제3기의 것으로 총 10편이 수록되어 있는데 대체로 이러한 경향을 보이고 있다.

고정되는 양상이 나타나는데, 학계 인물 가운데 '젠보짠'이 주요 비판 대상으로 고정되었다. 흥미로운 것은 '양보정책론'과는 전혀 상관이 없는 정치계 인물도 비판 대상으로 나타나기 시작하는데, 특히 1968년 10월 18일, 「반도·내간·공적 류사오치의 죄상에 대한 심사 보고(關於叛徒·內奸·工賊劉少奇罪行的審查報告)」를 통해 '반도(叛徒)·내간(內奸)·공적(工賊)'으로 규정된 '류사오치'가 비판 대상으로 고정된 것이다. 그는 '반도·내간·공적 류사오치' 외에 '류사오치 부류의 사기꾼(劉少奇一類騙子)', '류사오치 부류의 정치 사기꾼(劉少奇一類政治騙子)', '류사오치 부류의 가짜 마르크스주의 정치 사기꾼(劉少奇一類假馬克思主義政治騙子)'[54] 등으로 비판받았다.[55] 이는 당시 '양보정책론' 비판이 학술적인 궤도를 이탈하여 정치 놀음의 일환으로 전락했다는 것을 보여 준다고 할 수 있다.

1974년을 전후한 시기, 중국에서는 공자와 린뱌오(林彪)를 비판하는 일명 '비림비공(批林批孔)'으로 '린뱌오'가 새로운 정치적·사회적 비판 대상으로 등장하는 분위기 속에서 '평법비유' 논쟁이 본격적으로 전개되는데, 이 논쟁 속에서 '양보정책론'이 다시 소환되기도 하였다. 비록 제2기나 제3기처럼 비판이 뜨겁게 진행되지는 않았으나, '양보정책론'이 재차 거론되었다는 점에서 '제4기'로 구분할 수 있다.[56] 이 시기 법가(法

---

54 이상 '류사오치 부류'로 시작하는 비판 대상은, 류사오치를 가리키는 것이 아닌 린뱌오(林彪, 1907~1971) 등을 에둘러 표현한 것이라는 설도 있다.

55 이 시기, 고정된 비판 내용과 비판 대상이 결합되는데, 심지어 쑨쭤민과 치샤 등이 제기한 설을 비판하면서 그 대상으로 젠보짠과 류사오치 등만 언급하는 문장이 많이 나타났다.

56 이 시기는 일명 '사인방(四人幇)'의 흥망성쇠와 관련된 시기로, 옛것을 가지고 현실을 빗대어 공격하는 '영사사학(影射史學)'이 성행했다. 민두기 선생은 이른바 '문화

家)를 긍정하고 유가(儒家)를 부정하는 사조(思潮) 속에서 법가의 진보론을 긍정하는 것이 과거 '양보정책론'을 비판한 것과 모순되는 것은 아닌가 하는 의견이 제시된 것이다. 당시 법가와 유가에 대한 논쟁 중, 마오쩌둥이 법가의 진보론을 옹호하는 분위기 속에서 '양보정책론'은 결코 법가와 연관될 수 없는 것이었다. 따라서 당시 학자들은 법가사상은 '양보정책론'과 무관하다는 취지에서 '양보정책론'을 비판하였다.[57] 기존의 비판이 '양보정책론'의 내용을 '계급투쟁론'적 관점에서 비판한 것이라면, 이 시기에는 그 내용을 일일이 거론하며 비판하기보다는 왜 법가의 진보론이 '양보정책론'과 다른지를 구별하는 데 집중하였는데, 법가의 진보론은 역사적인 실체가 있지만 '양보정책론'은 완전히 날조된 것이기 때문에 근본적으로 다르다는 것이다. 비록 이러한 차이가 있지만, 논쟁 자체가 비학술적인 분위기 속에서 비학술적으로 진행되었다는 점에서는 기존과 상통하는 부분도 보인다.

3. '양보정책' 비판론의 내적 요인

도대체 왜 '양보정책론'은 비판받아야 했는가? 이는 냉전 시기 중국에서 왜 농민전쟁 연구가 활발히 진행되었는지에 대해 먼저 살펴볼 필요

대혁명'을 전후한 시기의 『역사연구(歷史研究)』를 분석하면서, 문화혁명 초기에는 학술 논문이 실리다가 일명 '사인방' 득세 시절에는 '영사사학'이 지면을 가득 메웠고, 그들이 쫓겨난 뒤에는 '사인방'의 죄악을 폭로하고 그동안의 '영사사학'이 얼마나 엉터리인가를 공박하는 글이 가득했다고 평가한 바 있다(민두기, 1980, 「중공에 있어서의 역사동력논쟁: 계급투쟁인가 생산력인가」, 『동양사학연구』 15, 121쪽).

57 高敏, 1975, 「法家進步論與"讓步政策論"的根本對立」, 『鄭州大學學報(哲學社會科學版)』 1975-2; 降大任, 1975, 「正確評價法家的進步政策: 進一步批判"讓步政策"論」, 『山西師院』 1975-3 등.

가 있다. 앞서 살펴본 마오쩌둥의 「중국혁명과 중국공산당」에는 혁명 이데올로기가 충만하게 반영되어 있다. 그리고 이른바 '신중국' 성립 이후 편찬된 『마오쩌둥선집』에 수록될 때는 기존 "오직 이러한 농민폭동과 농민전쟁만이 중국 역사 진화의 진정한 동력이다"라고 했던 부분이 "오직 이러한 농민의 계급투쟁, 농민의 기의와 농민의 전쟁만이 역사 발전의 진정한 동력이다"로 수정되었는데, '농민폭동'이 '농민기의'로 수정되면서 농민전쟁의 의로움이 부가되는 한편, '계급투쟁'이 농민전쟁의 중요한 요소로 공인되었다.[58] 이로 인해 농민전쟁은 곧 계급투쟁이고, 이는 '기의', 곧 의로운 행위로 규정되었다는 점에서 혁명 이데올로기를 강화시킨 측면이 있다고 할 수 있다.

중국공산당에게 '항일전쟁(抗日戰爭)'과 '국공내전(國共內戰)'을 치를 때 '혁명 이데올로기'는 분명 긍정적인 작용을 할 수 있었다. 특히 수많은 농민들을 대동한 중국공산당에게 이는 하나의 새로운 '농민전쟁'이었다. 따라서 중국의 역사는 기본적으로 하나의 '농민전쟁사'였다는 저우언라이(周恩來, 1898~1976)의 말이나,[59] 진(秦) 이래로 천여 년 동안 사회의 진보를 촉진한 것은 주로 농민전쟁이었다는 마오쩌둥의 말은[60] 농민전쟁에 숭고한 역사적 지위를 부여한 것이나 다름없었다.[61] 그러나 왕쉐덴(王學典, 1956~)이 지적한 대로 이러한 '혁명 이데올로기'는 어디까지나 '농민전쟁'을 치르는 과정, 곧 '타천하(打天下)'의 과정 중에 필요한

---

58 앞의 〈표 1〉, 〈표 2〉 참고.
59 周恩來, 1980, 『周恩來選集』上, 人民出版社, 353쪽.
60 毛澤東, 1983, 「致李鼎銘(一九四四年四月二十九日)」, 『毛澤東書信選集』, 人民出版社, 230쪽.
61 王學典, 2005, 앞의 글, 12쪽.

것이지 '농민전쟁' 성공 후 성립된 이른바 '신중국'에서는 "말 위에서 천하를 다스릴 수 없다"는 것처럼 천하를 다스리는 '치천하(治天下)'의 단계에서는 뭔가 보수적이고 건설적인 새로운 이데올로기가 필요했다.62

그러나 「중국혁명과 중국공산당」의 수정이 보여 주듯 중국은 오히려 '혁명 이데올로기'를 강화하는 정책을 취했다. 그렇다면, 이미 타도할 정치적 대상이 없어진 상황에서 누구를 상대로 투쟁할 것인가? 그러다 보니 투쟁의 방향이 엉뚱하게 내적으로 흘러갔는데, 정치적으로는 '대약진운동(大躍進運動, 1958~1960)'이 대표적이고, 역사학계에서는 대규모의 비판운동이 대표적이라 할 수 있다. 역사학계의 비판운동을 보면, 중국 건국 후 진행된 영화 〈무훈전(武訓傳)〉 비판, 『홍루몽(紅樓夢)』 연구 비판으로 시작하여 '후스 사상 비판(胡適思想批判)', '후펑 사상 비판(胡風思想批判)', '량수밍 사상 비판(梁漱溟思想批判)'을 거쳐 1957년에는 '반우파 투쟁'이 치열하게 진행되었고, 1958년에는 '후금박고(厚今薄古)'와 '백기를 뽑고, 홍기를 꽂자(拔白旗, 挿紅旗)'로 대표되는 이른바 '사학혁명'이라 일컬어지는 '역사대약진', 1960년대의 수정주의 비판, 그리고 우한의 『해서파관(海瑞罷官)』에 대한 비판과 '양보정책론' 비판으로 이어지면서 폭력성이 극대화된다.63

물론 이러한 투쟁이 '계급투쟁' 일변도로 진행된 것은 아니었다. 왕쉐덴은 이러한 비판운동을 '역사주의'와 '계급관점' 사이의 충돌과 투쟁을 주축으로 분석하였는데 1950년대 초반에는 '역사주의', 1958년 이른바 '사학혁명' 이후에는 '계급관점', 그리고 1960년대 다시 '역사주의'가 힘

62　王學典, 2005, 위의 글, 12쪽.
63　胡尙元, 2005, 『建國後十七年史學領域的大批判』, 中共中央黨校博士學位論文.

을 얻었다가 1965년 이후에는 '계급관점'이 격렬하게 일어나 향후 문화대혁명 10년간의 역사학계를 주름잡은 것으로 파악하였다.[64]

또 후성(胡繩)과 후상위안(胡尚元) 같은 경우, 중국 역사학계의 두 가지 흐름, 곧 '정확한 혹은 비교적 정확한 흐름'과 '잘못된 흐름'의 착종이 빚어낸 현상으로 분석하기도 한다. 전자는 곧 마르크스주의를 지도사상으로 하는 역사 연구를 가리키고, 후자는 맹목적이고 단편적인 정치운동 혹은 정치 '복무(服務)'로 교조화된 마르크스주의와 마오쩌둥 사상을 무기로 삼는 흐름을 가리킨다.[65] 이러한 '잘못된 흐름'은 왕쉐뎬이 말한 '역사주의'든 '계급관점'이든 모두 피해 갈 수 없었던 것이다.[66]

'양보정책' 비판론은 바로 '역사주의'와 '계급관점'의 충돌, 그리고 '정확한 혹은 비교적 정확한 흐름'과 '잘못된 흐름'의 착종의 정점에 서 있던 것으로, 이른바 '문화대혁명'과 맞물려 '혁명 이데올로기'가 극에 달한 시기였다고 평가할 수 있다. '혁명 이데올로기' 속에서 인류 문명시대의 역사는 모두 계급투쟁사였고, 피착취계급의 착취계급에 대한 어떠한 '반란'도 모두 근대 의의상의 '혁명'으로 간주되었다. 그 과정에서 나타나는 폭력적인 계급 타도, 하층 민중의 폭력적 반항 또한 어떠한 형식이든 간

---

64 王學典, 2002, 『20世紀中國史學評論』, 山東人民出版社, 173쪽.
65 胡繩, 1991, 『中國共産黨的七十年』, 中共黨史出版社, 418쪽; 胡尚元, 2005, 앞의 책, 183~185쪽 등.
66 역사학계 내부의 이러한 문제 외에도 국제적으로 흐루쇼프 집권 이후 탈스탈린주의를 걷는 소련, 그리고 폴란드 사태와 헝가리 사태, 그리고 이러한 동유럽의 동요에 대한 소련의 군사적 개입 등으로 인한 중국공산당 내부의 불안과 동요, 또 마오쩌둥이 야심차게 추진한 대약진운동의 실패 후 마오쩌둥의 정치적 입지 약화, 그리고 대약진운동을 수습하는 과정에서 불거진 마오쩌둥과 류사오치의 갈등과 대립 또한 중요한 요인이라 할 수 있다(이경희·김호길, 1988, 앞의 글, 547~575쪽).

에 모두 정당화될 수 있었다.[67] 이러한 분위기 속에서 젠보짠을 위시한 소위 '양보정책론자'들은 '유심주의'를 주장하고, 통치계급의 '양보'를 역사 발전의 동력으로 간주하여 봉건지배계급을 정당화하며, 자본주의를 부활시키고자 한, 반드시 타도되어야 할 반동주의자였다. 따라서 이들에 대한 성토와 조리돌림은 물론, 물리적 폭력까지도 정당화될 수 있었던 것이다.

이는 당시 정치가 학술에 간여하게 될 경우, 그것도 '혁명 이데올로기'가 학술에 지배적인 영향을 끼칠 경우 나타나는 비극을 여실히 보여 주고 있다. 당시의 분위기에 대해 류쩌화(劉澤華, 1935~2018)는 '긴근(繁跟)'이라는 말로 표현하였다.[68] 이는 사전적으로 '바짝 뒤따르다'라는 뜻으로, 당시 정치적·사회적 분위기에 따라 어떤 문제에 대해 심사숙고하기보다는 정치적 프로파간다를 '바짝 뒤따르다' 혹은 '따라가기 바쁘다'고 이해할 수 있다. 다시 말해 우한의 『해서파관』을 비판하는 분위기면 다들 바쁘게 『해서파관』을 비판하고, 젠보짠과 치샤 등의 '양보정책'을 비판하는 분위기면, 다들 '양보정책'을 비판하는 데 뒤도 안 돌아보고 참여했다는 것이다. 만약 여기에 참여하지 않으면 오히려 비판받는 자들을 옹호하는 꼴이 되어 버렸기 때문이다.[69] 이는 각 고등교육기관에서

---

67 王學典, 2005, 앞의 글, 12쪽.
68 劉澤華, 2012, 「"文革"中的繁跟·錯位與自主意識的萌生」, 『史學月刊』 2012-11.
69 당시 젠보짠의 제자로 항상 젠보짠을 수행하던 장촨시(張傳璽, 1927~2021) 또한 이러한 분위기에 동참해 「반공노수 젠보짠(反共老手翦伯贊)」이라는 대자보를 걸기도 하였다. 젠보짠의 손자인 젠다웨이(翦大畏)의 회고에 의하면, 이 대자보는 젠보짠이 제자를 보호하기 위한 방책으로 장촨시에게 작성을 강요한 것이라고 한다(鄭維元, 「翦伯贊: 血墨澆鑄良史風骨」, 『常德晚報』, 2012. 8. 28, A7판). 이 회고를 통해 당시 맹목적이고 폭력적인 분위기를 엿볼 수 있다.

더욱 치열하고 폭력적으로 진행되었는데, 치샤가 재직했던 허베이대학(河北大學)에서는 치샤에 대한 비판이,[70] 젠보짠이 재직했던 베이징대학(北京大學)에서는 젠보짠에 대한 비판이 끊이지 않았다.[71]

1970년대, 곧 제3기에 이르러서는 새로운 형식의 '긴근'이 나타났다. 당시 모든 정치, 사회, 문화 등 전반적인 부문에서 나타나는 폐해를 모두 일명 '반도·내간·공적 류사오치'의 책임으로 돌리는 분위기 속에서 류사오치와 어떠한 관계도 없는 '양보정책' 비판이라는 학술적 이슈에 '류사오치'가 비판 대상으로 등장한 것이다. 또 1971년에 들어서는 '반도·내간·공적 류사오치' 외에 '류사오치 부류의 사기꾼', '류사오치 부류의 정치 사기꾼', '류사오치 부류의 가짜 마르크스주의 정치 사기꾼' 등이 사회 전반적인 비판 대상이 되었고, 제4기에 들어서는 '린뱌오' 등도 비판 대상에 포함되었는데,[72] '양보정책' 비판론에서도 이를 '긴근'하고 있다. 비판 대상과 내용이 비교적 고정된 상황 속에서 비판을 위한 비판과 함께 비판을 해야만 하는 상황에서 무조건 비판하는 양상이 고

---

70 河北大學歷史系五年級史學評論小組, 「漆俠的"讓步政策論"是對歷史眞實的歪曲」, 『河北日報』, 1966.4.30; 河北大學歷史系五年級史學評論小組, 「不許漆俠給地主階級擦粉」, 『天津日報』, 1966.4.30; 「"讓步政策"論是反馬克思主義的理論: 河北大學歷史系學生批判漆俠的錯誤觀點」, 『天津日報』, 1966.4.30; 河北大學歷史系五年級史學評論小組, 「以"貞觀之治"駁漆俠的"讓步政策"論」, 『河北日報』, 1966.5.3 등.

71 당시 베이징대학에서는 『徹底批判資産階級反動學術權威翦伯贊專集』(北京大學歷史系古代史敎硏室, 1966), 『反共老手翦伯贊材料匯篇(供批判用)』(北京大學, 1967), 『批判反共老手·資産階級反動學術"權威"翦伯贊論文選集』(新北大公社, 1967) 등 젠보짠과 관련된 여러 자료집을 만들어 공유하면서 젠보짠을 비판하였다.

72 제4기에 이르러서는 비판 대상에 린뱌오가 포함되어 '류사오치·린뱌오 부류의 가짜 마르크스주의 정치 사기꾼(劉少奇·林彪一類假馬克思主義政治騙子)' 혹은 천보다도 포함되어 '류사오치·린뱌오·천보다 부류의 가짜 마르크스주의 정치 사기꾼(劉少奇·林彪·陳伯達一類假馬克思主義政治騙子)' 등으로 바뀐다.

착화된 것으로 풀이할 수 있다.[73]

IV. '양보정책' 비판론을 돌아보며

마오쩌둥은 1939년 발표한 「중국혁명과 중국공산당」에서 '농민폭동'과 '농민전쟁'을 '중국 역사 진화의 진정한 동력'으로 '정의'하였다. 그러나 전근대 시기, 역사적으로 농민폭동과 전쟁이 승리하더라도 '봉건'적 통치체제는 변하지 않았고, 농민들의 처지 또한 크게 변한 것이 없었다. 그렇다면 무엇이 역사 진화(발전)의 동력인가? 이러한 근본적 물음에 대해 일부 학자들은 농민의 폭동과 전쟁이 통치계급에 큰 압박을 주어 농민에 다소 '양보'하는 정책을 펴게 하는데, 이것이 바로 그 '동력'이라는 해석을 제시하였다. 이 해석이 곧 이른바 '양보정책론'이다. 이는 한동안 중국 학계의 주류 학설로 자리 잡았으나, 1965년 쑨다런이 『광명일보』에 '양보정책'에 대해, '봉건지주계급'의 '양보'가 바로 역사 발전의 '동력'이냐는 날카로운 질의를 던짐으로써 시작된 비판으로 인해 그 입지가 흔들리게 되었고, 비판론이 격화되면서 급기야 폭력성을 띠게 되었다.

그 원인 중의 하나는 왕쉐뎬이 지적한 대로 이른바 '신중국' 정권 수

---

[73] 류쩌화의 회고에 의하면, 당시 난카이대학(南開大學)의 왕위저(王玉哲, 1913~2005)는 1965년 쑨다런을 비판하고 양보정책론을 옹호한 전력(「如何正確地理解"讓步政策"」, 『光明日報』, 1965.11.3)으로 큰 비판을 받았다고 한다. 그래서 1970년대, 양보정책론 재비판이 일었을 때, 난카이대학에서도 비판 대열에 참여하지 않을 수 없는 상황에서 왕위저는 다른 교수들의 배려로 집필에는 참여하지 않고 비판회만 참여했다고 한다(劉澤華, 2012, 앞의 글).

립 이후, 천하를 다스리기 위한 비교적 보수적이고 건설적인 '이데올로기'를 찾지 못하고, '혁명' 과정 중의 '혁명 이데올로기'가 지속된 것에서 찾을 수 있다. '계급관점'이 반영된 '혁명 이데올로기'에서 계급투쟁 대상에 대한 그 어떠한 행위도 정당화될 수 있었다. '양보정책' 비판론의 '폭력성'은 바로 이 '계급관점'이 토론에 개입된 것에서 볼 수 있다. 이러한 까닭에 많은 사람들이 비판 대열에 '긴근(緊跟)'하였고, '양보정책론자'들을 '수정주의자', '유심주의자', 그리고 자본주의의 '부활'을 옹호하는 반동으로 몰고 가면서 비판론이 더욱 거세지게 된 것이다. '혁명 이데올로기'의 개입 속에서 이들에 대한 그 어떠한 비판과 폭력도 정당화될 수 있었다. 이러한 폭력적인 비판론은 이른바 '문화대혁명'이 지속되던 1976년까지 이어졌고, 또 많은 사람들이 비판론에 '긴근'하면서 학술성을 거의 찾아볼 수 없는 '영사사학'으로 전락하고 말았다.

그렇다면 1976년 '문화대혁명'이 종식된 후, 또 1978년 이른바 '개혁개방' 이후에는 이러한 '긴근'이 사라졌을까? '문화대혁명'이 종식된 후 한동안 '역사발전동력론'이 펼쳐졌다.[74] 이 시기에는 '문화대혁명' 시기 경직된 학계에 대한 반성과 함께 비교적 자유로운 토론이 전개되었으나, 반성의 과정 속에서 '린뱌오'와 '사인방'에게 모든 화살이 집중되는 '긴근'이 나타나기도 하였다. 또 이 시기의 역사학이 '문화대혁명' 시기의 '영사사학'에서 벗어나긴 했지만, 덩샤오핑(鄧小平, 1904~1997) 정권의 현대화 노선, 곧 경제 발전을 지상의 과제로 내건 실용주의 노선이 그것을 뒷받침하는 이론을 '역사발전동력' 등의 연구를 통한 역사해석론에서

---

[74] 이와 관련해서는 민두기, 1980, 앞의 글 참조. 이 글은 이후 「1930년대 초의 역사동력논쟁: 계급투쟁인가 생산력인가」로 수정·보완되어 민두기 편, 1985, 『중국의 역사인식(하)』, 창작과비평사에 수록되었다.

구하려는 것이라면,[75] 비록 당시 계급투쟁론은 희미해졌지만, 일종의 '혁명 이데올로기'의 연장선에서 파악할 수 있을 것이다.

---

[75] 민두기, 1980, 위의 글, 136쪽.

참고문헌

단행본

민두기 편, 1985, 『중국의 역사인식(하)』, 창작과비평사.
백영서 외, 1988, 『중국사회성격논쟁』, 창작과비평사.

『"讓步政策"必須再批判』, 廣東人民出版社, 1971.
『批判"讓步政策論"』, 浙江人民出版社, 1972.
『初級中學課本 中國歷史』1, 人民教育出版社, 1962(제5판 제7쇄).
郭沫若, 『中國古代社會研究』, 上海聯合書店, 1930(이 글에서는 河北教育出版社 2004년 판 참고).
李大釗, 1924, 『史學要論』, 商務印書館.
北京大學 編, 1967, 『反共老手翦伯贊材料匯篇(供批判用)』.
北京大學歷史系古代史敎研室 編, 1966, 『徹底批判資産階級反動學術權威翦伯贊專集』.
西北大學歷史系 編, 1973, 『"讓步政策"批判集』, 西北大學歷史系.
薛農山, 1933, 『中國農民戰爭之史的研究』, 上海神州國光社.
孫祚民, 1956, 『中國農民戰爭問題探索』, 新知出版社.
新北大公社 編, 1967, 『批判反共老手·資産階級反動學術"權威"翦伯贊論文選集』, 新北大公社.
王學典, 2002, 『20世紀中國史學評論』, 山東人民出版社.
蔣大椿, 1992, 『歷史主義與階級觀點研究』, 巴蜀書社.
張傳璽, 1998, 『翦伯贊傳』, 北京大學出版社.
蔣俊, 1995, 『中國史學近代化進程』, 齊魯書社.
趙儷生·高昭一, 1955, 『中國農民戰爭史論文集』, 新知識出版社.
周恩來, 1980, 『周恩來選集』上, 人民出版社.
陳峰, 2010, 『民國史學的轉折-中國社會史論戰研究(1927~1937)』, 山東大學出版社.
蔡雪村, 1933, 『中國歷史上的農民戰爭』, 上海亞東圖書館.
漆俠 等, 1962, 『秦漢農民戰爭史』, 三聯書店.

胡繩, 1991, 『中國共産黨的七十年』, 中共黨史出版社.

Russo, Alessandro, 2020, *Cultural Revolution and Revolutionary Culture*, Duke University Press.
Solomon, Richard H., 1971, *Mao's Revolution and the Chinese Political Culture*, University of California Press.

논문

민두기, 1980, 「중공에 있어서의 역사동력논쟁: 계급투쟁인가 생산력인가」, 『동양사학연구』 15.
이경희·김호길, 1988, 「중공문화대혁명의 발단배경에 관한 연구」, 『외대논총』 6.
전해종, 1993, 「중국사의 시대구분」, 『국사관논총』 50.
최은진·류현정, 2014, 「젠보짠(翦伯贊)의 역사주의를 통해 본 중국 마르크스주의 역사학 형성의 내적구조」, 『中國史硏究』 88.
피경훈, 2019, 「'문화대혁명'과 그 '기원'의 몇 가지 축선(軸線)에 관하여: 1966년 잡지 '홍기(紅旗)'를 통해 본 '문화대혁명'의 '기원'」, 『진보평론』 81.

「翦伯贊同志革命的一生」, 『翦伯贊歷史論文選集』, 人民出版社, 1980.
降大任, 1975, 「正確評價法家的進步政策: 進一步批判"讓步政策"論」, 『山西師院』 1975-3.
高敏, 1975, 「法家進步論與"讓步政策論"的根本對立」, 『鄭州大學學報(哲學社會科學版)』 1975-2.
關鋒·林傑, 1966, 「『海瑞罵皇帝』和『海瑞罷關』是反黨反社會主義的兩株大毒草」, 『紅旗』 1966-5.
盧鐘鋒, 1999, 「回顧與總結: 新中國歷史學五十年」, 『中國史硏究』 1999-3.
劉澤華, 2012, 「"文革"中的緊跟·錯位與自主意識的萌生」, 『史學月刊』 2012-11.
毛澤東, 1939, 「中國革命與中國共産黨」, 『共産黨人』 4~5.
_____, 1951, 「丟掉幻想, 準備鬪爭」, 『毛澤東選集』 3, 人民出版社.
_____, 1951, 「中國革命和中國共産黨」, 『毛澤東選集』 2, 人民出版社.
_____, 1983, 「致李鼎銘(一九四四年四月二十九日)」, 『毛澤東書信選集』, 人民出版社.
吳雁南, 1962, 「關於農民起義和農民戰爭的歷史作用」, 史紹賓 主編, 『中國封建社會農民戰爭問題討論集』, 三聯書店.

王學典, 2005, 「意識形態與歷史: 近50年來農戰史研究之檢討」, 『史學月刊』 2005-7.
張仁忠, 1973, 「封建社會農民起義的歷史作用-批判"讓步政策論"」, 『北京大學學報』 1973-1.
蔣海昇, 2006, 「"西方話語"與"中國歷史"之間的張力: 以"五朶金花"爲中心的探討」, 山東大學博士學位論文.
翦伯贊, 1951, 「論中國古代的農民戰爭」, 『學習』 3-10.
_____, 1961, 「對處理若干歷史問題的初步意見」, 『人民教育』 1961-9.
趙繼顏·蔡方新, 1962, 「批判『中國農民戰爭問題探索』一書中有關農民戰爭歷史作用問題上的幾個錯誤觀點」, 史紹賓 主編, 『中國封建社會農民戰爭問題討論集』, 三聯書店.
周勸恒, 2021, 「從『史學要論』到『歷史哲學教程』: 論中國馬克思主義史學理論的初步發展」, 『四川師範大學學報(社會科學版)』 2021-5.
陳伯達, 1941, 「由封建的中國到半植民地半封建的中國」, 『解放』 128.
蔡美彪, 1961, 「對中國農民戰爭史討論中幾個問題的商榷」, 『歷史研究』 1961-4.
胡尙元, 2005, 「建國後十七年史學領域的大批判」, 中共中央黨校博士學位論文.
洪子誠, 2000, 「雙百方針」, 『南方文壇』 2000-1.
侯雲灝, 1997, 「從三十年代的兩部中國農民戰爭史論著看早期中國農戰史研究」, 『史學理論研究』 1997-3.

Kositz, Bryce, 2018, "Chinese Communist Historiography of the 1911 Revolution, 1935~1976," Ph.D. Thesis at ANU.
Liu, Kwang-Ching, 1981, "World View and Peasant Rebellion: Reflections on Post-Mao Historiography," *The Journal of Asian Studies*, Vol. 40, No. 2.

「"讓步政策"論是反馬克思主義的理論: 河北大學歷史系學生批判漆俠的錯誤觀點」, 『天津日報』, 1966. 4. 30.
星宇, 「論"淸官"」, 『人民日報』, 1964. 5. 29.
孫達人, 「應該怎樣估價"讓步政策"」, 『光明日報』, 1965. 9. 22.
吳晗, 「論海瑞」, 『人民日報』, 1959. 9. 21.
王玉哲·陳振江, 「如何正確地理解"讓步政策"」, 『光明日報』, 1965. 11. 3.
張博泉·李春圃, 「根據馬克思主義觀點應該怎樣看待"讓步政策": 與孫達人同志商榷」, 『光明日報』, 1965. 12. 1.

鄭維元,「翦伯贊: 血墨澆鑄良史風骨」,『常德晚報』, 2012. 8. 28, A7판.
戚本禹,「『海瑞罵皇帝』和『海瑞罷官』的反動實質」,『人民日報』, 1966. 4. 2.
河北大學歷史系五年級史學評論小組,「不許漆俠給地主階級擦粉」,『天津日報』, 1966. 4. 30.
河北大學歷史系五年級史學評論小組,「以"貞觀之治"駁漆俠的"讓步政策"論」,『河北日報』, 1966. 5. 3.
河北大學歷史系五年級史學評論小組,「漆俠的"讓步政策論"是對歷史眞實的歪曲」,『河北日報』, 1966. 4. 30.

鹿野,「毛澤東時代的歷史研究評析-以"五朶金花"爲中心」, 紅色文化網, 2016. 10. 13, https://m.hswh.org.cn/wzzx/llyd/ls/2016-10-12/40484.html (검색일: 2022. 9. 15).
毛澤東,「中國革命與中國共產黨」(未刪節本), https://www.marxists.org/chinese/maozedong/marxist.org-chinese-mao-193912aa.htm (검색일: 2022. 9. 20).

3장

역사학자 박시형의 민족과 과학

홍종욱 | 서울대학교 인문학연구원 부교수

I. 머리말

이 글은 식민지 조선에서 북한으로 이어진 박시형(朴時亨, 1910~2001)의 역사학을 다룬다. 경성제국대학에서 배운 박시형은 1941년 12월 『진단학보』에 논문을 싣는 것으로 역사학자의 길을 걷기 시작했다. 해방 후 민족 통일전선을 추구했지만, 1946년 8월 월북하여 김일성종합대학 교원이 되었다. 1952년에는 과학원 력사연구소 소장을 맡는 등 북한을 대표하는 역사학자로 활약했다. 박시형은 마르크스주의 역사학 방법론에 입각한 토지 제도사 연구에서 시작하여, 1960년대 발해사를 비롯한 고대사 연구를 개척했고, 주체사관 등장 이후에는 민족주의적 성격이 짙은 글을 발표했다.

근대 역사학은 사실과 가치, 사료와 이념의 조화를 꾀했다. 역사의 법칙 혹은 원리를 상정하고 이를 실증하여 드러낸다는 의미에서 근대 역사학은 과학이었다. 다만 역사학의 가치 혹은 이념은 민족을 가리키는 경우가 많았다. 즉 역사학의 법칙 혹은 원리는 민족을 단위로 한 발전이었고, 과학과 민족은 근대 역사학에서 떼려야 뗄 수 없는 관계였다. 오병수는 중국 근대 역사학의 토대를 닦은 푸쓰녠(傅斯年)의 역사학을 '과학주의'와 '민족주의'로 정리한 바 있다. 푸쓰녠은 엄격한 사료 비판을 내세우며 단일민족으로서의 중화민족을 옹호했다.[1]

한국의 근대 역사학의 두 가지 축은 실증사학과 마르크스주의 역사학이었다. 민족주의 역사학이냐 식민주의 역사학이냐 하는 구분은 실증

---

1 오병수, 2018, 「民國時期 傅斯年 史學의 興衰: 과학주의와 민족주의의 연쇄」, 『歷史學報』 240.

사학과 마르크스주의 역사학 모두를 가로지르는 성격의 것이었다. 특히 백남운과 그를 계승한 마르크스주의 역사학은 세계사의 보편적 발전법칙을 추구하면서도 민족을 단위로 한 발전이라는 핵심적 문제의식을 실증사학과 공유했다.² 식민지 시기 진단학회 회원으로 출발하여, 북한으로 건너가 마르크스주의 역사학자로서 활약하고, 이윽고 민족을 최고 가치로 삼는 주체사관으로 귀결한 박시형의 역사학은 한국 근대 역사학의 흐름을 보여 주는 중요한 사례다.

박시형에 대해서는 한국어와 일본어로 발표된 심희찬의 연구가 있다.³ 심희찬은 박시형이 아시아적 정체성론 등 식민주의 역사학을 비판하고 혁명적 역사학의 논리를 갖추어 가는 과정을 분석했다. 또한 6·25 전쟁 중 박시형의 활동에 대한 역사학자 김성칠의 회고를 소개하는 등 폭넓은 사료 수집과 해석을 통해 박시형의 삶과 실천을 이해하는 발판을 제공했다.

이 글은 북한을 대표하는 마르크스주의 역사학자가 1980~1990년대 남한 사회에서 민족의 역사학자로서 환영받은 이유는 무엇인가라는 의문에서 출발한다. 이 글에서는 다음과 같은 점에 유의하면서 박시형 역사학을 살피고자 한다. 첫째, 식민주의 역사학 비판에서 출발하여 주체사관으로 귀결되는 북한 역사학의 흐름에 비추어 박시형 역사학의 주제와 내용의 변화를 살핀다. 둘째, 민족과 과학의 길항이라는 관점에서 박

---

2   홍종욱, 2021,「1930년대 마르크스주의 역사학의 아시아 인식과 조선 연구」,『한국학 연구』61.
3   심희찬, 2021,「해방 이후 북한의 역사학계와 박시형: 혁명적 역사학의 조건들」,『韓國史學報』83; 沈熙燦, 2022,「朴時亨の朝鮮史研究と「革命」への論理: 植民地主義とアジアの生産様式を超えて」,『朝鮮学報』259.

시형의 역사학적 실천을 해석함으로써 북한 역사학 나아가 한국 근대 역사학을 바라보는 하나의 시각을 제시한다.

II. 식민지 지식인의 민족과 과학

1. 식민지 아카데미즘의 자장에서

박시형은 1910년 1월 경상북도 문경에서 태어났다. 아버지 박동열(朴東烈)은 자작농으로 문경면 면장을 지냈다. 시형은 문경 공립보통학교 4년을 수료하고 1922년 4월부터 1927년 3월까지 경성제이공립고등보통학교(현 경복고)에서 배웠다. 1929년 5월에서 1930년 3월까지는 금강산에 있는 사립 석왕사(釋王寺)보통학교 교원을 지냈고, 같은 해 9월부터는 고향의 공립보통학교에서 교편을 잡았다.[4] 총독부 직원록을 보면 1935년 현재 경상북도 영덕군 지품(知品)보통학교 부설 간이학교 훈도를 지낸 것이 확인된다.[5] 당시 『조선일보』에는 지품면에서 박시형이 문덕일(文德壹)과 함께 '부인 야학회'를 개최하여 매일 오십여 명의 여성을 교육한다는 기사가 실렸다.[6] 현실 참여적 지식인의 면모가 엿보인다.

1936년 4월 박시형은 연희전문학교 문과에 입학했다.[7] 다만 이듬해

---

4 이상, 이광린, 1999, 「북한의 역사학자」, 『한국 근현대사 논고』, 일조각, 153쪽. 이광린은 호적등본, 경복고등학교 학적부 및 생활기록부를 확인했다고 밝혔다.
5 「조선총독부 및 소속 관서 직원록」 1935년도(국사편찬위원회 한국사 데이터베이스).
6 「文, 朴兩氏熱誠 婦人夜學開催」, 『조선일보』, 1935. 12. 15.
7 「各校合格者發表」, 『동아일보』, 1936. 4. 3; 이광린, 1999, 앞의 글, 154쪽. 이광린은

1937년 4월 경성제국대학 법문학부에 선과생(選科生)으로 입학한다.[8] 경성제대에서는 사학과 조선사학 전공에서 수학했는데, 1937년에서 1940년 사이에 조선사학을 전공한 학생은 시형을 포함한 조선인 11명으로 일본인은 없었다.[9] 당시 조선사학 전공 교원은 후지타 료사쿠(藤田亮策)와 스에마쓰 야스카즈(末松保和) 두 사람이었다.[10] 시형은 두 사람의 '연습' 과목(朝鮮史學演習)에 모두 참석했다. 경성제대의 성적 평가는 우(優)-양(良)-가(可) 3단계였는데, 시형의 성적은 1938년 후지타 연습 과목은 우, 스에마쓰 연습 과목은 양이었고, 1939년은 둘 다 우였다. 졸업논문 제목은 「이조 초기의 토지제도 일반」이었다. '입학 자격'이 '선과생'인 것 외에 학적부상에 차별은 눈에 띄지 않는다.[11] 시형은 1940년 3월 경성제국대학 법문학부 졸업생 명단에 '선과 수료자'로 이름을 올렸다.[12]

박시형은 『진단학보』 1941년 12월호에 「이조 전세(田稅)제도의 성립과정」을 실었다.[13] 졸업논문을 정리한 것으로 보인다. 동기생 김석형(金

연희전문학교 제적부를 확인했다고 밝혔다.

8 「選科生入學許可 京城帝國大學」, 『朝鮮總督府官報』 3093, 1937. 5. 11. 경성제대 선과에 대해서는 通堂あゆみ, 2016, 「「選科」学生の受け入れからみる京城帝国大学法文学部の傍系的入学」, 『お茶の水史学』 60; 通堂あゆみ・永島広紀, 2019, 「京城帝国大学に学んだ女子学生: 制度的な前提とその具体事例」, 『韓国研究センター年報』 19, 九州大学韓国研究センター 참조.

9 장신, 2011, 「경성제국대학 사학과의 자장」, 『역사문제연구』 15-2, 71~78쪽.

10 정준영, 2022, 『경성제국대학 법문학부와 조선 연구: 지양으로서의 조선, 지향으로서의 동양』, 사회평론 아카데미; 장신, 2011, 「경성제국대학 사학과의 자장」, 『역사문제연구』 15-2, 51쪽.

11 박시형의 경성제국대학 학적부 참조.

12 「京城帝大卒業式」, 『동아일보』, 1940. 3. 26.

13 朴時亨, 1941. 12, 「李朝 田稅制度의 成立過程」, 『震檀學報』 14.

錫亨)도 졸업논문으로 보이는 「이조 초기 국역 편성의 기저」라는 글을 같은 호에 게재했다. 경성제대에서 맺어져 평생 이어진 두 사람의 동반자적 관계를 상징하는 듯하다. 진단학회에서 발행한 『진단학보』는 식민지 시기 한글로 된 학술지로서 근대 한국학 형성의 기틀을 마련했다고 평가된다.[14] 『진단학보』를 이끈 이병도는 백남운의 마르크스주의 역사학에 대해 부정적이었지만,[15] 후일 북한 역사학을 이끄는 쌍두마차가 되는 박시형, 김석형은 진단학회 회원이었다. 이기백은 이병도가 "가령 유물사관에 입각한 것이더라도 역사적 진실을 증명하는 데 충실한 연구는 이를 높이 평가"했다고 보았다.[16] 이병도는 적어도 당시에는 박시형, 김석형의 연구가 실증적이라고 평가한 셈이다.[17]

박시형은 1941년 4월 서울 경신(儆新)학교 교원으로 취직했다. 동기인 김석형은 양정(養正)중학교에 취직했다. 대학은 물론이고 전문학교에도 취직이 여의치 않았다. 경성제대 선배인 유진오 회고록에는 1930년대 초반 경성제대 조수 임기 만료를 앞두고 불안한 나날을 지내던 자신과 최용달, 그리고 박문규, 이강국에 대한 언급이 있다.[18] 시형이 경성제대를 졸업한 1940년이면 이미 조선인은 경성제대 전임교원이 될 수 없다는 것이 명백했다. 게다가 1938년 2월 연희전문 사건으로 상과 교원

---

14 정병준, 2016, 「식민지 관제 역사학과 근대 학문으로서의 한국 역사학의 태동: 진단학회를 중심으로」, 『사회와 역사』 110.

15 「研究生活의 회고(2): 斗溪先生 九旬紀念 座談會」(1986), 『(斗溪李丙燾全集別冊) 歷史家의 遺香: 斗溪李丙燾先生追念文集』, 한국학술정보, 2012, 401쪽.

16 李基白, 2012, 「斗溪 李丙燾 선생을 哀悼함」(1989), 『(斗溪李丙燾全集別冊)歷史家의 遺香: 斗溪李丙燾先生 追念文集』, 한국학술정보, 426쪽.

17 홍종욱, 2019, 「실증사학의 '이념': 식민지 조선에 온 역사주의」, 『인문논총』 76-3, 314쪽.

18 俞鎭午, 1977, 『養虎記: 普專·高大 三十年의 回顧』, 高麗大學校出版部, 5~10쪽.

백남운, 이순탁, 노동규가 체포되었다. 백남운은 1940년 12월에 징역 2년, 집행유예 4년을 선고받고 석방되었으나 학교에서 쫓겨났다. 1938년 10월에는 원산 사건이 터져 이강국, 최용달 등이 체포되었다. 당시 최용달은 보성전문 강사였다.[19] 전문학교 교원도 학문의 자유를 누릴 수 없는 시대였다.

박시형은 1941년과 1942년에 걸쳐 잡지 『춘추』에 「조선사상 유일의 대운하계획」, 「조선의 농가자류(農家者流)」, 「조선 마정(馬政) 사략」을 게재했다.[20] 역사학의 전문 지식을 구사한 계몽적인 글이었다. 김석형도 비슷한 성격의 글을 같은 잡지에 게재했다. 아카데미즘에 안주할 수 없는 상황에서 적극적으로 대중과 소통하는 모습이 엿보인다. 『춘추』는 『조광』과 더불어 1940년대 종합잡지로서 중심적인 역할을 하였다.[21] '식민지 아카데미즘'의 특징으로는 탄압과 검열, 언어 위계, 학문 재생산 부재, '미디어 아카데미아', 학술단체 설립 시도와 좌절 등을 들 수 있다.[22] 박시형의 처지와 실천은 식민지 아카데미즘의 자장에서 자유로울 수 없었다.

---

19 홍종욱, 2011, 「"식민지 아카데미즘"의 그늘, 지식인의 전향」, 『사이間SAI』 11, 112~113쪽.

20 「朝鮮史上唯一의 大運河計劃」, 『春秋』 2-1, 1941. 2; 「朝鮮의 農家者流」, 『春秋』 2-3, 1941. 4; 「朝鮮馬政史略」, 『春秋』 3-1, 1942. 1.

21 金根洙, 1988, 『韓國雜誌槪觀 및 號別目次集』, 韓國學硏究所, 859쪽; 홍종욱, 2017, 「중일전쟁기 조선 지식인의 통제경제론」, 『식민지 지식인의 근대 초극론』, 서울대학교 출판문화원, 286~287쪽.

22 홍종욱, 2016, 「보성전문학교에서 김일성종합대학으로: 식민지 지식인 김광진의 생애와 경제사 연구」, 『歷史學報』 232, 300~301쪽.

2. 현실을 직시하며 과학과 민족을 추구

식민지 시기 박시형이 발표한 글을 살펴보자.『진단학보』에 실은「이조 전세 제도의 성립 과정」은 세종 시대의 공법(貢法)을 다룬 중후한 논문이다. 잡지『춘추』에 실은「조선의 농가자류」는 조선시대 농서와 토지제도를 개관하고 지식인의 농업개혁론을 소개했다.「조선사상 유일의 대운하계획」은 조선시대 천수만과 가로림만 사이의 굴포(掘浦) 운하 굴착 계획을 소개했는데,『고려사』,『조선왕조실록』등 사료를 구사하여 대중에게 역사학적 지식을 계몽했다.「조선 마정 사략」은 삼국시대부터 조선시대에 이르기까지 마정(馬政)을 개관했다. 역시『삼국사기』,『경국대전』,『고려사』,『조선왕조실록』등 사료를 충실하게 구사했다.

식민지 시기 박시형의 글에 보이는 특징은 세 가지로 정리할 수 있다. 첫째, 현실의 무거움을 직시하고 지식인의 공리공담을 비판했다.『진단학보』글에서는 조선시대에 개혁적 토지제도를 도입했지만, 입법과 동시에 제도와 배치되는 현실이 나타났다고 지적했다. 글 말미에서는 사물을 창조하고 결정하는 것은 '현명한 제도나 두뇌'가 아니라 인간의 '탐욕한 위장'과 '방종한 손'이라면서 "설령 십 세종(世宗), 백 반계(磻溪), 천 다산(茶山)이 한꺼번에 쏟아졌든들 이 위장과 손을 어찌하였으랴"(147~148쪽)라고 현실 앞에 초라할 수밖에 없는 지식인의 담론을 개탄했다.

농서를 다룬 글에서도 "홍유석학(弘儒碩學)들이 수레로 싣고 말로 될 만큼 많이 나왔다는데 어찌 이런 농학(農學) 같은 것은 이다지도 초라하고 가련한가"(70쪽)라고 조선시대 농서의 부실함을 비판했다. 마정을 개관한 글에서는 조선 후기에 마종 개량 제안이 있으면 '일류의 유학적 반박론'이 등장하여 마필의 퇴보가 일어났다면서, 지식인들이 '현실을 비약한 공상에 도취'했다고 비판했다(140쪽).

둘째, 과학과 기술에 높은 관심을 보였다. 무엇보다 토지제도, 운하, 농서, 마정 등 주제 선정이 심상치 않다. 운하를 다룬 글에서는 굴포 운하 계획이 실패한 것을 "사회와 기술에 제약되는 것이니 어쩔 수 없다."고 '기술'을 중시하는 태도를 보였다(215쪽). 농서 글에서는 『산림경제』, 『증보 산림경제』에 대해 새로운 '발명' 없이 중국 농서를 정리하는 데 그쳤고 내용도 터무니없는 '미신'이 많다고 비판했다(70쪽). 박시형이 생각하는 '미신'의 반대는 '발명', 즉 과학이었을 것이다.

아울러 농서 글에서는 "지금으로부터 30~40년 전에 새 시대가 벌어졌다"고 언급했다. 글이 발표된 1941년에서 역산하면 1901~1911년을 가리킨다. 이 무렵부터 '조선 농업의 생산력'이 '획기적인 발전'을 이루었는데, "이화학, 박물학의 발달이 가져온 우량 품종의 이식, 인조비료의 사용, 수리 사업의 발달, 농용기기의 발전, 사회질서의 변혁에 원인한 것"이라고 분석했다(73쪽). 식민지 근대가 낳은 변화를 강하게 의식하며, '사회질서의 변혁'이라는 표현까지 사용한 것이 눈에 띈다.

셋째, 우리 역사에 보이는 나름의 합리성과 보편성을 존중했다. 『진단학보』 글에서는 세종 대 공법 제정을 '정밀성'과 '생산력 준거성' 등에서 '확실히 합리적인 개혁'이라고 평가했다.[23] 조선이 쓴 이(異)면적주의 결부법(結負法)에 비해 일본, 중국, 서양이 쓴 동(同)면적주의 경무법(頃畝法)이 합리적이라는 평가에 대해 박시형은 일본, 중국, 서양 등에서 비합법적으로 척의 신축이 있었던 점을 들어 "조선과 같이 애초에 수등이척

23　朴時亨, 1941. 12, 앞의 책, 139쪽; 심희찬, 2021, 앞의 글, 35쪽.

(隨等異尺)을 한 데나 일본 중국과 같이 법만으로는 각등동척(各等同尺)을 한 데나 과히 우열을 논할 수가 없게 된다"(148쪽)고 주장했다.

아울러 토지제도의 문란을 부각함으로써 식민 통치를 정당화하려는 일본 학자의 논리를 비판했다. '부기(附記)'를 부쳐 가와이 히로타미(河合弘民)와 와다 이치로(和田一郎)의 연구는 설명이 부족할 뿐만 아니라 전세에 관한 규정을 표면적으로만 해석한다고 지적했다. 조선총독부 중추원이 1940년에 간행한 『조선전제고』에 대해서도 와다나 가와이의 논의를 오히려 개악한 것에 불과하다고 비판했다.[24] 농서 글에서도 유형원, 박지원, 박제가, 정약용의 개혁론을 긍정적으로 평가했다.

식민지 시기 박시형의 글은 현실에 발 딛고 과학과 민족을 추구한 것으로 평가할 수 있다. 박시형은 원 사료에 충실한 전문 역사학적 글을 썼지만, 지식인의 공리공담을 비판할 때는 사회운동가적인 열정 넘치는 문체를 구사했다. 박시형은 식민지 말기에는 아카데미즘의 울타리를 넘어 실천 활동에도 가담했다.

후일 김일성종합대학에 제출한 이력서에 따르면 시형은 1945년 3월 함남 고원경찰서에 체포되었다.[25] 6월에 함흥 형무소 구치감에 입감되고 해방 다음 날인 8월 16일에 풀려났다. 김석형의 이력서에도 같은 내용이 있다. 후일 시형은 "조선력사를 연구한다 하여 일제에게 체포"되었다고 회고했다.[26] 언어학자 김수경의 생애를 다룬 북한의 '장편실화'에는 김수

---

24 朝鮮總督府中樞院調査課, 1940, 『朝鮮田制考』, 朝鮮總督府中樞院; 심희찬, 2021, 위의 글, 37쪽.
25 「金大 교원 이력서 문학부」(1946), Box Item 31, 10/5, SA2011, RG242, NARA.
26 원사 박사 교수 박시형, 「대학과 함께 스무해」, 『로동신문』, 1966. 9. 30.

경, 김석형, 박시형, 신구현이 비밀독서회 구성원으로 등장한다.[27] 신구현 역시 북한에서 활약한 국문학자로 이들 모두 경성제대 졸업 제12기 동기였다.[28]

마찬가지로 북에서 나온 김석형을 다룬 '장편실화'는 경성제대 비밀독서회를 함께했던 신구현, 박시형, 조명선, 정해진 등이 1944년 서중석(徐重錫)의 지도를 받아 비밀결사를 조직한 것으로 그렸다. 그리고 조직원이 함흥으로 가는 열차에서 고원경찰서 특무에게 체포됨으로써 검거선풍이 일어 김석형을 비롯한 조직원이 체포되었다고 적었다.[29] 또한 '김일성 장군'이 비밀결사를 지도한 것으로 설명하면서, 김일성 회고록 『세기와 더불어』의 해당 부분을 인용했다. 『세기와 더불어』는 김일성이 김일수(金一洙)와 서중석(徐重錫)을 파견하여 '성대 비밀결사'를 지도했다고 적었다. '성대'는 경성제대의 줄임말이다.[30]

해방 전야의 식민지 조선에는 "당 재건 콤그룹(경성콤그룹), 공산주의자 협의회, 자유와 독립 그룹 등 몇 개의 운동자 그룹이 횡적 연계를 가지고 싸우고" 있었다.[31] 김석형을 다룬 '장편실화'와 김일성 회고록에 등

---

27 리규춘, 1996, 『장편실화 삶의 메부리』, 금성청년종합출판사, 19쪽.
28 예과 입학을 기준으로 하면 경성제대 제11기이다. 도중에 예과가 2년에서 3년으로 늘어났기 때문인데, 박시형은 선과생으로서 본과부터 함께 다녔다.
29 리규춘, 2001, 『장편실화 신념과 인간』, 금성청년종합출판사, 28~30쪽. 경성제대 독서회와 비밀결사 활동에 대해서는 김태윤, 2020. 11, 「북한 간부이력서를 통해 본 일제 말 사회주의 운동과 네트워크의 연속성: 경성제국대학 법문학부 독서회 참여자를 중심으로」, 『한국독립운동사연구』 72를 참조했다. 김태윤은 1945년 3월에 체포된 경성제대 독서회 출신자는 박시형, 김석형, 김득중 세 사람이라고 밝혔다.
30 김일성, 1998, 『김일성 동지 회고록 세기와 더불어(계승본) 8』, 조선로동당출판사, 354~355쪽.
31 김태준, 1946. 7, 「연안행(1)」, 『문학』 1, 188쪽.

장한 서중석은 1944년 11월경 주로 서울에 거주하고 있던 공산주의자들이 결성한 공산주의자 협의회의 국내 책임자였다.[32] 공산주의자 협의회는 여운형의 건국동맹과 연결되었고, 국외 조직과 연락을 위해 김태준(金台俊)을 중국 옌안(延安)에, 김일수(金一洙) 등을 소련에 파견했다.[33]

이러한 경성제대 독서회-공산주의자협의회-건국동맹의 연결 속에 박시형, 김석형 등과 서중석의 공동 활동이 이루어진 것으로 보인다. 시형과 석형이 검거된 1945년 3월에는 서중석도 체포되었다.[34] 해방 이후 1945년 10월 시형과 석형이 조선공산당에 입당할 때 보증인은 서중석이었다.[35] 다만 1944~1945년 무렵 김일성과 서중석의 연결은 북한에서 나온 회고록 이외에는 확인되지 않는다.

3. 해방 공간의 민족 통일전선과 역사학

해방 직후 지식인 사이에는 학술원, 진단학회를 중심으로 좌우파가 함께하는 민족 통일전선의 기운이 높았다. 박시형은 식민지 시기부터 회원이던 진단학회 재건에 참가한다. 한편 경동(京東)중학교 교원으로 취직했고, 1946년 3월에는 경성경제전문학교 교원으로 부임했다. 1945년 10월에 조선공산당에 가입했는데, 후일 작성한 이력서에 따르면 '담임공

32　조선통신사, 1946, 『1947년 조선연감』, 조선통신사, 366쪽; 정병준, 2009, 『〈한국 독립운동의 역사 56〉 광복 직전 독립운동 세력의 동향』, 한국독립운동사편찬위원회, 146~147쪽.
33　조선통신사, 『1947년 조선연감』, 55, 362쪽.
34　조선통신사, 『1947년 조선연감』, 366쪽.
35　「金大 교원 이력서 문학부」(1946), Box Item 31, 10/5, SA2011, RG242, NARA.

작'은 "교협(敎協)과 경전(經專)에서의 프락치"였다. 교협은 조선 교육자협회, 경전은 경성경제전문학교를 가리킨다.

박시형은 1946년 1월 3일에 700~800명이 모인 '전국교육자대회 준비회'에 참석하여 '중앙준비위원' 31명 가운데 이름을 올렸다. 31명은 위원장 백남운, 총무부 11명, 연락부 11명, 기획부 8명이었는데, 박시형은 연락부 소속이었다. 1월 7일 날짜로 발표된 성명은 민족 통일전선을 통해 "우리의 자치력을 열국에 표명"하고, "불명예한 탁치가 우리에게 실현되지 안토록" 노력하자고 밝혔다.[36] 조선공산당이 중심이 된 좌익은 1월 2일에 모스크바 삼상회의 결정 지지, 즉 실질적인 찬탁을 표명했지만, 여러 대중단체가 반탁에서 찬탁으로 돌아서는 데는 시간이 걸렸다. 한국인 사이에는 신탁통치에 대한 깊은 거부감이 존재했다.

1946년 5월에는 역시 백남운 등이 주도한 조선 학술문화출판협회에 참가했다.[37] 같은 달 17일에는 조선 교육자협회 교육 문제 강습회에서 '역사교육에 관한 제문제'에 관하여 강연했다. 다른 강연의 강사와 주제는 경성대학 도상록의 원자물리학, 경성사범학교 김석형의 역사교육 등이었다.[38] 그밖에 조선공산당의 과학자 동맹, 백남운의 민족문화연구소 등에서도 활동했다.

해방 직후 박시형이 쓴 글을 살펴보자. 글로 발표되지는 않았지만 1945년 10월에 진단학회에 제출한 연구 계획은 '이조시대의 국토계획'이었다.[39] 식민지 시기 운하, 농서에 관한 글에서 보인 과학과 기술에 대한

---

36 「統一로 反託實踐」, 『조선일보』, 1946. 1. 8.
37 「朝鮮學術文化出版協會 발족」, 『자유신문』 219, 1946. 5. 13.
38 「團體動靜」, 『조선일보』, 1946. 5. 15.
39 「진단학회 역사지리교과서 편찬」, 『매일신보』, 1945. 10. 5.

관심이 이어지고 있음을 알 수 있다. 1946년 4~10월에는 잡지 『신천지』에 「동국세시기(東國歲時記)」 번역을 연재했다.[40] 민족 문화에 대한 관심과 더불어 역사학 지식을 살려 대중을 계몽하려는 모습을 엿볼 수 있다.

1946년 8월에는 「사대주의론」을 발표했다.[41] 이 글에서는 당시 사람들이 모든 잘못을 사대주의 탓으로 돌리고 "갑자기 애국적이 되어 국혼(國魂)의 장려에 노력"하는 풍조를 비판했다. 그리고 사대주의를 "소국이 그 자멸을 초래하지 않기 위한 가장 합리적인 대외책"이라고 냉정하게 평가했다. 불교와 유교의 예를 들어 "대개 관념체계란 그 사회의 일정한 발전단계에 따라서 적용되는 것이요. 구태어 발명자의 국경에는 구애되지 않는 것"이라고 주장했다(33~35쪽). 나아가 "막연한 국수(國粹)의 선양은 일국사와 세계와의 연관성을 말살하고 국내의 현실을 무시"함으로써 "인민의 이목을 호도"한다고 비판했다(39쪽). 이 글은 양주동이 엮은 『민족문화독본』에 수록되어 널리 읽혔다.[42]

1946년 10월에 조선 과학자 동맹이 펴낸 『조선사회경제사』에는 「기전론(箕田論) 시말」이라는 글을 보냈다.[43] 함께 실린 글은 전석담(全錫淡)의 「이조농민경제사」, 박극채(朴克采)의 「조선봉건사회의 정체적 본질: 전결제(田結制) 연구」, 김한주(金漢周)의 「이조시대 수공업연구」 및 「이조시대의 상업과 수공업과의 관계」 등인데 모두 마르크스주의 역사학의 방법론에 입각한 본격적인 논문들이었다.

박시형은 조선시대 토지개혁론에 대해 "만악의 근본은 무제한한 토지

---

40 洪錫謨 撰, 朴時亨 譯, 1946. 4·5·7·10, 「東國歲時記」, 『新天地』 1-3·4·6·9.
41 朴時亨, 1946. 8, 「事大主義論」, 『新天地』 1-7.
42 梁柱東 編, 1946, 『民族文化讀本 下卷』, 朝鮮青年社.
43 京城朝鮮科学者同盟 編纂, 1946, 『李朝社會經濟史』, 勞農社.

의 사유에 있다고 생각되었든 고로 그들의 소론의 근본은 언제든지 적당한 형태의 토지개혁에 있었든 것"이라고 평가했다. "8·15 이후 농민대중의 압력으로 새로운 민주주의적인 토지개혁이 요청"되는 현실을 의식한 서술이었다(180~181쪽). 이 글에서는 여러 형태의 기전론이 그다지 근거가 없다고 설명했지만, "이조의 학인이 토지제도의 모순을 여실히 자각하고 열심히 그 타개책을 구하"(192쪽)는 자세는 높게 평가했다. 한편 글 말미에서 일본인 학자 세키노 다다시(關野正)의 고구려시대 구획설이 가장 타당하다고 설명했다. 합리적인 설명이라면 일본인 학자의 설도 수용하는 자세가 흥미롭다.

해방 공간에서 박시형은 조선공산당에 가입했고 그 외곽 단체인 조선과학자 동맹에도 적극적으로 참여했다. 마르크스주의에 입각한 과학으로서의 역사학을 자임하게 된 것이다. 동시에 박시형은 민족 통일전선을 위한 활동에도 적극적이었고, 역사학자로서 민족의 문화와 전통에 대한 탐구와 계몽을 게을리하지 않았다. 현실에 적극적으로 참여하면서 민족과 과학을 추구한 점에서 식민지 시기와의 연속성이 확인된다. 박시형의 사상과 실천은 민족주의와 국제주의, 실증사학과 마르크스주의 역사학의 조화를 추구한 온건하고 합리적인 것이었다.

III. 세계사적 보편성 추구와 북한 역사학 정립

1. 북한 역사학의 일국사적 발전단계론 확립

1946년 8월 어느 날 박시형은 "문득 평양에서 찾아온 어떤 일꾼"에게 김일성종합대학(이하 '김대') 교원으로 초빙된 사실을 전달받는다.[44] 김석형과 김수경을 다룬 '장편실화'에 따르면, 김대에서 부른 것을 시형이 석형에게 알리고,[45] 다시 시형과 석형 그리고 구현이 함께 수경을 찾아가 알렸다.[46] 시형은 나이가 석형보다는 5살, 수경보다는 8살 많았다. 경성제대 동기 가운데는 선배나 형님 역할을 한 것으로 보인다. 8월 17일 밤 시형은 석형, 수경과 함께 "반바지에 등산모 차림으로 몰래 38도선을 넘어서 입북"했다.[47]

1947년 1월 현재 김대 전체 교원의 이름, 소속, 임명일 등을 확인할 수 있는 자료를 보면 7개 학부 235명 교원의 임명일은 대부분 8~11월이다. 박시형은 문학부 '강사'였고 임명일은 1946년 8월 20일, '담임'은 '조선사'였다. 학부장 등 보직 교원 이외에는 전원 '강사'로 표기되었다.[48]

---

44 박시형, 1981, 「조국력사연구의 보람찬 길에 세워주시여」, 한덕수 편, 『은혜로운 사랑 속에서』, 삼학사, 261쪽.
45 리규춘, 2001, 앞의 책, 35쪽.
46 리규춘, 1996, 앞의 책, 30~32쪽.
47 김수경, 『오직 한마음 당을 따라 북남 7천리(배낭 속의 수첩을 펼치며): 한 지식인의 조국해방전쟁 참전수기(1950. 8. 9.~1951. 3. 31.)』(板垣竜太, 2021, 『北に渡った言語学者: 金壽卿 1918-2000』, 人文書院, 73쪽에서 재인용).
48 「教職員任命에 關한 件 申請(北朝鮮金日成大學總長 金枓奉→北朝鮮臨時人民委員會教育局長, 1947. 1.」 SA2006 12/35, RG242, Captured Korean Documents, NARA). 교원의 일련번호는 236번까지인데 106번이 비어 있다.

박시형은 김대 건설 과정에 중요한 역할을 했다. 박시형은 6·25 전쟁 와중인 1951년 10월에 소개지인 평북 구성군에서 열린 김대 창립 제5주년 기념식에서 국기 훈장과 공로 메달을 받았다. 같이 훈장을 받은 18명 가운데 박시형 이름이 맨 앞에 불렸다.[49]

1947년 2월 북조선 임시인민위원회가 설치를 결정하고(위원장 리청원), 1948년 10월 북한 정부 수립 후에 재편된(위원장 백남운) '조선 력사편찬위원회'는 당면 과제로서 근대사와 통사 출간을 제시했다.[50] 근대사는 『조선민족해방투쟁사』(1949), 통사는 『조선통사』(상권 1956, 하권 1958)로 출간되었다. 박시형은 조선 력사편찬위원회 상임위원으로서 『조선민족해방투쟁사』의 제1장 제3절 「구미 자본주의의 침입과 국내의 동향」을 집필했다. 이후 『조선통사』 간행에도 주도적 역할을 하게 된다.

조선 력사편찬위원회 기관지 『력사제문제』에는 소련 역사학의 성과가 다수 번역되어 실렸다. 그 가운데 「력사 교수에 관한 기본방향: 조국(쏘련)사 교수에 관하여(볼쉐위끼 1947년 제22호)」(1949)는 북한 역사학이 배우려는 소련 역사학의 전체상을 잘 담은 글인데, 번역자는 다름 아닌 박시형이었다.[51] 소련 역사학은 러시아 민족의 내재적 발전을 바탕으로 한 '국민사'를 주창했다. 구체적으로는 일국사적 발전단계론이라는 스

---

49 『김일성 종합 대학 10년사』, 김일성 종합 대학, 1956. 9, 87쪽.

50 「北朝鮮臨時人民委員會決定 第一八二號 朝鮮歷史編纂委員會에 關한 決定書」(1947.2.7.), 『歷史諸問題』 1, 1948, 178~179쪽; 「朝鮮民主主義人民共和國 內閣決定書 第11號 朝鮮歷史編纂委員會에 關한 決定書」(1948.10.2.), 「內閣指示 第8號 朝鮮歷史編纂委員會의 組織 및 基本課業에 關하여」(1949.1.14.), 『歷史諸問題』 5, 1949.

51 느·야꼬브레츠 지음, 朴時亨 옮김, 1949, 「[外國思潮] 歷史敎授에 關한 基本方向: 祖國(쏘련)史 敎授에 關하여(볼쉐위끼 一九四七年 第二二號)」, 『歷史諸問題』 5.

탈린주의 역사학의 방법론을 따랐다. 소련 역사학의 이념과 방법은 반식민주의 기치 아래 우리 민족의 역사를 발전적으로 그리려는 북한 역사학의 목표와 일치하며 그러한 노력을 더욱 북돋우는 역할을 했다.[52]

박시형은 정력적으로 연구, 교육, 계몽 활동을 벌였다. 북한 건국 초기 박시형의 대표작은 1947~1949년에 걸쳐 발표한 「리조 초기의 전제」 3부작이다.[53] 경성제대 졸업논문 이래 천착해 온 주제였다. 『김일성종합대학 10년사』에서는 1946년 10월 개교에서 6·25 전쟁 전까지 '종합대학 각 강좌에서 달성한 연구 성과'를 나열하면서 '력사학부'에서 박시형과 김석형의 연구를 언급했다. 아울러 박시형이 '리조 봉건 사회의 전제'에 관한 논문으로 박사학위를 받았음을 소개했다.[54]

박시형은 「실학자 유형원의 정치개혁론」(1948)에서 유형원을 "이조 봉건 정치의 추악한 면에 대하여 상세한 관찰을 하고 또 엄격한 폭로를 한 점에 있어서 이후의 모든 실학자들의 선구가 되였으며, 동시에 가장 용감하고 규모가 큰 선각자였다"고 평가했다.[55] 심희찬은 식민지 시기 박시형이 유형원을 '논두렁 하나' 어쩌지 못했던 공허한 사상가로 봤던 것과 비교할 때 그의 연구가 '혁명의 논리로 전환'되었다고 평가했다.[56]

6·25 전쟁이 발발하자 박시형은 서울에 파견되어 지식인 포섭 공작

---

52 홍종욱, 2020, 「북한 역사학 형성에 소련 역사학이 미친 영향」, 『인문논총』 77-3, 26쪽.
53 「리조 초기의 田制: 경국대전 전제 諸條의 연구」, 『조선력사연구론문집』, 1947. 11. 25; 「리조 초기의 전제(2): 경국대전 전제 제조의 연구」, 『력사문학연구론문집』, 1949. 1; 「리조 초기의 전제(3): 경국대전 전제 제조의 연구」, 『력사제문제』 4, 1948.
54 『김일성 종합 대학 10년사』, 김일성 종합 대학, 1956. 9, 57쪽.
55 박시형, 1948, 「실학자 유형원의 정치개혁론」, 『력사제문제』 2, 116쪽.
56 심희찬, 2021, 앞의 글, 45~46쪽.

을 벌였다. 박시형은 당시 정황을 "서울이 해방되자 그곳으로 달려 나가 그때까지도 갈림길에 서 있던 일부 학자들에게 우리 당의 올바른 인테리 정책에 대하여 해설하여 그들로 하여금 조국과 인민을 위하여 전쟁으로 몸 바칠 수 있는 길로 나아가게 하였다"[57]고 회그했다. 당시 서울대 교원으로 그 자리에 있었던 역사학자 김성칠은 박시형이 북에서는 원고료가 푸짐하고 소련어가 필수고 학자들이 잘 길러지고 있다고 자랑스럽게 말하는 것을 남쪽 사람들이 부러운 표정으로 들었다고 일기에 적었다. 아울러 박시형에게서 "수년 전 연구실에 드나들던 때의 그의 꺼병한 모습"과 대비되는 "윤기 있고 자신에 넘치는 그 표정"을 보았다. 김성칠이 그린 박시형의 모습에서는 식민지 시기 억눌렸던 학문과 이상을 펼칠 자리를 찾은 기쁨과 자신감이 엿보인다.[58]

전쟁 중이던 1952년 12월에 과학원이 창립되었다. 사회과학, 자연·기술과학, 의학, 농학으로 나누어 원사 10명, 후보 원사 15명이 임명되었는데, 사회과학 분야 원사는 김두봉(언어학), 홍명희(문학), 백남운(경제학), 박시형(역사학)이었다.[59] 유일한 역사학 원사인 박시형은 동시에 력사연구소 소장으로 임명되었다. 동 연구소는 조선 력사편찬위원회가 '정치경제학 아카데미야'(1950) 산하 기관으로 편입되었다가 과학원 창립과 함께 다시 이관된 것으로 북한 역사학 연구의 중심이었다.[60]

---

57 원사 박사 교수 박시형, 「대학과 함께 스무해」, 『로동신문』, 1966. 9. 30.
58 김성칠, 『역사 앞에서: 한 사학자의 6·25일기』, 창비, 159쪽.
59 사회과학 분야 후보원사는 김광진(경제학), 도유호(고고학), 리청원(역사학), 최창익(경제학), 장주익(경제학), 리극로(언어학) 등이었다.
60 「과학원」, 〈북한 인문학 위키〉(http://dh.aks.ac.kr/~nkh/wiki/index.php/%EA%B3%BC%ED%95%99%EC%9B%90, 검색일: 2023. 1. 10).

박시형은 "선진 쏘련을 비롯한 각 인민 민주주의 국가 아까데미야의 운영에 대한 것을 깊이 연구"하여 "조국과 인민의 기대에 어긋남이 없도록 적극 노력"하겠다는 결의를 밝혔다.[61] 또한 "분에 넘치게 영광스럽게도 과학원 원사로 임명"되었다고 언급하고 "현실과 유리된 상아탑 속에 들어앉은 과학자를 풍자"하는 것에 대해 언급하면서 "우리 력사 학도들은 이데올로기 전선에서 어떻게 자기 사명을 수행할 것인가를 똑똑히 인식하여야 하겠다"고 다짐했다.[62] 현실 참여 의지가 두드러진다.

박시형이 이끈 과학원 력사연구소 활동의 특징은 두 가지로 정리해 볼 수 있다. 첫째, 집체연구와 상호비판이다. 박시형은 "지금까지의 력사 과학 연구 사업에 있어서 호상 분산된 상태에서 각자 수공업적 방법으로 사업하여 왔음을 가장 큰 결함의 하나로 지적하지 않을 수 없다"면서 "고상한 호상 협조와 비판의 정신 밑에 과학원의 종합적 계획에 의거하여 집체적 연구 사업을 강화하여야 할 것이다"라고 밝혔다.[63] 력사연구소의 기관지인 『력사과학』은 1955년 창간사에서 세 가지 과제를 제시했는데 그중 하나로 '비판과 자기비판'의 광범한 전개를 들었다.[64]

북한 역사학계는 '비판과 자기비판'을 위한 장으로서 각종 '토론회'와 '합평회'를 조직했다. 1955년 7월 과학원 력사연구소 주최로 『조선중세

---

61 과학원 원사 박시형, 「우리 조국 력사 연구에 적극 노력하겠다」, 『로동신문』, 1952. 11. 1.
62 과학원 원사 박시형, 「맑쓰-레닌주의 리론에 립각한 력사 과학의 심오한 연구」, 『로동신문』, 1953. 9. 18.
63 과학원 원사 박시형, 「우리 조국 력사 연구에 적극 노력하겠다」, 『로동신문』, 1952. 11. 1.
64 「조선 력사 과학 전선의 과업에 대하여」, 『력사과학』 1955-1, 1955, 4~5쪽. '비판과 자기비판' 문화는 소련 학계의 '디스꾸시야'[дискуссия(discussion)] 관행의 영향이었다. 홍종욱, 2020, 앞의 글, 29쪽.

사 상편』(국립출판사, 1954)에 대한 토론회가 열렸다. 력사연구소 소장인 박시형이 직접 서평 보고를 맡았다. 박시형은 먼저 책의 '체제상의 결함'을 지적한 뒤 '과학적 및 정치 사상적 결함'도 일곱 가지로 나누어 비판했다. 박시형은 이 토론회가 "우리 력사학계에서 비판과 자기비판의 정신을 가일층 촉진시키는 한 개의 계기로 될 것"이라고 강조했다. 이어 김석형을 비롯한 5명의 토론자가 보고 내용을 지지하는 발언을 했다.[65]

둘째, 일국사적 발전단계론에 입각한 역사 서술이다. 1953년 박시형은 당면한 연구 과제로서 '노예 소유자적 구성의 존자 여부에 관한 문제', '민족 형성 문제', '국가 형성 문제', '시대 구분 문제', '정다산을 중심으로 한 실학파에 대한 연구' 등을 제시했다.[66] 1956년에 『조선통사』 상권, 1958년에 『조선통사』 하권이 간행되었지만, 상권에서는 한국의 고대를 노예제로 설명할 것인가가 유보되고, 하권에서도 마르크스의 중국론과 인도론을 인용하면서 한국 사회의 후진성을 강조했다.[67] 1958년 『력사과학』에 실린 글은 "고조선의 위치와 그 사회 구성에 관한 문제, 삼국의 사회 경제 구성에 관한 문제, 봉건적 토지 소유의 특성에 관한 문제, 우리나라에서의 자본주의의 발생 발전과 그 특징에 관한 문제, 부르죠아 민주주의 사상의 발생과 부르죠아 민주주의 운동에 관한 문제, 일제 통치하의 로동 계급의 상태와 그 운동에 관한 문제들이 아직도 끝

---

65 「학계소식」《조선 중세사(상편)》에 관한 토론회」, 『력사과학』 1955-9, 1955, 112쪽.
66 과학원 원사 박시형, 「맑쓰-레닌주의 리론에 립각한 력사 과학의 심오한 연구」, 『로동신문』, 1953. 9. 18.
67 도면회, 2002, 「북한의 한국사 시대구분론」, 국사편찬위원회, 『북한의 역사학(1)』, 국사편찬위원회, 298쪽.

고만 내려오고"[68] 있다고 자기 비판했다. 박시형이 제기한 문제들이 해명되지 않은 탓에 일국사적 발전단계론에 입각한 역사 서술은 여전히 확립되지 않았다.

1950년대 후반부터 과학원 력사연구소는 노예제 유무 논쟁, 삼국 시기 사회 구성 논쟁, 고조선 논쟁, 부르주아 민족주의 논쟁, 근현대사 시기 구분 논쟁 등을 조직했다. 그 결과 고조선을 노예제, 삼국시대를 봉건제로 보는 시각이 확립되었고, 병인양요와 개항을 근대의 시점으로, 1945년 해방을 현대의 시점으로 보는 시기 구분이 확립되었다. 자본주의 맹아와 실학파에 대한 연구도 진전되었다. 과학원 력사연구소는 1962년 『조선통사』 상권 개정판을 발행했다. 이 책은 집체연구에 바탕해 일국사적 발전단계론을 확립한 성과로 평가된다.

북한 역사학계는 역사 서술에서 당성의 원칙과 역사주의 원칙을 강조했다. 당성은 계급적 관점, 역사주의는 민족적 관점을 가리켰다. 박시형은 「정다산의 력사관」(1956)에서 정약용을 "18세기 말~19세기 초 조선의 탁월한 실학자이며 애국자"라고 규정했다.[69] 이 글은 정약용의 개혁론을 '부르죠아 계몽학자들인 홉스, 루소 등'과 비견할 수 있는 '사회계약설의 일종'이라고 평가했다. 아울러 박시형은 『로동신문』에 이순신에 대한 글을 게재하여 민족주의를 계몽하는 역할도 수행했다.[70] 당성과 역사주의 원칙은 세계사의 보편성과 민족의 주체성을 조화시키려는 노력이

---

68 「력사 학계의 혁신을 위하여」, 『력사과학』 1958-5, 1958, 3쪽.
69 박시형, 「정다산의 력사관」, 『로동신문』, 1956. 4. 5. 박시형은 「다산 정약용의 력사관」(과학원 철학연구소, 『정다산』 1962. 7)도 발표했다.
70 「위대한 애국자이며 전략가인 리순신 장군」, 『로동신문』, 1960. 4. 28; 「징비록(懲毖錄)에 대하여」, 『로동신문』, 1961. 11. 29.

었고, 박시형이 추구한 과학과 민족이라는 가치와 궤를 같이했다.

　북한 학계는 세계사 속에 우리 민족사를 자리매김하려는 노력을 이어 갔다. 박시형은 북한 역사학계를 대표하여 주로 사회주의권을 중심으로 각종 국제 학술회의에 참석한다. 1955년 10월에는 소련 모스크바에서 열린 러시아혁명 50주년 기념 학술보고회에 과학원 대표로 출석했다. 1957년 11월에는 체코슬로바키아 프라하에서 열린 '공산당과 노동자 역사위원회 및 연구소 회의'에 역시 북한 대표로 참가했다.[71] 1958년에는 소련과 불가리아를 여행했다.

　1960년 8월에는 모스크바에서 열린 제25차 '국제 동방학자 회의'에 참석했다. 모스크바 대회에서 처음으로 '한국 분과'가 조직되었다. 북한에서는 김석형, 박시형, 도유호, 홍기문을 비롯해 6명이 참여했는데, 박시형은 「조선에서의 금속활자의 발명과 그 후 발전」을 발표했다.[72] 경성제대 출신 역사학자로 남한 학계에서 활동하던 류홍렬은 이 대회에 '나의 대학 사학과 5년 후배'인 김석형, 박시형 등이 참가한 사실을 회고하면서 자신이 참가하지 못한 점을 아쉬워했다.[73] 류홍렬과 연락을 나누면서 이 대회의 한국 분과에 출석한 미국 학자 글렌 페이지(Glenn D. Paige)는 1960년 11월 『사상계』에 참관기를 실었다. 이에 따르면 박시형은 재소련 고려인 학자 미하일 박의 업적을 평가하면서도 북한에서는 고조선을 노예제사회로 보는 데 합의한 점을 분명히 밝혔다.[74] 한국사에 노예

71　霞関会・外務省アジア局, 1962, 『現代朝鮮人名辞典』, 外交時報社.
72　「학계소식」, 『력사과학』 1960-6, 1960; 박시형, 1959, 「조선에서 금속활자의 발명과 그 사용」, 『력사과학』 1959-5 참조.
73　류홍렬, 「나의 학문편력 〈59〉 류홍렬〈인하대 초빙교수·문박〉」, 『매일경제』, 1987. 8. 3.
74　G. D. Paige 지음, 金洪喆 옮김, 1960, 「모스크바 會議에 다녀와서: 第25次國際東邦學者會議 韓國分科委員會」, 『사상계』 88.

제가 없다고 보는 소련 역사학에 맞서 한국사의 내재적 발전을 강조한 것이다.

2. 마르크스주의 역사학과 봉건적 토지국유제론

박시형은 1950년대 발표한 일련의 토지제도사 연구를 『조선 토지제도사』(상: 1960, 중: 1961)로 집대성했다. 박시형은 통일신라에서 조선까지를 봉건제로 파악하고 토지제도의 핵심은 국유제 원칙에 있었다고 보았다. 토지제도사 연구에서 국유제론과 사유제론 사이에 벌어진 오랜 논쟁에 대한 평가는 이 논문의 범위를 벗어난다. 여기서는 당대 일본, 북한, 남한 학자들이 박시형의 연구를 어떻게 받아들였는가를 살핌으로써, 동아시아 역사학에서 박시형 역사학이 차지하는 위치를 가늠하는 데 그치고자 한다.

먼저 발간 직후 나온 일본에서 나온 다케다 유키오(武田幸男)의 서평을 바탕으로 하여 책 내용을 살펴보자.[75] 이 책은 봉건시대에는 토지국유제라는 원칙이 관철되었다고 보아 토지의 '사(소)유'와 '점유'를 구분했다. 토지는 국유이므로 국가의 수탈인 조세(특히 전세)는 지대와 일치한다고 이해했다. 통일신라의 정전제도는 정(丁)을 기준으로 하는 토지 분급 제도로서 일종의 균전제였다고 설명했다. 직전은 녹봉 대신 관료에게 나눠준 토지, 즉 녹읍으로서 실체는 수조권이라고 보았다. 고려의 기본 법제는 공사전(公私田) 제도라고 파악했다. 국가, 국가기관이 수조하는 토지는 공전이고 개인에게 수조시키는 토지는 사전인데, 전조의

---

[75] 武田幸男, 1962, 「〈批評·紹介〉朴時亨著 朝鮮土地制度史 上·中」, 『朝鮮学報』 25.

수확량에 대한 비율은 공전은 4분의 1, 사전은 2분의 1이었다고 파악했다.

고려 말 조선 왕조 개국 세력에 의해 성립한 과전법은 수조지 분급 제도라는 점에서 고려 전시과와 본질이 같다고 보았다. 전세는 과전법에서는 10분의 1, 공법 제정 이후는 20분의 1, 16세기에는 1결당 4두로 전혀 문제가 되지 않을 만큼 소액이었다. 한편, 국가의 전세=지대와 나란히 병작료=지대가 광범하게 퍼져 이중지대가 성립했다고 보았다. 과전법 제정은 봉건제도 전 역사를 전후 2기로 나누는 분계선이었다. 토지국유 원칙이 관철되었지만, 지주의 '점유지'는 '소우지'로 표현되기도 했다고 보았다. 중편에서는 임진왜란 이후를 다뤘는데, 대동법은 농민에 대한 실제 영향이 그다지 크지 않았다고 판단했다.

다케다는 이 책의 특징으로 첫째, 한국사의 체계적인 파악을 지향하여 특정한 시기나 시점에 자신을 가두는 수공업적 직인 의식은 없는 점, 둘째, 종래 토지제도사가 지목 나열주의인 데 반해 이 책은 조세제도, 신분제도, 정치 및 사회 상태에까지 시야를 넓혀 그 속에서 토지제도를 고찰함으로써 지목을 매개로 인간관계를 해명한 점을 들었다. 다만 수조의 귀속이 소유권이라는 소유 개념에 대해 의문을 표하고, 수탈은 꼭 토지 소유와 연결 짓지 않아도 되지 않느냐고 물었다(164쪽).

1963년 북한의 김광순은 박시형의 『경국대전』 해석을 비판했다.[76] 박시형이 『경국대전』의 조문은 사적 점유의 정확한 귀속을 밝힌 것이라고 설명한 데 대해, 김광순은 봉건 정권이 토지 및 가옥 소유자의 소유권을

---

76 김광순, 1963, 「우리나라 봉건시기의 토지제도사 연구와 관련한 몇 가지 문제」, 『력사과학』 1963-4, 55쪽.

옹호한 것이라고 반박했다. 나아가 '지주들의 사적 토지 점유'라는 표현 자체가 부정확하다고 비판했다. 김광순은 박시형의 책에서 보이는 '불합리성과 혼란'이 이른바 '국유제 원칙' 탓이라고 지적했다(55~58쪽).

1967년 재일조선인 역사학자 권영욱은 박시형 등의 '봉건적 토지국유제론'과 그에 대한 비판을 분석했다.[77] 권영욱은 『자본론』 제47장의 '지대와 조세의 일치'에 관한 이론은 동방 전제주의에 관한 이론이지 결코 '아시아적 봉건제도'에 관한 이론이 아니라는 김광순의 주장을 지지했다.[78] '아시아적 봉건제도'라는 마르크스 고전에 대한 오해가 '봉건적 토지국유제론'을 낳았다는 비판이었다. 하타다 다카시(旗田巍)가 '공전제'론의 근원으로 와다 이치로를 지목했지만,[79] 권영욱은 와다 이치로의 봉건제 부재론에 바탕한 공전제론과 달리 조선 봉건사회를 인정하는 공전제론, 즉 봉건적 토지국유제론이 존재했다고 보았다. 합법칙적인 역사 발전을 추구하는 마르크스주의 역사학자조차 공전제론에 빠져 있다는 지적이었다(34쪽).

권영욱은 백남운이 집필한 『조선민족해방투쟁사』(1949)의 '봉건적 경제체제'를 설명하는 부분에서도 『자본론』의 조세와 지대의 일치 부분을 그대로 적용한 아시아적 생산양식론의 영향이 엿보인다고 지적했다. 권영욱은 박시형의 봉건적 토지국유제론에 대해서도 비판적이었다. 과전법까지는 '봉건적 토지국유제' 원칙이 그대로 관철되고 그 이후에도 그

---

77 權寧旭, 1967, 「朝鮮における封建的土地所有に関する若干の理論的問題」, 『歷史学研究』 321.
78 김광순, 1964, 「맑스의 《아세아적 토지 소유 형태》와 《봉건적 토지 국유제》에 관한 제 문제」, 『경제연구』 1964-3.
79 旗田巍, 1965, 「朝鮮土地制度史の研究文献: 朝鮮総督府(和田一郎担当), 『朝鮮の土地制度及地税制度調査報告書』を中心として」, 『朝鮮研究』 38.

원칙은 관철되면서 실질적으로는 허구화했다는 박시형의 견해를 역시 마르크스주의 고전의 잘못된 이해에서 비롯된 주장이라고 비판했다 (35~36쪽).

권영욱은 북한에서 토지국유제론을 비판하는 새로운 경향으로서 김광순의 연구를 소개했다. 김광순은 토지 소유의 경제적 실현이 지대라면서, 토지에 대한 점유에서는 어떤 지대도 나오지 않고 토지의 점유자는 지대의 착취자가 아니라 피착취자라고 명확히 언급했다.[80] 권영욱은 김광순이 막스 베버(Max Weber), 카를 비틀포겔(Karl August Wittfogel)과 그를 추종한 모리타니 가쓰미(森谷克己) 등을 비판하고 "우리나라 봉건 시기에 봉건제도의 기초가 된 토지 소유제는 토지 사유제였다."[81]고 단정한 사실을 소개했다(37쪽).

권영욱은 허종호의 연구도 소개했다. 허종호는 고려 이후 토지 소유 형태는 국가 소유제, 지주적 소유제 및 소농 토지 소유제의 세 형태가 병존했지만 실제로는 지주적 토지 소유제가 규정적이었다고 보았다. 또한 18세기 후반 이후 서민 지주의 등장과 고용 노동의 도입에 주목했다. 권영욱은 허종호가 봉건 말기의 소작제도 발전을 통해 제한적이나마 '근대적 생산양식의 역사적 전제'가 형성되었다고 주장한 것을 소개했다(38쪽).[82]

박시형의 봉건적 토지국유제론은 한국 학계에서도 진지하게 검토되었다. 1980년대 이영호는 중세사회의 성격과 토지 소유론을 결합하여

---

80 김광순, 1963, 앞의 글.
81 김광순, 1964, 앞의 글, 37쪽.
82 허종호, 1965, 『조선 봉건 말기의 소작제 연구』, 사회과학원출판사.

기존 연구를, 공전론=단순한 토지국유론, 봉건적 토지국유론, 근세적 토지 사유론, 봉건적 토지 사유론, 국가적(아시아적) 토지 소유론으로 나누어 고찰했다. 그리고 1950년대 김석형과 박시형의 연구에 대해 "백남운 이래의 사회경제사학자들과 마찬가지로 마르크스의 동양 사회론에 의거하여 봉건적 토지국유론을 주장하였다. 그러나 조선 시기에 대해서는 사적 토지 소유의 존재와 지주제의 전개를 전적으로 부정하지는 못하였다. 그러면서도 봉건적 토지국유론에 집착한 것은 구체적 사실의 이론에의 예속이라 할 수 있겠다"고 비판했다.[83]

이영호는 '봉건적 국유론'의 하나로 박시형의 『조선 토지제도사』 내용을 정리한 뒤, 마르크스의 동양사회론을 무비판적으로 적용하였기 때문에 사적 지주에 의한 지주제의 전개를 인정하면서도 봉건적 토지국유제를 한국사에 무리하게 적용했다고 비판했다. 다만 박시형을 비롯한 마르크스주의 역사학자의 봉건적 토지국유론은 토지국유(사적 토지소유 결여)를 봉건제의 한 유형인 집권적 봉건제의 물질적 기초로 삼고 있는 점에서 정체론과는 다르며 보편성의 특수적 관철을 추구했다고 파악했다 (79~81쪽).

1960~1980년대 남북한의 주류적 한국사 연구에서 토지국유제론은 아시아적 정체성론과 친화적인 것으로 평가되었고 이를 비판한 토지사유제론이 내재적 발전론에 충실한 것으로 이해되었다. 토지국유제론도 토지국유제론 비판도 역사학이라는 과학을 자임했다는 점에서는 같았다. 다만 토지국유제론이 아시아적 특수성을 통해 세계사의 보편성을

---

83 이영호, 1987, 「조선시기 토지소유관계 연구현황」, 근대사연구회 편, 『한국 중세사회 해체기의 제문제(하): 조선 후기사 연구의 현황과 과제, 경제·사회 편』, 한울아카데미, 66쪽.

설명하고자 했다면, 토지국유제론 비판은 민족의 주체성과 세계사의 보편성을 결합하고자 했다. 북한의 김광순, 허종호와 같은 새 세대 역사학자, 그리고 일본과 남한의 역사학자들은 박시형의 봉건적 토지국유제론이 식민주의 역사학자와 달리 한국사의 합법칙적 발전을 인정한다고 평가하면서도 그 불철저함을 비판했다. 박시형의 과학은 한국사를 주체적, 발전적으로 이해하려는 민족이라는 과제 앞에 시험에 든 셈이다.

3. 북한 역사학에서 민족과 과학의 길항

1956년 8월 북한에서 전원회의 사건이 일어났다. 소련계와 연안계가 힘을 합쳐 김일성 지배에 저항했지만, 사전에 발각되어 숙청되고 말았다. 8월 전원회의 사건은 역사학계에도 큰 영향을 미쳤다. 연안계 지도자 최창익은 주요한 근대사 연구자이기도 했다. 과학원 사회과학 부문 위원장이자 학술지 『력사과학』 편집 책임자였던 이청원도 최창익 일파로 몰려 공격받았고 끝내 숙청되었다. 이후 역사 연구의 주체성이 강조되면서 소련 역사학의 성과에 대한 소개와 번역은 급속히 사라졌다.

박시형은 『력사과학』 1956년 제6호 권두언으로 「조선 력사 연구 사업에서 제기되는 몇 가지 문제들에 대하여」를 집필했다. 8월 전원회의 사건이 일어난 직후였다. 박시형은 "과학자들의 사상을 개조하고 그의 연구를 진실로 과학적인 기초 우에 세우기 위하여서는 선진적 방법, 맑스-레닌주의 리론을 심오하게 연구하며 외국 특히 쏘련의 선진 과학의 성과들을 적극적으로 도입하는 것이 무조건적으로 필요하다"고 주장했다. 또한 "우리나라의 과거 력사를 회고할 때 각 시기의 학문과 예술에 있어서 그 고도의 발전이 어느 하나가 당시 외국의 우수한 성과들과 관련 없이 이루어진 것이 있었던가"라고 물은 뒤, "없었다. 그와는 정반대로 우리의 고귀한 성과들은 다 그들을 널리 섭렵하고 충분히 소화한 높은 일반적 문화 수준 우에서 달성된 것이였다"고 스스로 답했다.[84]

박시형은 "학문의 자유로운 연구와 자유로운 발표에 대하여 우리 당 8월 전원회의 문헌들은 거듭 이를 강조"했다고 설명했다. 그리고 "교조주의와 형식주의의 반대, 자유로운 연구 및 발표의 고취와 관련한 쏘련 공산당 제20차 대회의 문헌들과 그 실천, 백가쟁명, 백화제방의 구호 밑에 전개되는 중국 과학계, 예술계의 활발한 활동, 이것들은 모두 우리의 전진에 거대한 방조를 줄 것"이라고 덧붙였다. 문제가 된 8월 전원회의 그리고 스탈린 개인숭배 비판이 벌어진 소련공산당 제20차 대회를 굳이 거론한 점이 주목된다. 박시형은 "누구도 임명하지 않은 소위 〈권위자〉나 과학 세계에서는 쓰지 않는 소위 〈중앙〉이라는 말은 다 교조주의자들이 조작해 낸 것"이며 "이러한 경우에는 과학은 종교로 변질한다"고 비장한 어조로 글을 맺었다.[85]

박시형의 주장은 8월 전원회의 사건 이후 경색된 정국, 구체적으로는 『력사과학』 지면에서 소련 역사학에 대한 소개가 사라지는 시점에서 발표되었다는 점에서 상당히 도전적인 문제 제기였다. 특히 교조주의 비판이라는 권력자의 무기를 거꾸로 잡아 학문의 자유를 옹호하고자 한 고도의 담론적 실천이었다. 1946년 발표한 「사대주의론」에서 "막연한 國粹의 선양은 일국사와 세계와의 연관성을 말살하고", "인민의 이목을 호도"한다고 비판한 사실을 떠올리게 된다. 민족과 과학이 길항하는 장면

---

84 박시형, 1956, 「〈권두언〉 조선 력사 연구 사업에서 제기되는 몇 가지 문제들에 대하여」, 『력사과학』 1956-6, 3쪽.

85 박시형, 1956, 위의 글, 5~6쪽.

에서 박시형은 두 가치의 조화를 주장한 셈이다.

소련을 다녀온 박시형은 『력사과학』 1958년 제1호에 실은 글에서 "쏘련을 위시로 한 선진 력사 학계들에서 아르히브(아카이브: 인용자) 리용이 일층 활발하게 전개된 것은 력사적인 쏘련 공산당 제20차 대회 이후부터"라며, "개인 숭배와 밀접히 련결된 독단주의와 교조주의를 반대하는 일반 사상 사업 가운데서 특히 력사 학계에서 어떠한 주어진 도식에 의하여서가 아니라 정확한 력사적 사실에 근거"할 필요성을 역설했다.[86] 정치와 이데올로기에서 거리를 두면서 역사학을 사실에 근거한 과학으로 정립하려는 의지가 엿보인다.

박시형의 역사학을 분석한 이광린은 그가 북한 학계의 정설과 다른 정약용의 학설을 '과학적'이라고 소개한 데 주목했다. 박시형은 "고조선 문제와 관련하여 다산의 학풍이 과학적이라는 것을 중시하는 실례로서는 그가 고조선이 최초부터 걷잡을 수 없이 광막한 《령토》를 가진 초대국이었으리라고 하는 당시 일부 사람들의 환상을 배제하고 고조선도 역시 처음에는 일정한 좁은 지역(다산은 그것을 현재 우리나라의 서북부라고 생각하였다)에서 출발하여 점차 광대해진 것이라 생각하였다는 사실이다"라고 밝혔다.[87] 또한 박시형은 『조선 토지제도사』에서는 고구려, 백제는 노예제사회였던 데 반해 신라는 원시공동체에서 바로 봉건사회로 이행했다고 파악했다. 삼국이 노예제사회 구성이라는 북한 학계의 결론과는 다른 견해였다.

이광린은 박시형이 김석형과 달리 출신 성분이 좋아 북한 정권으로부

---

86 박시형, 1958, 「모쓰크바와 쁘라가에서」, 『력사과학』 1958-1, 71쪽.
87 박시형, 1962, 「다산 정약용의 력사관」, 『정다산』, 과학원 철학연구소; 이광린, 1994, 「북한학계에서의 정다산 연구」, 『동아연구』 28, 46쪽.

터 신뢰받았기 때문에 정권을 지지하는 글을 많이 쓰지 않아도 되었다고 추측했다.[88] 박시형은 김정일이 김대를 다닐 때(1964년 졸업) 혁명사 '과외학습'을 했다고 전해진다.[89] 그가 김일성의 신뢰를 받고 있었다는 사실을 알 수 있다.[90] 박시형과 김석형이 서로 다른 행보를 보인 원인에는 성격 차이도 있었을 것이다. 1946년 김대 문학부장 박극채가 작성한 박시형과 김석형의 조사서 '성격'란을 보면, 박은 "착실, 노력", 김은 "전투적, 양심적, 쾌활"이라고 적혀 있다. 1980년대 박시형은 중국 연길을 방문하여 조선족 역사학자와 대화를 나누면서 김석형은 지나치게 정치적이라는 말을 남겼다고 한다.[91]

IV. 고대사를 밝히는 민족의 역사학자

1. 발해사 연구와 민족주의 고양

1960년대 박시형은 고대사 연구로 방향을 바꿔 「발해사 연구를 위하여」(1962)를 발표했다. 발해사 연구의 시작을 알리는 선언과 같은 제목을 단 이 글은 사료 섭렵과 해석에서 이후 남북한의 발해사 연구의 방향과 틀을 제시했다. 이 글은 "발해는 그 주민, 령역, 주권의 일체 면에서

---

88 이광린, 1994, 위의 글, 58쪽.
89 「충동적 성격의 「영화狂」 권력승계 확실 金正日 누구인가」, 『조선일보』, 1994. 7. 10.
90 필자가 2018년 9월 8일 중국 연변에서 실시한 구술 조사에 따르면, 박시형은 6·25 전쟁 중 김일성의 배려로 중국 항저우로 피난했다고 한다.
91 필자가 2018년 9월 8일 중국 연변에서 실시한 구술 조사 결과.

다 고구려의 후계자인 동시에 또 문화적 면에서도 틀림없이 그의 훌륭한 계승발전자였다"라는 말로 끝을 맺었다.[92] 한국 학계의 발해사 연구를 대표하는 송기호는 박시형의 1962년 논문에 대해 발해사를 한국사에 편입하기 위해서 본격적으로 논증을 시도한 최초의 논문이며, 한말 계몽사가 이후 단절된 발해사 연구 전통을 다시 잇는 최초의 논문이라는 점에서 남북한을 통틀어 사학사에서 의의가 대단히 큰 글이라고 평가했다.[93]

박시형의 발해사 연구 성과는 1962년 『조선통사』 상권 개정판에도 반영되었다. 1956년 판 『조선통사』 상권은 서문에서 발해사가 제대로 서술되지 못한 점을 결함의 하나로 지적했고, 본문에서 발해 멸망 연도를 927년으로 오기하는 등 관련 서술이 빈약했다.[94] 『조선통사』 상권 개정판(1962)에서 박시형이 서술한 「제6장 신라에 의한 국토 남부의 통합과 고구려 고지에서의 발해국의 성립」, 「제7장 신라와 발해의 발전」은 「발해사 연구를 위하여」(1962)와 내용이 같았다. 한국사가 삼국시대 이후 남과 북의 두 나라로 이어졌다고 규정함으로써 발해사를 신라사와 대등한 지위로 끌어올린 것이다.[95] 이 시기 북한 역사학에서는 원시, 고대 사회에 이미 단일민족이 성립했다는 서술이 자리 잡으면서 신라에 의한 삼국 통일의 의의가 축소되었다. 발해사 서술의 변화는 이러한 흐름과 맥을 같이하는 것이었다.[96]

---

92 박시형, 1962, 「발해사 연구를 위하여」, 『력사과학』 1962-1, 32쪽.
93 송기호, 2020, 『발해 사학사 연구』, 서울대학교 출판문화원, 150쪽.
94 송기호, 2020, 위의 책, 149쪽.
95 송기호, 2020, 위의 책, 143쪽.
96 이정빈, 2021. 5, 「1950년대 북한 역사교과서의 민족형성 이해와 한국사 체계의 변

1963년 4월에는 북한의 김일성과 중국의 저우언라이(周恩來)가 양국 학자의 만주 지역 공동 발굴에 합의했다. '조중 공동 고고학 발굴대'는 1963년 8월부터 1965년 7월까지 모두 네 차례에 걸쳐 만주 지역 청동기, 고조선, 고구려, 발해 유적 조사를 벌였다. 그 결과는 북한에서 발행한 『중국 동북 지방의 유적 발굴 보고』(1966)에 담겼다.[97]

　1963년 조사에서 북한 학자는 김석형 단장 아래 제1대와 제2대로 편제되었다. 제2대는 발해 문화 연구자 주영헌이 대장을 맡아 고조선, 고구려, 발해 유적 40여 곳을 조사했다. 박시형은 제2대에 속했고 단장 김석형도 함께 움직였다. 발해와 관련해서는 박시형이 1962년 논문에서 펼친 주장을 확인하려는 목적이 컸다. 조사 과정에서 중국 측과의 의견 불일치도 드러났다. 발해 정혜 공주 묘를 포함한 육정산(六頂山) 고분군 조사에서는 무덤 양식 등을 놓고 속말 말갈 풍속이라는 중국 측의 주장과 고구려 풍속이라는 북한 측 주장이 대립했다.[98] 1964년 조사에는 박시형과 김석형은 참가하지 않았다.

　박시형은 「만조선 왕조에 관하여」(1963), 「광개토왕비」(1964) 등 고조선과 고구려 연구도 진행했다.[99] 1966년에 출간한 『광개토왕릉비』 머리말에서는 "1963년 가을 우리 당의 직접적 배려에 의하여 사회과학원 력사연구소와 고고학 및 민속학 연구소의 한 연구 집단은 현지에서 릉비

화」, 『韓國史學報』 83, 88~90쪽.
97　조중 공동 고고학 발굴대, 1966, 『중국 동북 지방의 유적 발굴 보고(1963~1965)』, 사회과학원 출판사(복각본, 민족문화, 1995).
98　韓東育, 2013, 「東アジア研究の問題点と新思考」, 『北東アジア研究』 別冊第2号, 153쪽.
99　박시형, 1963, 「만조선 왕조에 관하여」, 『력사과학』 1963-3; 박시형, 1964, 「광개토왕비」, 『력사과학』 1964-5.

재조사 사업을 진행하여 현 비면과 비문을 다시 한 번 신중히 검토하고 정밀한 탁본과 실측도를 작성하였다. 본 저작은 이 사업에 토대하여 이루어진 것이다."100라고 밝혔다.

박시형은 광개토왕릉비 신묘년 조에 보이는 '도해파(渡海破)'의 주어를 왜가 아닌 고구려로 해석했다. 이는 정인보의 해석을 계승한 것이다. 후일 한국의 이기동은 박시형의 연구가 "한국 측의 고문헌 기록을 상당수 적발하고 그것이 재발견된 경위를 중국 측 문헌을 들춰내서 소상하게 추적하는 등 돋보이는 점"이 있다고 평가했다. 다만 정인보의 해석을 그대로 받아들이면서 그 사실에 대해서 언급하지 않았다고 비판했다.101

1967년 북한 역사학에 위기가 찾아왔다. 5월에 열린 당중앙위원회 제4기 15차 전원회의를 계기로 선전·문화·교육 담당 간부에 대한 대대적인 숙청이 이루어졌다. 김일성은 「자본주의로부터 사회주의에로의 과도기와 프로레타리아 문제에 대하여」라는 교시를 내렸다. 이른바 5·25 교시다. 이후 학계와 문화계에 대한 대대적인 숙청과 검열이 벌어졌다. 김일성은 사회주의적 애국주의를 교양하려는 당의 방침을 왜곡하여 향토주의나 봉건유교 사상을 편다고 역사학계를 비판했다.102 5·25 교시 이후 벌어진 대대적인 지식인 숙청과 문화에 대한 총공격은 '반문

---

100 박시형, 1966, 『광개토왕릉비』, 사회과학원 출판사, 1쪽.
101 李基東, 1988, 「〈특집 廣開土王陵碑〉 硏究의 現況과 問題點」, 『한국사 시민강좌』 3, 14~15쪽. 이기동은 정인보의 해석을 담은 글이 발표된 것은 해방 이후지만(鄭寅普, 1955, 「廣開土境平安好太王陵碑文釋略」, 『薝園國學散藁』, 文敎社), 그 집필 시기는 1938~1940년경이라고 추정했다.
102 김일성, 1983, 「당 대표자회 결정을 철저히 관철하기 위하여: 함경남도 당 및 함흥시 당 열성자 회의에서 한 연설」(1967. 6. 20), 『김일성 저작집 21』, 조선로동당 출판사, 330쪽. 1967년 이후 역사학의 위기에 대해서는 홍종욱, 2022, 「주체사관에서 인민과 민족의 자리」, 『역사비평』 140, 347~348쪽 참조.

화혁명'이라고 부를 만한 것이었다.[103]

1968년 이후 북한 역사학과 고고학을 대표하는 학술지 『력사과학』과 『고고민속』 발행이 중단되었다. 박시형은 1966년 『광개토왕릉비』 출간 이후 10년 이상 논문이나 저서 발표를 하지 않았다. 1970년대 주체사상이 유일사상으로 확립되는 가운데 역사학은 새로운 모색을 벌였다. 과학적 마르크스주의 역사학의 근본인 경제결정론에 대한 비판과 혈통적 민족개념 강화가 주된 내용이었다.[104] 노골적으로 과학보다 민족을 앞세우기 시작한 것이다. 1977년 『력사과학』이 복간된 이후 주체사관 정립을 위한 노력이 두드러지는 가운데, 박시형은 1979년에 단행본 『발해사』를 발표했다. 같은 해 10월에는 거의 같은 내용을 담은 『조선전사』 제5권과 제6권이 간행되었다.

『발해사』(1979)는 「발해사 연구를 위하여」(1962)를 확대·발전시킨 내용이었다. 다만 민족이 강조되는 시대적 흐름 탓에 다소 억지스러운 서술도 눈에 띈다. 예컨대 "무왕은 《전쟁의 승패는 반드시 군대의 수에만 달리지 않는다. 길고 짧은 것은 대보아야 한다. 하물며 우리에게는 반드시 당나라 침략자들의 거만한 코대를 꺾고 옛날 우리 조상 고구려를 위하여 원쑤를 갚아야 할 무거운 임무가 있지 않는가》라고 하면서 문예를 추궁하고 전선으로 떠나보냈다"는 서술이 있다. 무왕의 발언은 마치 사료에서 직접 인용한 듯이 표기되어 있지만, '우리 조상 고구려' 운운하는

---

[103] 성혜랑, 2000, 『등나무집』, 지식나라, 312쪽. 성혜랑(1935~)은 김일성대 물리수학부에서 배운 엘리트다. 동생 혜림과 김정일 사이에 태어난 김정남의 가정교사도 지냈으나 1996년 탈북했다.

[104] 홍종욱, 2022, 앞의 글, 349쪽 참조.

부분을 포함하여 해당 발언은 사료에서 확인할 수 없다.[105] 민족이라는 이념이 과학적 실증을 벗어나 독주하는 모습을 엿볼 수 있다.

박시형은 1981년 『력사과학』에 실학자의 군사 개혁론에 관한 글을 실었다. 1967년 이후 문화 전통 말살, 실학자들에 대한 부정적 평가 시대를 벗어나, 역사학 부활에 즈음해 실학을 다시금 평가하는 의미를 지닌다. 박시형은 실학의 문무겸비 측면, 군사 개혁안 등을 소개한 뒤에 "그러나 그들이 보위하려고 한 국가는 다름 아닌 봉건국가였으며 그들의 《충성심》도 어디까지나 봉건 왕권에 대한 《충성》이였다"고 덧붙이는 것을 잊지 않았다. 실학 재평가에 따르는 조심스러움이 느껴진다.[106]

1967년 이후 역사학의 위기와 1980년 전후한 주체사관의 등장이라는 시대적 흐름은 다른 역사학자도 피해 가지 않았다. 김석형 역시 1960년대 고대사 연구에 뛰어들었다. 임나일본부설을 정면에서 반박한 분국설로 유명한 「삼한삼국의 일본열도 내 분국에 대하여」(1963)를 발표하고 이를 발전시켜 1966년 『초기 조일관계 연구』를 펴냈다.[107] 그리고 김석형도 박시형과 마찬가지로 1970년대에 전혀 논문을 발표하지 못했고 1980년대에 들어서야 몇 편의 논문을 발표했다.

『로동신문』에 실린 박시형의 삶에 대한 간단한 소개 가운데 "주체 66(1977)년 4월 14일 현지 지도의 길을 이어가시던 위대한 수령님께서는 안주시 백상루에서 박시형 선생을 만나주시고 력사연구에서 주체적

---

[105] 박시형 지음, 송기호 해제, 1989, 『발해사』, 이론과 실천, 71쪽. 무왕 발언의 의미에 대해서는 동북아역사재단 위가야 님께 가르침을 받았다.
[106] 박시형, 1981, 「우리나라 실학 유산에 대한 연구: 실학자들의 군사개혁론을 중심으로」, 『력사과학』 1981-4.
[107] 김석형, 1963, 「삼한 삼국의 일본열도 내 분국에 대하여」, 『력사과학』 1963. 1; 김석형, 1966, 『초기 조일관계 연구』, 사회과학원.

립장을 철저히 지켜나가도록 세심히 이끌어 주시였다"[108]는 언급이 있다. 1977년 박시형과 김일성의 만남은 『력사과학』 복간, 박시형의 연구자로서 복귀와 무언가 관련이 있을 것으로 짐작된다. 만남의 장소는 평양이 아닌 지방이다. 1967년 이후 박시형의 처지를 이해하는 실마리가 될 수 있을지 모르겠다.

2. 일본 방문과 식민주의 역사학 비판

1980년 11월에 박시형은 일본을 방문한다. 1972년에 김석형이 다카마쓰즈카(高松塚) 고분 발견 회의에 참가한 이래 북한의 주요한 역사학자가 다시 일본을 찾은 셈이다. 1970년대 말 중국의 개혁·개방이 시작되면서 동아시아 교류가 본격화하는 시점이었다. 냉전을 넘어 동아시아 세계가 재등장하는 대목에 일본을 찾은 박시형은 북한의 한국사 연구 성과를 선전함으로써 북한의 존재감을 과시했다.

박시형은 고대사 연구자 이노우에 히데오(井上秀雄)의 초청으로 도호쿠(東北)대학을 찾아 북한 역사학의 성과를 개설하는 강연을 행했다. 강연은 김일성 교시로 시작하여, 구석기시대, 신석기시대, 청동기시대, 철기시대, 고조선, 조선 민족의 기원, 고대국가의 기원, 고구려, 발해 순으로 북한 역사학의 성과를 체계적이고 구체적으로 소개했다. 아울러 북한 학계에서 백제, 신라, 고려, 조선에 이르는 시기에 대해 인민의 투쟁사, 제도사, 문화사 연구가 심화한 점, 봉건 말기의 자본주의 관계 발생 발

---

[108] 본사기자 김명훈, 「공화국 력사에 뚜렷한 자욱을 남긴 지식인들: 관록 있는 력사학자 박시형」, 『로동신문』, 2018. 7. 22.

전과 부르주아 혁명 운동 연구가 진전된 점, 그리고 근래 고대 일본과의 상호왕래와 교섭의 경위, 문화 교류 관계 등에 관한 연구가 활발하게 이루어지고 있는 점에 대해서도 언급했다.[109]

박시형의 강연과 이어진 이노우에 교수와의 대담에서 보이는 특징은 다음과 같다. 첫째, 동아시아 역사학 교류 속에 한국사의 위치를 확보하고자 했다. 이노우에 교수는 '최근 경향'으로 '동아시아라는 연구 분야 대두'를 말하고 "고대 동아시아사라는 사고방식이 퍼지고 있다"고 언급했다.[110] 이러한 시점에 박시형이 일본을 방문해 북한 역사학의 성과를 발신한 의미는 컸다. 식민주의 역사학을 극복하고 한국사의 주체적, 발전적 역사상을 동아시아 역사 속에 자리매김했다.

둘째, 토지제도사가 아닌 고조선, 고구려, 발해 등 고대사 연구가 중심이었다. 과학이 아니라 민족을 전면에 내세운 셈이다. 마르크스주의 역사학, 과학으로서의 역사학이라는 국경을 넘는 공통성을 강조하기보다는 한국과 일본이라는 두 나라의 민족사, 국민사가 부딪히는 상황이 두드러졌다. 특히 박시형이 민족의 기원을 이야기하면서 핏줄, 언어를 강조한 것은 당시 북한 학계의 경향을 반영한다. 1973년판 『정치사전』은 민족을 정의하면서 스탈린의 민족 개념에 '혈통'을 추가했다.[111] 1977년판 『조선통사』 상권은 "조선 인민은 오랜 력사적 시기를 거쳐 이

---

109 朴時亨, 1981, 「朝鮮史研究において達成した成果について」, 『東アジアの古代文化』 27.

110 朴時亨·井上秀雄, 1981, 「対談 日朝古代史の諸問題」, 『東アジアの古代文化』 27, 162, 171쪽.

111 사회과학 출판사 편, 1973, 『정치사전』, 사회과학 출판사, 423쪽.

루어진 피줄과 언어를 같이하는 하나의 민족"이라고 규정했다.[112]

셋째, 합리적인 태도와 겸손한 자세가 두드러진다. 박시형은 강연의 끝을 "앞으로도 일본의 여러 선생님의 많은 조언을 기대하고 금후 한층 긴밀한 연계를 가지기를 희망"한다고 마무리했다. 이어지는 대담에서도 광개토왕릉비에 대해 자설을 전개하면서도 "물론 그것이 오직 하나의 결론이라는 것은 아니다", "양국 학자가 더 진지하게 이 문제에 대한 연구를 하는 것이 양국 학계, 고대사 연구에 좋은 일이라고 생각합니다"라고 밝혔다. 또한 "일본 선생님들과 접촉하는 가운데 조선과 일본의 고대 관계에 대한 역사학이 매우 활발하게 연구되고 많은 성과가 거두어진 것을 알고 매우 감명을 받았고 경의를 표하고 싶습니다"라고 덧붙였다.[113]

박시형의 일본 방문은 일본 언론에서도 비중 있게 다뤄졌다. 『마이니치 신문』은 「북조선의 고대사 연구: 내일(來日) 중의 박시형 씨에게 듣는다」라는 제목으로 박시형의 인터뷰를 실었다. 기사에 따르면 박시형은 4명으로 구성된 '과학문화대표단'의 단장으로 일본을 찾았다. 동 대표단의 방일은 5년 만이었다.

인터뷰에서 박시형은 구석기 문화, 신석기 문화, 청동기 문화, 철기 문화, 고구려, 발해, 조선 민족의 형성 등에 대해서 개설했다. 도호쿠대학 강연을 요약한 내용이었다. 1979년 남한에서 발견된 중원 고구려비 내용이 전해졌는지 묻는 기자의 질문에는 "뉴스는 알고 있지만, 자세한 연구 내용은 모릅니다"라고 하면서 남북 교류의 중요성을 언급했다. 기자

---

112 사회과학원 력사연구소, 1977, 『조선통사』 상, 과학·백과사전출판사, 129쪽.
113 朴時亨·井上秀雄, 1981, 앞의 글, 168, 171쪽.

〈그림 1〉『마이니치 신문』에 실린 박시형 인터뷰(1980.11)[114]

는 이노우에 교수와 마찬가지로 "고대사 세계에서는 동아시아 전체를 하나로 파악하는 움직임이 높아지고" 있다면서 일본, 중국과 공동연구 가능성을 물었다. 박시형은 1963~1965년까지 발해에 대한 공동연구는 중국, 조선 양측에 유의미하고 성과가 있었으며, 일본과는 다카마쓰즈카 발견 때 북한 연구자가 일본에 초대받은 일을 언급했다. 그리고 "일본이 역사학, 고고학 분야에서 많은 성과를 거두어 조선 문제에 관한 많은 연구가 행해지고 있는 것은 기쁠 따름입니다. 과학자로서 더욱 교류를 거듭해 이를 통해 조일 양국 우호와 이해를 심화하고 싶습니다"라고 덧붙였다.

박시형의 일본 방문 소식은『마이니치 신문』인터뷰를 소개하는 형식으로 한국『동아일보』에서도 다뤘다. 기사는 발해 유적 발굴은 주목할

---

[114] 「北朝鮮の古代史硏究: 來日中の朴時亨氏に聞く」, 『每日新聞』, 1980. 11. 8.

만하다고 추켜세웠지만, 박시형이 중원 고구려비 명문을 모른다고 한 데 대해서는 남북 학술 교류가 이루어지지 않는 상황을 "한국에 책임 떠넘기려는 속셈"이라고 비판했다.[115]

3. 탈냉전기 동아시아 역사학과 남북 교류

1980년 말에서 1981년에 걸쳐 천관우는 『경향신문』에 '인물 한국사'를 연재했는데 박시형의 연구를 언급하고 있어 주목된다. 먼저 광개토왕을 다루면서 "고구려가 바다를 건너 왜를 파하였다"는 박시형의 신묘년 조 해석을 소개하고 이는 정인보를 계승한 것이라고 설명했다.[116] 발해를 건국한 대조영을 다룰 때는 여러 차례 박시형이 등장했다. 먼저 발해라는 국호에 대해 고려국을 인정하지 않으려는 당과 말갈국을 인정하지 않는 발해 탓에 '발해국'이라는 제3의 명칭으로 타협했다는 박시형설을 소개하고, "흥미 있는 추측이기는 하나 물론 확증은 없다"고 보았다.[117] 박시형이 제시한 발해를 고구려의 후계국으로 보는 논거에 대해서는 "매우 설득력이 있다."고 평가했다.[118]

『조선일보』는 1981년 5월에 '한국사의 맥락'이라는 특집 기사에서 1946년 박시형이 집필한 「사대주의론」을 식민사관 극복을 위한 노력의

---

115 「"日 매스컴 意識한 宣傳術策", 訪日 北傀 朴時亨의 「南北學者교류」 發言 底意」, 『동아일보』, 1980. 11. 13.
116 千寬宇, 「人物韓國史 〈31〉 古代篇 廣開土王 (4)」, 『경향신문』, 1980. 12. 9.
117 千寬宇, 「人物韓國史 〈68〉 古代篇 大祚榮 (2)」, 『경향신문』, 1981. 2. 6.
118 千寬宇, 「人物韓國史 〈70〉 古代篇 大祚榮 (4)」, 『경향신문』, 1981. 2. 9.

첫머리에 자리매김했다.[119] 같은 『조선일보』는 1983년 2월에 정인보의 광개토왕릉비 연구를 소개하고 북한의 박시형, 김석형이 그 설을 이어받았다고 설명했다.[120]

이처럼 1980년대 들어 박시형의 역사학이 한국 언론에 소개되기 시작했다. 반공적 시각이 드러나기도 했지만, 일본에 맞서 우리 역사학을 주창하는 학자로 소개되는 경우가 많았다. 연희전문, 정인보와의 관계가 주목된 것도 남북 민족주의 역사학의 공통 지반을 상상하게 했다는 점에서 흥미롭다. 앞 절에서 소개한 박시형의 일본 방문을 전한 『동아일보』 기사에서도 박시형이 해방 전 연희전문을 나왔다고 설명했다.[121]

민주화와 더불어 남북 역사학 교류가 현실이 되었다. 1988년 5월 평양에서 열린 '조선 문제 전문가 국제학술회의'에 참여한 '서독교포 조명훈 박사'가 회의 소식을 『한겨레신문』에 알려 왔다. 이 회의에서 김석형은 고대 우리나라와 일본 관계에서 민족 주체성에 곤하여 발표했는데, 임나일본부설을 비판하고 분국설을 주장했다. 박시형은 '발해는 고구려의 후손'이라는 강연을 했다. 조명훈은 "그들의 논리는 민족주의의 범위를 넘어 짙은 국수주의적 경향마저 띠고 있다는 느낌을 떨쳐버릴 수 없었다"고 지적했다.[122] 민족이라는 이념이 앞서는 북한 역사학의 문제점에 대한 지적이었다.

---

119 「韓国史의 脈絡 오늘의 時点에서 무엇이 問題인가, 日帝學風 벗는 自覺의 눈, 植民史觀 韓-日의 극복노력〈下〉」, 『조선일보』, 1981. 5. 12.
120 「爭點 "碑文에 이상" 爲堂이 처음 지적 「날조」 논쟁에 內容검토 뒷전으로」, 『조선일보』, 1983. 2. 23.
121 「"日 매스컴 意識한 宣傳術策", 訪日 北傀 朴時亨의 「南北學者교류」 發言 底意」, 『동아일보』, 1980. 11. 13.
122 서독교포 조명훈 박사, 「16년 만에 다시본 북한 (4)」, 『한겨레신문』, 1988. 6. 24.

1988년 8월 『동아일보』에는 하와이대학에 설치된 '세계 비폭력 연구 센터' 소식이 실렸다. 동 센터의 글렌 페이지 교수는 함석헌과 박시형 등이 연구에 기여하기를 기대한다고 지목했다. 페이지 교수는 두 학자 모두 단군 이래 한민족의 가장 큰 소망이 평화롭게 사는 것이었음을 역설해 왔다고 평가했다.[123] 박시형 역사학에 평화라는 보편성이 있다고 본 것이다. 페이지 교수는 1960년 모스크바에서 박시형의 발표와 토론을 듣고 『사상계』에 소식을 전한 바 있었다. 한편 1989년 1월에는 박시형의 『발해사』가 송기호 교수의 해제를 부쳐 한국에서 출간되었다.

1989년 5월에 북한은 남북 역사학자 회담을 제안했다. 발신인은 전영률(조선역사학회 회장), 김석형(사회과학원 교수), 박시형(김일성종합대학 교수), 수취인은 박영석(국사편찬위원장), 안병욱(한국역사연구회장), 김원룡(서울대 교수)이었다.[124] 회담은 성사되지 못했지만, 남한 사회의 반응은 긍정적이었다. 남측 학자는 '공동 답신'을 통해 "한 핏줄로 태어난 7천만 동포가 갈라진 조국에서 겪어온 단절을 극복하고 통일의 길을 열어가는 데 있어 역사학의 교류만큼 적절한 것은 없다"고 밝혔다.[125] 『조선일보』는 정부의 소극적 대응을 비판하면서 "우리 고고학자들이 북한의 고분들을 현장답사하고, 북한 역사학자들이 서울대 규장각의 각종 고문헌들을 연구할 수 있는 날은 언제일까. 현재 논의되고 있는 남북 역사학자 회담의 성패가 그 해답의 열쇠를 쥐고 있다"고 지적했다.[126]

탈냉전기 동아시아 역사학 속에서 한국, 한국사의 존재감을 발휘하려

---

123 「「세계 비폭력 연구센터」 美 하와이大 설치」, 『동아일보』, 1988. 8. 25.
124 「남북 역사학자 회담, 북한 내달 15일 개최 제의」, 『한겨레신문』, 1989. 5. 25.
125 「'역사학자회담' 북쪽 제안, 남쪽 답신 의미」, 『한겨레신문』, 1989. 6. 15.
126 「역사學者 南北회담, 政府 소극대응에 學界 "실망"」, 『조선일보』, 1989. 6. 21.

는 박시형의 노력은 계속되었다. 박시형은 1990년 3월 다시 일본을 방문해 남한 학자들과 함께 학술회의에 참가했다.[127] 도쿄대학 명예교수 에가미 나미오(江上波夫)가 회장을 맡고 고대사 연구자가 주축이 되어 설립한 '아시아사학회' 창립기념 심포지엄이었다. 요미우리 신문사와 아시아사학회 주최로 도쿄에서 이틀간 열린 심포지엄 '동아시아의 재발견: 5세기를 중심으로'에는 600명 가까운 참가자가 모인 가운데, 특별강연과 8개 발표, 그리고 3시간 반에 걸친 토론이 이어졌다.

박시형은 「안악 3호분에 대하여」라는 발표에서 무덤 주인이 전연(前燕)의 망명객 동수(冬壽)가 아니라 고구려 제16대 고국원왕(故國原王)이라고 주장했다. 토론에서 박시형은 광개토왕릉비 신묘년 조 해석을 둘러싸고 일본 학자의 주장을 비판하기 위해 애썼다. "역사적 사실로서 왜가 당시 그렇게 강대했다고는 생각할 수 없습니다. 왜가 와서 백제 등을 무찔렀다는 해석은 어렵습니다"라면서 따라서 "왜가 신묘년에 왔기 때문에 고구려 광개토왕이 바다를 건너 백제를 무찌르고 또한 동쪽의 신라를 신민으로 삼았다"는 것이 자연스러운 해석이라는 자신의 주장을 되풀이했다.[128]

『한겨레신문』은 심포지엄 소식과 박시형의 활약을 다뤘다. '북한의 박시형 교수'는 광개토대왕비 해석을 놓고 한 구절에만 연연할 것이 아니라 "전반적인 시대적 상황이나 기타 사료와의 상관관계를 고려하여 연구해야 한다"고 지적해서 참가자들의 공감을 샀다고 전했다. 아울러 "식민지 시대를 거치고 분단된 정치적 상황에서 40년간을 제각기 걸어온

---

127 「南北韓 학자 등 참여 아시아史學會」, 『동아일보』, 1990. 3. 16.
128 「古代史シンポジウム/中国, 朝鮮, 日本…/ナゾの五世紀に挑む/基調報告と討論」, 『読売新聞』, 1990. 4. 5.

〈그림 2〉 중국에서 열린 고구려 학술회의에 참가한 박시형(1993. 8)[130]

남한과 북한의 역사학계가 한자리에 모일 수 있었던 것은 남북한 교류를 위한 조그만 진전"이라고 평가했다.[129]

박시형은 1993년 8월에는 중국에서 열린 '고구려 문화 국제 학술회의'에 참가했다. 이 회의는 중국 조선사연구회와 한국 조선일보사 등이 공동 주최하여 남북한과 중국, 일본, 타이완, 홍콩 학자들이 참여한 가운데 열렸다. 탈냉전과 동아시아 세계 형성이라는 시대적 분위기가 느껴지는 장이었다. 첫날 종합토론에서 지안(集安) 박물관의 경톄화(耿鐵華) 부관장은 고구려 문화를 중국 동북 지방의 문화 전통 속에서 설명했다. 이에 대해 "점잖게 나무라고 나선 백발의 노학자"가 있었다. 바로 박시형이었다. 박시형은 "중국과 고구려 문화의 유사성을 얘기하지만, 그것

---

[129] 「남북한, 한반도 고대사 공동연구」, 『한겨레신문』, 1990. 3. 21.
[130] 『조선일보』, 1993. 8. 20.

보다 분명한 것은 고대 만주 지역에는 고조선, 부여, 고구려를 축으로 하는 전혀 별개의 문화권이 존재"한 사실이라며 "방금 중국 학자와 같은 의견은 여러 가지 이유에서 결코 바람직스럽지 못하다"고 지적했다.[131]

일본과 중국을 종횡하며 한국의 민족주의 역사학을 전하는 박시형의 활약을 확인할 수 있다. 일본 학자와는 광개토왕릉비 해석, 임나일본부설을 다투고, 중국 학자와는 고구려, 발해의 역사적 귀속을 다투었다. 이런 박시형의 모습은 민족의 역사학자로서 남측 언론에 소개되었다. 마치 국제 경기에 출전한 남북 단일팀처럼 역사 갈등에서 남북 학계가 하나가 되어 한국, 한국사를 옹호하는 장면을 연출했다. 남북 역사학계의 통일이라는 상상은 박시형이 "월북 전 연희전문의 위당 정인보 선생 밑에서 민족주의 사학의 맥을 이었"[132]다는 신화에 의해 뒷받침되었다. 박시형은 가장 믿음직한 민족의 역사학자였고, 그의 역사학에서 과학적 마르크스주의의 흔적은 이미 찾아보기 어려웠다.

V. 맺음말

경성제대에서 배운 식민지 청년 박시형은 『진단학보』에 논문을 싣고 종합잡지에 글을 투고함으로써 식민주의 역사인식을 비판하고 대중과 소통하고자 했다. 박시형의 역사학은 식민지 아카데미즘의 자장 속에서

---

[131] "주인 바뀌어도 그 땅 歷史는 변화할 수 없다", 집안 「고구려 문화 국제학술회의」 안팎」, 『조선일보』, 1993. 8. 20.
[132] "주인 바뀌어도 그 땅 歷史는 변화할 수 없다", 집안 「고구려 문화 국제학술회의」 안팎」, 『조선일보』, 1993. 8. 20.

민족과 과학을 추구한 것이라고 평가할 수 있다. 해방 직전에는 비밀결사에서 활동하다 투옥되기까지 했다. 일본의 패전이 늦어졌다면 박시형이 운명이 어떻게 되었을지는 알 수 없다. 해방 공간에서는 민족 통일전선의 기운 속에서 식민지 시기의 문제의식을 이어 갔다.

1946년 8월 경성제대 동기들과 함께 월북한 박시형은 김일성종합대학 교원, 과학원 력사연구소 소장 등을 맡아 북한을 대표하는 역사학자로서 활약했다. 박시형은 마르크스주의 역사학자로서 토지 제도사 연구에 몰두했다. 세계사의 보편성과 한국적 특수성의 관계를 해명함으로써 우리 민족을 세계사의 주체로 세우려는 노력이었다. 박시형 역사학에서 보이는 과학과 민족이라는 가치는 북한 역사학이 내건 당성의 원칙 및 역사주의 원칙과 일맥상통한다.

1960년대 이후 박시형은 발해사 연구를 중심으로 한 고대사 연구에 뛰어들었다. 1980년대 들어 냉전 구조가 변용되면서 동아시아 역사학 교류가 본격화했다. 박시형은 일본과 중국을 방문하여 현지 역사학자와 교류하면서 주체적 한국사 상(像)을 주창하는 역할을 했다. 이러한 정황은 남한 언론에도 적극적으로 소개되었고 박시형은 남북 역사학을 잇는 민족의 역사학자로 표상되었다. 신문 등의 매체에서는 박시형의 토지 제도사 연구보다 발해사 연구, 광개토왕릉비 해석에 주목했다. 보편적, 과학적 분석보다는 주체적, 민족적 성격이 중시된 것이다.

끝으로 박시형의 말년의 모습을 살펴보자. 박시형은 1980년대 말에서 1990년대 초에 걸쳐 단행본 6권을 저술했다. 모두 '조선 사회과학 학술집' 총서로서 『17세기 이후 우리나라 봉건사회의 몇 개 부문 학문 유산』 제1권에서 제6권까지였다.[133] 당시 이미 80세를 전후한 나이였다. 제1권과 제2권은 군사학, 제3권에서 제6권은 지리학을 다뤘다. 조선시대 문헌 사료를 정리하고 그것을 바탕으로 해당 주제를 개설한 내용이었다.

1993년 단군릉 발굴 이후 북한 역사학 그리고 주체사관은 이념과 실증의 조화라는 근대 역사학의 원칙에서 벗어나는 모습을 보였다. 민족이라는 이념만이 독주하면서 민족과 과학의 조화, 이념과 실증의 통일이 무너졌다. 아쉽게도 박시형 역시 이러한 흐름에 일조하는 모습을 보였다. 「중세 사서들에 반영된 고조선 력사관」이라는 글에서는 위서인 『규원사화』를 재평가하고 그 번역문을 해제와 함께 부록으로 첨부했다. 박시형은 "단군조선 력사 관계 문헌으로는 오래전부터 전해 오는 문헌들과 전승에 기초하여 서술된 특수사서(비사)들도 얼마간 있다. 이 특수사서들 중에서 특히 중요하다고 생각되는 것은 《규원사화》이다"라고 언급했다.[134]

〈그림 3〉은 김수경이 1980년대 말 캐나다에 살던 가족과 재회한 뒤에 건넨 사진이다. "홍안의 청년들이었던 반세기 전의 나날을 회상하며"라고 적힌 사진에는 신구현의 팔순을 기념해 모인 경성제대 동기들 모습이 보인다. 사진 왼쪽부터 신구현, 김수경, 박시형, 김석형, 정해진이다. 경성제대 독서회에서 시작된 인연이 평생 이어진 셈이다 정해진을 빼면

---

[133] 박시형, 1986~1994,『17세기 이후 우리나라 봉건사회의 몇 개 부문 학문유산』 1~6, 사회과학출판사(2012~2013에 나온 제2판을 참조했다).

[134] 박시형, 2010,「중세사서들에 반영된 고조선력사관」,《조선사회과학학술집》 고고학 연구론문집 4』, 사회과학출판사; 이형구 엮음, 1994,『단군을 찾아서: 단군릉 발굴 학술 보고집』, 살림터에도 논문 수록.

〈그림 3〉 신구현 팔순을 기념해 모인 경성제대 동기들(1992. 11)[136]

모두 학자의 길을 걸었다.[135]

경성제대에서 배운 식민지 청년들은 과학과 민족에 대한 신념을 해방된 조국 북한에서 구현하기 위해 애썼다. 다만 정치와 학문, 민족과 과학이 길항하는 가운데 점차 민족주의적 색채를 강하게 띠어 갔다. 김석

---

135 정해진은 1960년대 두 차례 남파되어 전남 보성의 가족을 찾았다. 1981년 터진 보성 간첩단 사건으로 그의 가족과 친지는 씻을 수 없는 아픔을 겪어야 했다. 김종군, 2014, 「분단체제 속 사회주의 활동 집안의 가족사와 트라우마」, 『통일인문학』 60 참조. 식민지 시기에서 간첩단 사건에 이르기까지 정씨 집안의 역사를 다룬 소설, 김민환, 2021, 『큰 새는 바람을 거슬러 난다』, 문예중앙도 참조.

136 김수경 유족 소장, 일본 同志社大學 이타가키 류타(板垣竜太) 님 제공.

형은 초기부터 북한 정권의 이데올로그로서의 역할을 자임했다. 고대사 연구에서는 임나일본부설을 비판하고 거꾸로 고대 한국이 일본 열도에 진출했다는 '삼한·삼국 분국설'을 주창해 남한 학계에도 큰 영향을 미쳤다.[137]

김수경은 마르크스주의 언어학에 입각해 한국어의 구조를 설명함으로써 북한의 어문 규정 확립을 주도했다. 말년인 1989년에는 『세 나라 시기 언어 력사에 관한 남조선 학계의 견해에 대한 비판적 고찰』을 집필하여 한민족이 오랜 기원을 가진 단일민족이라는 주체사관의 핵심 주장을 뒷받침했다.[138] 국문학자 신구현 역시 구순을 맞은 2002년에, 단군릉 발굴 이후 주체사관의 고조선 인식을 형상화한 '장편사화'를 잇달아 발표했다.[139]

신구현의 삶과 실천을 분석한 정종현은 코민테른의 국제주의 노선을 따르며 식민지 해방을 희구하던 청년 사회주의자가 말년에 이르러 단군조선의 서사화라는 '주체의 길, 고립의 길'을 걷게 된 역설을 지적했다.[140] 북한뿐 아니라 남한에서도 내재적 발전론에 입각한 역사 서술을 이끌어 온 역사학자들이 한국사의 특수성, 우수성에 집착하는 모습을 보이기도 한다. 민족과 과학의 조화가 어그러졌다는 점에서는 공통된다. 식민지 시기와 남북한의 학자들에게 어쩌면 과학이란 처음부터 민족을 위한 것

---

137 위가야, 2020, 「삼한·삼국 분국설의 구상과 파급」, 『사학연구』 137쪽 참조.
138 板垣龍太, 2021, 『北に渡った言語學者 金壽卿(1918-2000)』, 人文書院 참조.
139 신구현·리규춘, 2002, 『피 묻은 청동 단검』, 금성청년출판사; 신구현·리규춘, 2002, 『〈조선 역사 인물 이야기 그림책〉 성기(2): 고조선의 마지막 밤』, 금성청년출판사.
140 정종현, 「북으로 간 국문학자 신구현: 경성콤그룹 조직원에서 '주체' 문예학자가 되기까지」, 『연세대학교 근대한국학연구소 제26회 국제학술대회 복수(複數)의 한국학과 대면하기』(2022. 12. 16), 159쪽.

이었는지도 모르겠다.

  2001년 2월 28일 사망한 박시형은 애국렬사릉에 묻혔고, 2006년 1월 반일 애국렬사증이 수여되었다. 박시형은 "김일성상 계관인이자 노력영웅 원사 교수 박사"로서 소개되었다.[141]

---

[141] 『동아일보』, 2001. 3. 4; 본사기자 김명훈, 「공화국 력사에 뚜렷한 자욱을 남긴 지식인들: 관록 있는 력사학자 박시형」, 『로동신문』, 2018. 7. 22.

참고문헌

단행본

송기호, 2020, 『발해 사학사 연구』, 서울대학교 출판문화원.
이광린, 1999, 『한국 근현대사 논고』, 일조각.
정병준, 2009, 『〈한국 독립운동의 역사 56〉 광복 직전 독립운동 세력의 동향』, 한국독립운동사편찬위원회.
정준영, 2022, 『경성제국대학 법문학부와 조선 연구: 지양으로서의 조선, 지향으로서의 동양』, 사회평론 아카데미.
허종호, 1965, 『조선 봉건 말기의 소작제 연구』, 사회과학원출판사.

板垣竜太, 2021, 『北に渡った言語学者: 金壽卿 1918-2000』, 人文書院.

논문

김종군, 2014, 「분단체제 속 사회주의 활동 집안의 가족사와 트라우마」, 『통일인문학』 60.
김태윤, 2020, 「북한 간부이력서를 통해 본 일제 말 사회주의 운동과 네트워크의 연속성: 경성제국대학 법문학부 독서회 참여자를 중심으로」, 『한국독립운동사연구』 72.
도면회, 2002, 「북한의 한국사 시대구분론」, 국사편찬위원회, 『북한의 역사학(1)』, 국사편찬위원회.
심희찬, 2021, 「해방 이후 북한의 역사학계와 박시형: 혁명적 역사학의 조건들」, 『韓國史學報』 83.
오병수, 2018, 「民國時期 傅斯年 史學의 興衰: 과학주의와 민족주의의 연쇄」, 『歷史學報』 240.
위가야, 2020, 「삼한·삼국 분국설의 구상과 파급」, 『사학연구』 137.
李基東, 1988, 「〈특집 廣開土王陵碑〉 研究의 現況과 問題點」, 『한국사 시민강좌』 3.
이영호, 1987, 「조선시기 토지소유관계 연구현황」, 근대사연구회 편, 『한국 중세사회 해체기의 제문제(하): 조선 후기사 연구의 현황과 과제, 경제·사회 편』, 한울아카데미.
이정빈, 2021, 「1950년대 북한 역사교과서의 민족형성 이해와 한국사 체계의 변화」, 『韓

國史學報』83.

장신, 2011, 「경성제국대학 사학과의 자장」, 『역사문제연구』15-2.

정병준, 2016, 「식민지 관제 역사학과 근대 학문으로서의 한국 역사학의 태동: 진단학회를 중심으로」, 『사회와 역사』110.

정종현, 「북으로 간 국문학자 신구현: 경성콤그룹 조직원에서 '주체' 문예학자가 되기까지」, 『연세대학교 근대한국학연구소 제26회 국제학술대회 복수(複數)의 한국학과 대면하기』(2022.12.16).

홍종욱, 2011, 「"식민지 아카데미즘"의 그늘, 지식인의 전향」, 『사이間SAI』11.

_____, 2016, 「보성전문학교에서 김일성종합대학으로: 식민지 지식인 김광진의 생애와 경제사 연구」, 『歷史學報』232.

_____, 2017, 「중일전쟁기 조선 지식인의 통제경제론」, 『식민지 지식인의 근대 초극론』, 서울대학교 출판문화원.

_____, 2019, 「실증사학의 '이념': 식민지 조선에 온 역사주의」, 『인문논총』76-3.

_____, 2020, 「북한 역사학 형성에 소련 역사학이 미친 영향」, 『인문논총』77-3.

_____, 2021, 「1930년대 마르크스주의 역사학의 아시아 인식과 조선 연구」, 『한국학 연구』61.

_____, 2022, 「주체사관에서 인민과 민족의 자리」, 『역사비평』140.

沈熙燦, 2022, 「朴時亨の朝鮮史研究と「革命」への論理: 植民地主義とアジア的生産様式を超えて」, 『朝鮮学報』259.

通堂あゆみ, 2016, 「「選科」学生の受け入れからみる京城帝国大学法文学部の傍系的入学」, 『お茶の水史学』60.

通堂あゆみ・永島広紀, 2019, 「京城帝国大学に学んだ女子学生: 制度的な前提とその具体事例」, 『韓国研究センター年報』19, 九州大学韓国研究センター.

韓東育, 2013, 「東アジア研究の問題点と新思考」, 『北東アジア研究』別冊第2号.

4장

1960~1970년대 초 지식인들의 사유구조와 역사 서사

『창작과비평』을 중심으로

윤상현 | 경남대학교 역사학과 조교수

I. 머리말

한국 사회는 비서구권 국가로서 드물게 산업화와 절차적 민주화라는 양방향의 사회 발전 과정을 이루고 있는 사례로 주목받아 왔다. 산업화 과정에 관해서는 발전국가론부터 최근의 '개발 자유주의' 등 다양한 이론적 접근이 있었으나, 절차적 민주화를 가능케 한 사회 내부의 역동에 대해서는 상대적으로 이론화가 덜 진행되었으며 민주화 운동사라는 실증적 운동사의 한 분야로 한정된 측면이 강했다.[1] 현대 한국 사회를 분석할 수 있는 이론적 틀을 마련하기 위해서는 한국 사회의 역사적 발전 및 전개의 '계기적' 특성을 밝혀 줄 수 있는 전체적이고 지성사적인 접근이 필요할 것이다.[2] 한 사회 내부 지성계의 이념의 구성요소들과 전환의 역사들을 분석하는 것은 위의 역사적 과정을 객관화할 수 있는 방법 중 하나다. 이 글에서는 한국의 산업화 시기 지성계를, 사유구조와 그를 통해 구성해 낸 '역사 서사'라는 측면에서 접근해 봄으로써 각국이 근대에 만들어 냈던 서사들을 보다 비교사적으로 재고해 볼 수 있도록 시도해 보고자 한다. 한국에서 산업화 시기에 창간된 잡지 『창작과비평』(1966~1980)은 1960~1970년대를 거치면서 여론 형성 세력으로 발전해 갔으

---

* 이 글은 윤상현, 2023, 「1960~70년대초 지식인들의 사유구조와 역사서사」, 『인문논총』 Vol. 80 No. 2를 수정한 것이다.
1 개발 자유주의라는 최근의 문제의식에 관해서는 Chang Kyung-Sup, 2019, *Developmental Liberalism in South Korea: Formation, Degeneration, and Transnationalization*, Palgrave Macmillan 참조.
2 한국 현대 지성사에 대한 요청은 여러 학문 분야에서 다양한 이유로 지속적으로 제기되어 왔다. 일례로 백승욱, 2022, 「촛불의 오해, 차도(借刀) 응징, 그리고 자유주의라는 질문: 20대 대선 평가」, 『황해문화』 115호, 203~228쪽이 있다.

며, 이 잡지를 배경으로 발전한 분단시대론, 분단체저론, 동아시아론 등이 지속적으로 한국 지성계에 영향을 행사하고, 특히 현재까지 한국 사학계의 근현대사 인식에 영감을 주고 있다.[3] 이런 측면에서 이들이 구성해 낸 이념과 서사의 구조가 무엇이며, 어떤 주체를 형성하여 어느 방향으로 가고자 했는지를 파악하는 것은 한국의 산업화 과정의 지성사를 조망하는 작업뿐만 아니라 한국 근현대사의 지성사 전개 과정을 가늠하는 데 있어 중요한 사안이 아닐 수 없다.

기존의 『창작과비평』(이하 『창비』')에 관해서는, 1960년대 백낙청의 '시민문학론'을 공화주의라는 독자적인 이념체계로서 현재적으로 계승·재해석하고자 하는 견해가 있다.[4] 다른 한편으로 박현채 등 주요 필진들의 '근대화론'이 박정희 정부의 그것과 큰 차별성이 없었다는 비판적 논의도 제기되었다.[5] 또한 '민족문학론'을 주장했던 『창비』가 미학적 기반으로 소개한 신좌파 아르놀트 하우저(Arnold Hauser)의 이론이 반제적이지 않다는 측면에서 오히려 "미국의 입장을 세워주는" 측면이 있다는 비판도 제기되었다.[6]

기존 연구의 논의 과정에서 1960년대 시민문학론에서 1970년대 민족문학론으로의 전화 과정이 역사 속에서 내적 논리로서 규명되지 않음

---

3 한국사학계와 『창작과비평』 그룹의 인적 관련성에 관한 연구로는 다음을 참조할 수 있다. 신주백, 2014a, 「관점과 태도로서 "내재적 발전"의 분화와 민중적 민족주의 역사학의 등장: 민중의 재인식과 분단의 발견을 중심으로」, 『동방학지』 165, 193~233쪽; 이경란, 2010, 「1950~70년대 역사학계와 역사연구의 사회담론화: 『사상계』와 『창작과비평』을 중심으로」, 『동방학지』 125권, 339~383쪽.
4 김현주, 2014, 「1960년대 후반 문학 담론에서 '자유'와 민주주의 근대화주의의 관계: 『창작과비평』을 중심으로」, 『상허학보』 41집, 371~413쪽.
5 김보현, 2006, 『박정희 정권기 경제개발: 민족주의와 발전』, 갈무리.
6 임헌영, 2003, 「유신체제와 민족문학」, 『증언으로서의 문학사』, 깊은샘, 332~333쪽.

으로써 당대 지성사의 현재적 의미에 논란이 야기되고 있다. 이 글에서는 기존 연구 성과들에서 제기되었던 1960년대에서 1970년대로 전환의 문제와 4월 혁명 직후라는 역사적 상황뿐만 아니라 산업화의 상승기에 처해 있었던 당시 한국 사회에서 지적 행보라는 차원에서 당대 지성사에 접근해 보고자 한다. 이를 위해서 편집진 및 주요 필자들의 당대의 현실인식과 시기적 흐름 속에서 변하지 않는 가치체계의 경향성을 분석해 보고자 하였다.

박정희 정권의 근대화 드라이브에 대한 그들의 태도 및 현실인식을 분석해 보고, 그들의 사유에서 가치체계가 어떠한 것이었는지 살펴보고자 하였다. 특히 『사상계』(1953~1970), 『청맥』(1964~1966) 등 당시 매체들과 지향 및 운동의 주체 구성 면에서 어떤 차이를 보였는지, 그리고 역사 서사가 왜 문제시되는지 분석해 보고자 하며, 이 과정에서 각 매체들의 매체적 특성을 고려하여 민족문학론이 형성되는 1970년대 전반까지를 중심으로 분석을 시도하고자 하였다. 특히 이념적 지향은, 역사적 맥락 속에서 상대적으로 파악될 때 오히려 그 의미가 보다 객관적으로 파악될 수 있다는 측면에서 가능한 한 『사상계』, 『청맥』 등 당대의 매체들과 비교를 통해 그 역사적 의미를 보다 명확히 해 보고자 하였다. 『사상계』와 『청맥』이 권마다 편집장의 「권두언」을 두어 매체의 내용적 방향성을 정했던 반면, 『창비』는 소략한 「편집후기」만 있고 발행인이 직접 주요 논설을 싣는 형태를 취하고 있었다. 매체로서 『창비』의 편집방식은 『사상계』가 전문가집단으로 이루어진 편집위원회를 별도로 두고 일정 시기마다 편집위원회를 교체했던 것과도 다르고, 『문학과 지성』처럼 고정된 4인의 편집위원이 소회의 형식으로 매 호마다 소집되었던 것과도 차이가 있다.[7] 『사상계』와 같은 편집위원회 체제일 경우는 편집위원회가 구성되는 공통요소를 염두에 두고 주요 집필진들의 논설들을 분석해서 다기한 경향성들을 추출해 내야 한다면, 편집인이 문학비평가로서 전문성을 갖고 직접 편집하고 『창비』와 같이 1~2인 편집인체제로 일관되면서 편집인이 주요 논설을 통해 매체의 방향성을 이끌었던 경우 편집인의 논설들을 주요 분석의 대상으로 하고 주요 필진들의 논설과 비교하는 방식을 취하였다.[8]

구체적으로는 근대화와 분단문제, 운동의 주체 등 1960~1970년대 주요 사회적 이슈에 대한 관점을 분석하여 『창비』가 취했던 사회비평의 전체 스펙트럼을 파악한 후, 이러한 정치경제적 입장이 1960년대 『창비』에서 구성된 역사 서사에 어떠한 영향을 미쳤는지를 살펴보고자 하였다. 『창비』에 실렸던 문학 작품 및 문학이론에 관한 연구들을 제외한 경제비평 및 사회비평, 한국사에 관련된 국내외 주요 필진들과 편집인의 글을 주요 분석 대상으로 하였다.

---

[7] 『사상계』의 편집위원회 구성과 그 변천, 역할에 관해서는 윤상현, 2019, 「『사상계』의 시기적 변화와 '개인' 개념의 양상」, 『인문논총』 49, 157~168쪽 참조. 편집장이었던 장준하가 짧은 권두언을 제외하고 글을 실었던 경우는 학병 체험담을 담은 회고담에 가까운 에세이로 한정되었다. 『문학과 지성』의 편집위원회 운영방식에 관해서는 김병익, 2003, 「4·19 세대의 문학이 걸어온 길」, 『증언으로서의 문학사』, 깊은샘, 233~288쪽 참조.

[8] 1950~1960년대 문학잡지들의 편집체제의 차이에 관해서는 문학과비평연구회, 2004, 『한국문학권력의 계보』, 한국출판마케팅연구소 참조.

II. 끊임없이 확장되는 미래로서 '근대(화)'

4월 혁명 이후 제2공화국의 언론정책이 언론자유와 언론기업의 전파매체 허용이었다면, 5·16 이후 박정희 정부의 정책은 1,200여 종의 언론매체의 폐간과 언론의 기업화에 대한 전면적 지원이었다. 1962년 한국의 중립국 가능성을 암시한 『동아일보』 연재소설 『여수』(旅愁)의 게재 중지 이후, 1964년 『세대』에 '남북한 유엔동시가입'을 주장한 황용주의 구속으로 이어졌다.[9] 다른 한편 1962년 언론에 대한 기본방침 이후 『동아일보』의 라디오 방송국 허용, 삼성의 『중앙일보』 창간 허용, 문화방송의 『경향신문』 겸영 허용 등 언론의 기업화 지원을 핵심으로 체제내화가 추진되었다.[10]

1950년대 대표적인 종합사상지로서 적극적인 근대화를 추구했던 『사상계』는 1960년대 군사정권의 탄압과 더불어 경제적 근대화를 정권의 정당성 기반으로 삼으면서 이러한 박정희 정부의 근대화방략에 대한 동의 혹은 저항으로 양분되면서 약화되기 시작했다. 『사상계』 내부는 정권의 근대화 방향을 지지하면서 시민의식의 발양 등을 촉구하는 세력과 재벌 중심의 근대화에 반대하는 세력으로 양분되었다.[11] 한편 『한양』에 이어 비판적 민족주의 계열 잡지로 알려진 『청맥』은 외환위기와 그에 따

---

9 황용주, 이병주 등 당시 중립화 등을 주장했던 문인들의 상황과 내면 풍경에 관해서는 오창은, 2016, 「결여의 증언, 보편을 향한 투쟁: 1960년대 비동맹 중립화 논의와 민족적 민주주의」, 『한국문학논총』 72집, 5~39쪽 참조.
10 김민환, 2002, 『한국언론사』, 나남, 454~528쪽.
11 윤상현, 2014, 「1960년대 사상계의 경제 담론과 주체 형성 기획」, 『동국사학』 57권, 541~574쪽.

른 박정희 정부의 환율개정을 반대하고, 일본과의 한일협정 및 차관도입을 비판하면서 재벌 중심의 근대화에 반대하는 특집 기사를 지속적으로 게재했다.[12]

한일협정, 외환위기와 환율개정 등의 지형 속에서 1966년 문학종합지로 창간된 『창비』는 1) 서구 사회철학 및 사회비평 번역글, 2) 한국의 정치·경제·사회에 대한 분석 기사, 3) 편집자의 주요 논설, 4) 한국사 논문, 5) 한국 문학 작품, 6) 서구 문학 및 미학 번역글 등으로 구성되어 있었다. 1960년대 근대화를 비롯한 한국 경제를 분석한 논설은 주로 서울대 경제학과 교수 임종철을 중심으로 실렸고, 1970년대에는 보다 다변화되어 박현채, 이청산, 조용범, 유인호, 김성두, 정윤형, 주석균, 박용상 등의 글이 실렸다.

임종철은 1960년대 중반을 기점으로 산업화의 양적 성장이 두드러지던 시기에 "고이윤=고도성장이라는 공식이 환상이며, 1인당 국민소득이라는 개념이 고른 소득성장을 의미하지 않는다"는 점을 지적하였다. 또한 정부의 농산물 가격 억압 정책을 비판하면서, "자본축적은 경제발전의 10~14%를 설명하는 데 불과하고, 나머지는 노동생산성과 그 상승을 가능케 하는 기술변화"라 하여 공업이 농업 위에서 성장해야 한다고 주장하였다.[13] 또한 국제 관계에 관해서도 국가 간 균등발전을 추구하고

---

12 이덕주, 1965, 「특집 한국의 타부들: 난공불락의 제국 재벌」, 『청맥』 1월호; 임종철, 1965, 「특집 한국의 독점산업: 한국재벌의 사회적 책임」, 『청맥』 3월호; 구석모, 1965, 「한국독점산업의 특질」, 『청맥』 3월호; 문동하, 1965, 「독점폭리의 규모」, 『청맥』 3월호; 김성두, 1965, 「특집 추악한 재벌들: 제도적 모순과 악덕재벌」, 『청맥』 11월호; 정윤형, 1965, 「예속 빈곤 안고온 재벌」, 『청맥』 11월호; 염길정, 1965, 「걸어온 길 천민자본주의」, 『청맥』 11월호.

13 임종철, 1966, 「경제이론의 시녀성과 객관성」, 『창비』 봄호.

선진국/저개발국 간의 소득 격차의 심화를 논한 1960년대 칼 군나르 뮈르달(Karl Gunnar Myrdal, 1898~1987)의 저개발국이론을 소개하였다.[14]

임종철이 1960년대 박정희 정부하의 경제성장이 개인의 경제 소득의 증가로 이어지지 않을 수 있다는 점과 농공 격차, 선후진국 간 격차 등을 비판하면서 경제적 격차의 해소를 지향했다면, 1960년대 한국 사회 근대화의 방향과 그 개념에 대한 편집진의 인식에는 일정한 차이가 있었다. 1960년에서 1970년대까지 『창비』 편집인 백낙청의 현실인식에는 한국의 후진성, 낙후성에 대한 강조가 있었으며, 이 낙후성을 극복하는 것으로 적극적인 근대화가 추구되었는데, 이때 근대화는 일차적으로 산업화를 의미했다.

> 여기서 까뮈의 〈바다와 별들의 세계〉를 해묵은 음풍농월과 혼동하거나 로오런스를 업고 한국의 산업화를 막아 보려는 짓은 싸르트르의 이름으로 맹목적 행동주의로 뛰어드는 것과 똑같은 넌쎈스일 것이다. … 20세기라는 시대가, <u>산업화 안하고도 한국이 정치적 주권과 문화적 창조능력을 가질 수 있는 시대냐 아니냐는 우리가 정하는 문제가 아니다.</u> … 남은 것은, 우리 힘으로 어찌 못할 큰 변동 속에서 우리의 예지와 노력과 용기에 달린 가치들이 얼마나 살 수 있을 것인가는 문제뿐이다.[15]

이미 근대화가 시대적 과제가 된 상황에서 근대화 자체에 문제제기를

---

14 임종철, 1966, 「구나르 미르달의 세계」, 『창비』 봄호.
15 백낙청, 1966, 「새로운 창작과 비평의 자세」, 『창비』 봄호, 34쪽(이하 인용문의 밑줄 등 강조 표시는 필자에 의한 것임).

할 수 없으며, 그 근대화를 '통해서' 추구하려는 가치가 무엇이냐가 중요하다는 논의를 통해서 '어떤 근대화여야 하는가'에 대한 의제를 비껴갔다고 할 수 있다. 당시에는 1965년 한일협정을 둘러싼 반대 데모를 둘러싸고 근대화를 어떤 방식으로 할 것인가, 근대화를 위한 외자도입 문제에 관해 지식인계의 논란이 지속되고 있었다.

> 세계제일의 저소득국민이란 영광을 차지케 된 환율개정의 그늘엔 민족 자본 영세화의 촉진제가 도사렷고 국가산업 쇠퇴의 근인이 숨었으니 위정자는 모름지기 효율적인 원조의 본질을 파악하기에 민족적 양심으로 대오일심해야 할 줄 안다. … 우리의 국권을 약탈하고 겨레를 침략의 도살장으로 몰아 놓은 민족의 원수에게서 엎드려 절 받는 식의 경제협조를 빙자한 차관이란 이름의 위장된 고리채를 쓸 수야 있겠는가?[16]

『청맥』 발행인 김진환의 「권두언」은 1961년, 1964년의 외환위기를 비판하며 그에 따른 박정희 정부의 환율개정을 반대하고, 일본과 한일협정 및 일본으로부터의 차관도입을 강도 높게 비판하였다. 『청맥』 창간사와 이후 권두언에는 일본 침탈의 역사를 특집으로 다루고, 기획기사들로 일본의 침탈로 인한 민족적 수난의 역사, 그로 인한 한국인의 병리를 다루었다.[17] 반면 『창비』의 발행인 백낙청은 반일주의브다는 근대화에

---

16 김진환, 1964, 「권두언-역사에 살아야 한다: 민족적 양심에의 복귀를 촉구하면서」, 『청맥』 9월호.
17 '특집 아아 이 민족이 수난'이라는 주제하에 임진왜란, 병자호란, 열강경쟁하의 구한말, 일제의 경제침탈, 일제무단통치의 본질, 민족적 수난과 한국민의 병리 등을 다루었다. 이현종, 1964, 「임진왜란과 한민족의 수난」, 『청맥』 8월호; 심우준, 1964, 「병자호란과 우리의 수난」, 『청맥』 8월호; 이종린, 1964, 「열강경쟁하의 구한말」, 『청맥』 8월

더 큰 방점을 두었던 것으로 보인다.

> 한일국교로 열리는 우리 현대사의 새로운 시기가 창작과 비평을 위한 무슨 행운의 전기를 마련해 주려니 하고 비는 것처럼 허망한 짓은 없다. 그러나 한일경제유대로 비록 일시적이고 피상적인 경제사정의 호전이라도 이룩된다면, 어느 정도의 물질적 여유를 전제하는 문학으로서는 새로운 행동반경을 얻는 것이 사실이며, 자극된 민족감정은 문학인의 헝클어진 방향 감각을 바로잡아 줄지도 모른다. 한일국교에 임하여 불만과 뉘우침과 두려움이 많은 대로 우리 문학은 또 하나의 기회를 내다보게 되었다.[18]

백낙청은 물질적 근대화가 전제되어야 문학 등 문화적 발전이 이루어질 것이라는 기대감을 보이며 1965년 한일협정에 대해서도 현실주의적으로 접근하고 있었다. 기존의 연구에서는 『한양』, 『청맥』과 『창비』를 민족주의/민족문학 계열이 계승된 것으로서 유사한 현실인식을 가진 것으로 보았으나,[19] 근대화를 위해 한일협정도 마다하지 않았다는 점에서 『창비』는 『청맥』 발행인 계열의 반일주의적 민족주의와 차이를 보였다. 이러한 근대화에 대한 인식은 후술할 식민사학의 극복을 최우선 과제로 내세웠던 당대 역사학계의 김용섭 등과도 차이를 보이는 것이었다.

1960년대 백낙청은 근대화에서 근대화의 방향, 속도, 그 성격이 빈부

호; 김책, 1964, 「일제의 경제침탈」, 『청맥』 8월호; 김대상, 1964, 「일제무단통치의 본질」, 『청맥』 8월호; 이철범, 1964, 「민족적 수난과 한국민의 병리」, 『청맥』 8월호.
18 백낙청, 1966, 앞의 글, 38쪽.
19 대표적인 연구서로는 하상일, 2008, 『1960년대 현실주의 문학비평과 매체의 비평전략』, 소명출판이 있다.

격차가 덜한 방향이라거나 수많은 스펙트럼이 가능한 문제에 대해서는 거의 언급이 없었으며 특혜반대나 공정거래 등 시장의 공정성에 관한 것으로 논의를 한정하였다.[20] 산업화가 재벌 중심일지 혹은 중소기업 중심일지, 누구를 위한 근대화일지, 그 근대화의 방향에 관해서는 거리를 두었다.

또한 "민족의 궁극적 통일과 한국사회의 자유화 및 근대화라는 역사적 과제"라는 표현에서도 보이듯이 후진성 극복을 위한 산업화로서 근대화는 통일과 연동되어 있었다. 분단문제에 대한 인식은 근대화와 더불어 1960년대 『창비』 편집인 백낙청의 매 주요 논설에서 지속적으로 등장했다.

> 일본의 식민지 통치가 끝난 대신 국토의 양단과 6·25사변, 그리고 그 뒤로 더욱 硬化된 남북의 분단상태가 오늘까지 계속되고 있다. 이러한 상황에 우리문학은 특히 우리의 수많은 역사물·작가들은 어떻게 대응하여 왔는가?[21]

역사학에서 1973년 '분단시대'라는 용어가 회자되기 이전에 통일은 이미 1960년대 민족주의 계열 지식인들의 공통된 현실인식이었다고 하겠다. 다만 『세대』, 『청맥』 등이 중립화 통일안처럼 구체적이고 정책적인 통일방안을 동반한 통일지향이었다면, 『창비』의 통일지향은 문화적인

---

20 "양단된 국토에 살며 (최근 경제윤리강령의 제정을 보고 어느 경제학자가 분개했듯이) '금융특혜요구, 연체대부상환지연, 부정축재 환수금 납부거부, 탈세, 고가격조작, 덤핑, 공정거래법제정반대' 등이 활개 치는 것을 목격해온 작가의 갈등과 긴장과 저항의식이 스며드는 것을 말한다." 백낙청, 1966, 앞의 글, 20쪽.
21 백낙청, 1967, 「역사소설과 역사의식」, 『창비』 봄호, 40쪽.

동질성 회복에 보다 가까운 것이었다.[22] 1960년대 『창비』에는 통일과 근대화=산업화를 위한 지식인의 역할, 세계문학 수준의 한국문학 혹은 동양역사의 갱생 등이 강조되었다.

그런데 1969년에 이러한 '근대화' 인식은 보다 이상적 가치를 추구하는 것으로 변모한다. 근대화 과정에서 어떤 가치를 남길지에 대해서 백낙청은 이를 시민의식으로 정의한다.

> 봉건영주의 지배에서 벗어나 독자적인 정치적 권리를 획득함으로써 … 농민들에 비하면 처음부터 뚜렷하던 이들의 단체의식은 자신의 공동운명과 사회적 위치를 명백히 인식하며 필요하다면 실력을 행사해서라도 <u>봉건적 제약을 철폐하겠다는 하나의 주체적인 시민의식으로 발전하는 것</u> … 우주내에서 플라톤적 〈설득〉의 원칙으로서의 〈이성〉, 그 움직임의 추진력으로서의 〈사랑〉(플라톤철학의 에로스), 그리고 그러한 이성과 사랑의 역사적 구체화로서의 〈시민의식〉 ….[23]

백낙청은 근대화를 이룬 서구의 에센스를 자유와 사랑을 추구하는 '시민의식'이라고 본다. 봉건성에 투쟁하던 시점의 부르주아문화를 희구하면서 이러한 '혁명적' 의식을 시민의식으로 명명하는 바, 결국 시민의식이란 서구와 같이 봉건성과 투쟁한 근대화를 지향하는 것이며, 그 근

---

22 "우리가 단일민족이요 통일국가가 되어야 함을 거리낌 없이 주장하는 첩경은 문학을 통해 민족감정을 표현하는 것이며 같은 언어 같은 풍습의 소유자들임을 거기서 재확인하는 길이다. 따라서 한국문학은 … 역사적 운명공동체인 한국민족의 가장 애타는 소망을 대변하는 것이 된다. … 한국의 잠재독자층이 휴전선 이남의 대중에 국한된 것이 아님을 우리는 새삼스레 느낀다." 백낙청, 1966, 앞의 글, 29~30쪽.

23 백낙청, 1969, 「시민문학론」, 『창비』 여름호, 463쪽.

대화의 지향점은 '자유'와 '사랑'이 실현된 어떤 이상적인 순간이다.

> 모든 世界進化적 세력이 〈사랑〉과 〈자유〉의 동의어로서의 참다운 시민의식으로 일체화할 때 인류가 현재의 인류로서는 개념화하기조차 힘든 어떤 높은 경지, 〈超人化〉라 부르건 〈成佛〉이라 부르건 우리로서는 어렴풋이 짐작만 하거나 개별적인 은총의 순간에야 홀연히 깨칠 수 있는 어떤 경지에 함께 이르리라는 가르침을 우리는 만해의 불교사상에서 얻을 수 있다.[24]

근대화는 서구문화의 에센스를 실현할 수 있는 이상적인 것으로 설정하고 그 주체를 사상적으로 일체화된 연합으로 상정하는 것은 당대 지식인들 사이에서 상당한 흡입력을 발휘하였다. 근대화를 산업화로 상정했다가 다시 봉건성과 투쟁하고 자유와 사랑의 이상적인 서구문화의 에센스를 실현하는 것으로 변화되었다면, 1970년대에는 봉건성과 투쟁에 더해 한 단계 더 나아갔다.

> 염무웅씨는 "민족의 염원에 합치되는 참된 근대화, 즉 봉건적 속박과 제국주의적 침략을 철폐하고 모든 식민지적 매판적 근대화의 기만성을 폭로하는 역사적 과업이 여전히 완수되지 않은 상태에 있다면" 근대문학 역시 아직 완성의 단계에 이르렀다고 볼 수는 없다고 주장했다. 이 주장은 근대를 보는 관점이 종래와는 다르다는 것이 지적되어야 한다. 즉 외세의 존적 근대화를 부인하고 민족주체에 의한 근대화를 주장하며 그것도 발

---

[24] 백낙청, 1969, 위의 글, 490쪽.

전과정을 중요시하기보다는 결과를 높이 평가하는 관점을 취하고 있다.[25]

1970년대 염무웅은 근대화의 정의를 "봉건적 속박과 제국주의적 침략을 철폐하고 모든 식민지적 매판적 근대화의 기만성을 폭로하는 역사적 과업"이 완수되는 것으로 상정하였다.[26] 염무웅의 근대화에 대한 이러한 정의는 근대사·근대문학·근대의 기점을 1945년 8월 15일로 상정한 것으로 분류되었다.[27] 『창비』 편집진의 '근대화' 인식은 근대화를 산업화로 정의했던 것에서 나아가, 봉건성에 저항하고 자유와 사랑의 이상적 서구문화의 에센스를 실현하는 것으로 심화되고 1970년대 다시 (신)제국주의적 침략을 철폐하는 것이 완수되는 것까지 포괄하는 것으로 확대되었다. 『창비』 편집진의 '근대화'에 대한 사유구조는 근대화를 끊임없이 보다 이상적인 것으로 확대함으로써 '근대(화)'를 지속적으로 달성해야만 할 어떤 것, 달성되어야 할 미래로 상정하는 것이었다.

III. 운동의 주체 구성: 반개인주의적 사상의 일체화

1966년 『창비』 편집진이 추구했던 근대화에서 그 추진 주체는 지식인과 작가였고 이 지식인과 작가들이 민중의 저항을 가로맡고 근대화의

---

25 임헌영, 1975, 「近代文學史 論考」, 『창비』 봄호, 80쪽.
26 염무웅, 「근대문학의 의미」, 『대학신문』, 1971. 10. 11.
27 임헌영, 1975, 앞의 글, 76쪽.

이상을 제시해야 하는 존재로 호명되었다.

> 한국에 관한 한, 민중의 저항을 가로맡고 근대화를 위한 가장 보편적인 이상을 제시하며 실천하는 역사의 주동적 역할을 작가와 지식인이 맡아야 한다는데에 딴 말이 있기 어렵다. … '작가와 비평가가 힘을 모으고 문학인과 여타 지식인들이 지혜를 나누며 대다수 민중의 가장 깊은 염원과 소수 엘리뜨의 가장 높은 기대에 보답하는 동시에 세계문학과 한국문학 간의 통로를 이룩하고 동양역사의 효과적 갱생을 준비하는 작업'….[28]

1960년대 수준 높은 문화적 근대화를 추구하기 위해서 행동해야 하는 주체는 작가와 지식인이며, 이들에게 민중의 염원을 대변하고 그들을 이해하는 소수 수준 높은 엘리트들의 기대에 부응하는 역할이 주어졌다고 하였다. 이 시기까지 민중은 "자신의 깊은 염원"을 자각하기 어려운 존재로 근대화에 관련된 그들의 소망조차 지식인에 의해 표현되어야 할 존재로 그려진다.

그러나 1969년에는 근대화 과정에서 살아남게 할 가치로서 '시민의식'이 표명되면서, 운동의 주체가 변화한다. 여기서 시민의식은 근대적 시민계급·부르주아지들의 정신을 의미하지 않는다. 역사적으로 시민=부르주아지는 금융자본으로 상층지배계급이 된 계층과, 자본을 소유하지도 노동자도 아닌 프티부르주아지로 분화되었는데, 일단 이들 신중간계급인 소부르주아지는 시민의식을 공유할 세력에서 제외되어야 한다.

---

[28] 백낙청, 1966, 앞의 글, 34~38쪽.

엄연히 시민계급의 일원이면서도 시민계급의 제반 지배적 결정에는 참여 못하고 그런데도 자신이 지배계급의 구성원이요 자립자족적인 시민이라는 환상은 끝내 고집하고 있으며 바로 그러한 자가당착적 처지와 자기이해의 결핍 때문에 <u>극도로 무책임한 개인주의와 극도로 감정적인 집단주의 사이를 무정견(無定見)하게 방황하면서 해소할 길 없는 원한과 허무감과 피해망상증에 시달리고 있는 현대사회의 수많은 시민들</u>—이들을 우리는 中小企業家니 小商人이니 또는 현대적 新中間階級이니 하는 식으로 계층 구별함이 없이 통틀어 小市民이라 불러도 좋을 것이다. 이렇게 규정해 놓고 보면 소시민이란 그 자신이 잘 살겠다는 집념이 강한 만큼이나 살아 있을 이유가 희박한 인간형이라는 느낌을 주기도 한다.[29]

여기에서 중소기업가, 소상인, 현대적 신중간계급 등을 포함하는 소부르주아지는 "무책임한 개인주의와 감정적 집단주의 사이에서 방황하는" 존재로서 이 (문화적) '근대화' 운동에서 배제된다. 흔히 계급·계층론에서 지식인들, 문인들이 소부르주아지로 분류된다는 점을 고려한다면, 앞서 언급된 작가, 문인 및 지식인들의 주도적인 역할론과 일견 모순되는 것처럼 보인다. 그렇다면 이 시민문학론에서 "살아 있을 이유가 희박한 인간형"인 소시민은 계층이라기보다는 이 근대화운동에 대한 태도 혹은 역사의식·사회의식과 관련된 것일 것이다.

현실과의 절충을 통한 <u>새로운 입장이 선택되어야 했을 때 위험에 관여할 것을 단념함으로써 안전지대로</u>—세상이야 어찌됐든 나만을 건드리지 않

---

[29] 백낙청, 1969, 앞의 글, 462쪽.

으면 만족한다는 태도로 물러선다. 이제 그의 소극적 개인주의는 사회현실과의 강요된 충돌을 거쳐 모든 가치에 대한 니힐리즘으로 귀착된다. 그냥 기분 내키는 대로 남에게 해로운 짓이나 않으면서 살아가면 그만이라는 것이다. 이것이 옳으니 저것이 그르니 하고 따지는 것은 질색이다.[30]

그 태도란 "보다 나은 사회를 이룩하겠다든지 하는 적극적 의욕의 산물이 아니라, 개인의 좁다란 영토를 침해받지 않겠다는 자기보호 본능의 안간힘"으로 묘사되며, 이는 "소시민적 속물"의 태도로 귀결 지어진다. "현실도피적 순응주의" 혹은 동일한 말로 "소극적 개인주의"로 표현된다. 보다 나은 사회를 만들려는 옳은 입장과 태도를 선택하고 일단 그것을 찾으면 이를 지켜 내고 적극적으로 실천하려고 하지 않는다면 이는 비난받아야만 할 개인주의적 태도로 규정되었다. 특히 이 산업화 및 근대화의 시기에 개인주의는 "최신의 개인주의나 허무주의"로서 반복적으로 비판의 대상으로 언급된다.[31]

'소극적 혹은 무책임한' 개인주의에 반하는 시민의식은 자유와 사랑이라는 서구문화의 정수가 담긴 근대화의 이상적 의식을 통해서 소수의 지식인과 대다수의 민중과의 연대를 가능케 한다. 시민이란 결국 근대화 '혁명' 혹은 근대화 '개조'에 급진적으로 참여하는 세력이며, 계층적으로는 이러한 봉건성에 투쟁하는, 근대화 지향성을 공유한 "대다수 민중과

---

30 염무웅, 1968, 「선우휘론」, 『창비』 겨울호, 649쪽.
31 "전통경시, 현실 은폐로 특징지어진 어설픈 개화에서 동물적 본질을 얄보는 아모로젠 아우라몬하는 식의 구역질나는 애정론이 나타난 것도 우연이 아니며, 현대인의 감정이니 현대적 성관계를 자랑스레 내세우는 최신의 개인주의 내지 허무주의도 같은 나무의 다른 잎새에 지나지 않는 것"(백낙청, 1969, 앞의 글, 482쪽).

소수의 지식인"의 연합이다. 다만 여기에서 개인주의와 허무주의에 빠져 있는 소시민은 배제되어야 하며, 시민의식이란 결국 근대화 우위의 가치체계로 보아야 할 것이다. 이러한 근대(화) 운동은 달성되어야 하고 추구되어야만 할 미래적이고 이상적인 어떤 것이다.

이 근대화운동을 이상적인 어떤 것으로 상정할수록 이 이상적인 '시민의식'으로 모든 세력이 일체화되는 것, 혹은 그 내부 세력의 일체화, "사상적 일체화"라는 특징적인 지향을 보인다.

> 우리가 소설의 문제건 영화의 문제건 시·그림·음악·건축의 문제건 <u>사회 전체의 참다운 시민화</u>, 진정한 자유와 평등과 우애의 현실화를 떠나서 생각할 수 없다고 믿는 것도 그 때문일 것이다.[32]

백낙청은 "모든 세계진화(世界進化)적 세력이 〈사랑〉과 〈자유〉의 동의어로서의 참다운 시민 의식으로 일체화"하는 것을 "사회 전체의 참다운 시민화"라고 부르면서 이를 이상적인 상태로 희구한다.[33] 사랑과 자유를 지향하는 '시민의식', 그 시민의식의 실현 과정으로서 역사를 구성하는 내러티브에는 이러한 사상적 일체화와 더불어, 개인주의와 개인 원자화에 대한 비판의 강조로 이어진다.

'근대화'를 지향하는 '시민의식', 그 시민의식의 실현 과정에서 개인주의 비판과 더불어 또 다른 특징으로 일종의 공동체주의적인 희구도 엿보인다. 개인주의와 개인 원자화에 대한 비판은 D.H.로런스(David

---

32 백낙청, 1969, 위의 글, 474쪽.
33 백낙청, 1969, 위의 글, 490쪽.

Herbert Lawrence)에 대한 선택적 소개에서도 나타난다.

> 시민의 큼직한 제스추어를 통해 자존심과 긍지를 갖고 단결하게 해주는 공동체의 본능을 좌절시켰기 때문 … 건전한 시민적 양식이야말로 로렌스 문학의 핵심 … 고정된 공민정신이 아니라 "믿음을 가진 공동체의 일원이 되어, 채 실현 안 된, 어떠면 채 인식되지 조차 않은 어떤 목적을 실현하려고 활동하고 있을 때 자유로운 것"(《미국고전문학연구》 1장)이라고 말할 적의 〈자유〉와 동의어로서의 〈시민의식〉인 것 … 서양문명의 테두리조차 완연히 넘어선 문제….[34]

백낙청은 로런스 문학의 핵심을 '건전한 시민적 양식'으로 보면서, 로런스가 말한 자유를 시민의식으로 전유한다. 그런데 영국의 문화사회학자 레이먼드 윌리엄스(Raymond Williams)는 로런스가 생애 말년에 영국을 떠나 한때 미국의 소도시에 작은 공동체를 만들어 생활하며 지향했던 공동체를, "인간은 생생하고 유기적이고 믿음을 가진 공동체의 일원이 되어 채 실현 안 된, 어쩌면 채 인식되지 조차 않은 어떤 목적을 실현하려고 활동하고 있을 때 자유로운 것"이라는 부분을 다음과 같이 해석한다.

> 생생하고 유기적이고 믿음을 가진 공동체는 … 노동자의 아들 로오렌스의 비극은 그가 살아서 집에 돌아오게 되지 못했다는 사실이다. … 후년에 로오렌스는 산업주의의 압력이 가장 표면화되고 뚜렷했던 광산지대를

---

[34] 백낙청, 1969, 위의 글, 479~480쪽.

다시 찾아보고 나서 … 이에 대한 창조적 반응으로 채털리부인의 연인을 채우고 있는 직접적 관계에 대한 인식을 형성하였다. … (산업주의체제의: 필자)「야비한 강제」에 의해 부정됐으나 도리어 그 강제를 폐지할 수도 있을 인간의 생명력에 대한 그의 필생의 탐구가 이제 그 클라이막스에 도달한 것이었다. … 돈과 재산을 위한 경쟁에의「야비한 강제」에서 벗어나는 길은 … 상투적인 성의 강조가 아니라 이것 역시「자아의 중추」로 되돌아가는 일이며, 온전한 성적 관계를 비롯한 모든 온전한 관계들이 거기서부터 생성될 수 있다는 것이다.[35]

윌리엄스의 해석을 따라가 보면 로런스의 공동체에는 1) 노동자 가정에서 겪은 로런스 자신의 어머니와 가족공동체 생활의 경험, 2) 개인이 생존하는 데 필요한 기초적 노동조차 분업화된 자본주의적 삶에 대한 회의, 3) 반(半)농 반(半)도시에서 경험했던 유년기의 긍정적 기억, 4) 산업주의체제가 야기한 대중의 원자화에 대한 비판이 녹아들어 있다. 로런스는 공동체를 언급했던 글에서 고향 노팅엄을 회상하며 고향은 산업화에 의해 획일화된 산업도시가 되었지만 미국이나 파리의 도시들에서 그가 목도했던 도시민적 문화의 마인드도 여전히 결여되어 있음을 개탄했던 것이다.[36] 로런스에게 이 공동체는 산업주의체제에 의해 부정된 어떤 것, 어린 시절의 가정이나 새로이 구성할 소규모의 소도시공동체, 혹은 더 나아가 '자아의 중추'로 돌아가게 만들어 줄 어떤 관계다.

---

35 윌리엄스 지음, 백낙청 옮김, 1966,「로오렌스와 산업주의」,『창비』여름호, 354~355쪽.
36 D. H. Lawrence, 1929·1930·1936·1954, "Nottingham and the Mining Country", written 1929, the New Adelphim, June-August, 1930, Phoenix, 1936, Selected Essays, Penguin Books, 1954, pp. 121~122.

반면 백낙청은 이 공동체논의를 전유해서 산업화의 근대화, 봉건성과 투쟁하는 공동체로 환원했으며, 그 근대화 추구의 과정을 자유와 사랑이 넘쳐나는 곳, 서구조차 도달해 보지 못한 서구적 근대를 뛰어넘는 어떤 근대로 제시했다. 그리고 이 과정을 이끌 소수 선각적 지식인과 이끌릴 다수 민중의 연합을 상정하였으며, 이 연합체가 그 내부에서 '사상적 일체화'로 이끌릴 것을 추구하였다.

1960년대 말에 이르면, 박정희 정부의 조국근대화와 '제2경제의 정신적 근대화운동'의 구호는 국민적 동원에 더는 효과적으로 작동하기 어렵게 되었고, 근대화가 민족중흥의 사명임을 강조하는 국민교육헌장 제정과 국사교육을 강화하는 교육 과정 개정이 이루어졌다.[37] 10여 년의 급격한 자본주의적 산업화는 전태일 분신에서 나타난 열악한 노동조건과 빈부격차, 도시와 농촌의 격차, 도시빈민 등을 양산하였다. 이러한 사회적·경제적 변화를 배경으로 1970년대에 『창비』 내부에서는 집단적 주체로서 농민과 민중에 대한 환기가 있었다.

염무웅은 "국토의 대부분이 농촌이요 국민의 절반이상이 아직 도시인이 아닌 마당에서, 역사적 결정권에서 소외되었으면 소외된 대로의 그들의 삶이 결코 소외되어서는 안 되는 삶"을 환기시켰고,[38] 신경림은 농민을 비롯한 도시 변두리, 판자촌의 도시빈민, "실의의 실직자, 악착스러운 생활인, 어리석은 농삿군"을 "민중"으로 호명하였다.[39]

---

37 장영민, 2007, 「박정희 정권의 국사교육 강화 정책에 관한 연구」, 『인문학연구』 34권 2호, 456~458쪽.
38 염무웅, 1970, 「농촌 현실과 오늘의 문학」, 『창비』 가을호.
39 신경림, 1973, 「문학과 민중: 현대한국문학에 나타난 민중의식」, 『창비』 봄호.

서양자본주의가 세계를 지배한 이후의 후진제국에 있어서 도시는 본질적으로 서구의 세계지배를 자국의 농촌에 전달하는 매판적 성격을 지니고 있으며 따라서 그러한 곳에서의 올바른 근대문학은 농촌에서 태어날 수밖에 없는 것이다. 적어도 농촌사람의 눈으로 파악된 문학이 민족문학의 바탕으로 될 수 있는 것이다.[40]

염무웅은 서구에서 도시는 자유와 근대의 상징이지만, 후진국에서 도시는 농촌에 의존적이며 매판적이기 때문에 이러한 근대와 자유의 역할을 농촌이 맡을 수밖에 없다고 주장하였다. 이러한 변화 속에서 1973년 백낙청의「문학적인 것과 인간적인 것」은 이 문화적 근대화운동의 주체가 다시 한 번 재구성되는 과정이었다고 할 수 있다. 운동의 주체로서 1960년대의 소수 선각적 지식인과 민중의 연대라는 엘리트주의적 지식인-민중관에서 민중의 역할에 보다 방점을 두는 단계로 변화하였다.

우리가 양심의 문제를 논하고 <u>역사의 문제를 논할 때 어느 개개인의 고매한 이상이 아닌 다수 민중의 의식과 움직임을 중요시하는 뜻이 여기 있</u>다. … 사회적 부의 소유에서 소외된 민중이나 국제적 부의 경쟁에서 뒤떨어진 민족에게도 그 역사적 사명과 창조적 에너지를 인정한다는 것은 바로 그러한 인간에 대한 신뢰와 애정의 실천 이외에 아무것도 아니다. … 각성한 민중의식이란 이상은 없고 사명만이 남은 경지라고 표현해도 좋겠다.

---

[40] 염무웅,「올바른 근대문학은 농촌에서 태어나는 것」,『대학신문』, 1971. 9. 20.

우리가 강조하는 양심이란 것도 벌거벗은 본마음 그대로의 상태에서 민중과 한 몸이 되고 만인과 형제처럼 결합하는 경지를 말한다. … 이상주의를 넘어선 새로운 〈親民〉의 사명으로 파악할 필요를 느끼는 것 ….[41]

사회적 부에서 소외된 민중에게도 역사적 사명과 창조적 에너지가 있음을 인정하면서, "상류계급층이나 도회생활의 현란한 문화보다도 자연의 질서와 민중적 공동생활의 전통에 뿌리박은 삶을 본질적인 의미에서 더 인간다운 삶이며 올바른 역사발전의 터전"이라고 보고 현실적 여건에도 불구하고 "전원적 농민적 기반을 지킬 수 있는 대안의 비전"[42]을 주장한다. 여기에 민중언어의 사용, 민중과의 연대의식을 강조하는 역사의식을 제시하였다.[43]

1960년대 이들은 개인주의와 원자화에 대한 비판, 사상적 동질성에 기초한 공동체주의를 지향한 통일과 (문화적) '근대화' 운동을 추구하였다면, 1970년대에는 민중의 창조적 에너지를 인정하면서 이 운동을 "광의의 문화적 인간해방운동", "문화운동"으로 확대 명명하여, 통일을 민족

---

[41] 백낙청, 1973a, 「문학적인 것과 인간적인 것」, 『창비』 여름호, 445쪽.

[42] 백낙청, 1973b, 「시와 민중언어: 워즈워스의 『서정담시집』서문을 중심으로」, 『세대』 12월호.

[43] "역설적으로 우리가 요구하는 〈시민의식〉은 농촌에서 강하게 나타나며 우리가 바라는 〈시민문학〉이 농촌문학의 형태로 나타난다. 제국주의시대에는 도시 농촌이 다른 성격을 띤다. 원래 서구시민혁명 당시의 런던이나 빠리는 범민족적, 민중적 에너지의 집결체로서 그 에너지를 혁명적 의식으로 승화시키는 역할을 했던 데 비해, 후진국의 도시들은 민중의 의식과 정력을 집약한다기보다 생소한 사회의 의식과 정력을 민중에게 전달한다 … 여기에서 민중적 체험에 근거한 농민문학의 〈시민문학적〉 의의가 생긴다. 농촌현실을 통해 도시현실의 어떤 근본적인 역사적 성격을 포착하는 문학" 백낙청, 「한국문학과 시민의식」, 『독서신문』 1974. 10. 6.

문화 전체 혹은 문화 전체의 것으로 구성하였다.[44]

1970년대 한국 사회는 제2차 경제개발 이후 일정 수준의 경제성장을 이루기 시작했고 대중매체에서는 '마이카 시대', '복부인'을 부르짖는 대중소비의 시대로 진입하기 시작했다. 산업화와 짝을 이루는 이촌향도의 대규모 도시화가 진행되면서 이제 막 형성되기 시작한 한국 사회의 중간계급의 대부분이 농촌에서 도시로 이주한 세대였으며, 그중 일부 지식인은 어린 시절 북한에서 월남한 세대였다. 대규모의 급격한 도시화와 산업화, 대중문화화가 야기하는 가장 큰 문제는 급격한 문화적 변화가 초래하는 정체성의 혼란, 뿌리 없는 대중, 정서적 공동화, 전통 종교 및 신념의 부재 및 공동화였다. 1970년대『창비』지식인들이 문화적 운동을 확대하기 위해 동원한 전략은 '시민'보다 감성적이고 신념에 가까운 '민족'으로 호명하는 것이며, 이 '민족'은 감성적이고 향수를 불러일으키는, 근대화에 찌든 도시적 삶을 위안하는 '농촌', 즉 근대화에서 소외되었으므로 잃어버린 인간 본성, 돌아가야 할 최후의 휴머니티를 간직한 공간으로서 '농촌'이었고, 7·4남북성명의 열기와 뒤이은 유신체제가 만들어 낸 문화적 충격과 결핍을 채워 줄 어떤 것으로서 미래적 '통일'이었다. 식민지 조선과 해방된 조선을 경험했던 세대들에게 근대화, 민족주의와 통일은 루소(Jean-Jacques Rousseau)가 말한 시민종교에 가까운 것으로 전화하기 용이했을 것이다. '근대적 시민의식', '통일된 조국'을 그리고 그 이면에는 늘 달성할 미지의 것으로서, 완성해야 할 어떤 것으로서 '근대'에 대한 갈망을 놓았고 이 갈망은 문화적/경제적 근대화의 동원의 계기가 되었다.

---

44 강만길 외 좌담회, 1977, 「분단시대의 민족문화」, 『창비』가을호.

IV. '근대화'의 역사 서사: 대결적 역사인식

문학지임에도 불구하고 1967년부터 대략 전체 기사의 25%가 한국 역사 관련 논설이 실렸던 『창비』는 사회 참여와 "역사의식과 사회의식"을 강조하였다.[45]

1950년대까지 한국사 서술에서는 대체적으로 후진성과 정체성을 강조하여 부정적인 각도에서 접근했으며, 이와 달리 한극사의 '영광'을 지나치게 과장하는 국수주의적 견해도 있었는데, 이러한 두 경향은 "자기부정적 국사관"과 "과대망상적 국사관"의 경향이라고 비판되기도 하였다.[46] 『청맥』은 창간호에서 '일본으로부터 당한 역사적 수난과 수탈'이라는 특집기사에 이어 4호에도 '한국인의 이상기질'을 특집기사로 기획하여 "불신, 사꾸라, 체증, 엽전의식, 심판받아야 할 불로사상 공짜, 빽만능, 노예근성 팔자소관" 등을 각각의 기사로 다루어 한국인 '기질'의 병리성을 다루었다.[47] 『청맥』에는 앞서 언급한 두 가지 경향이 모두 보이기는

---

45 백낙청, 1968, 「편집후기: 『창작과비평』 2년반」, 『창비』 여름호, 369쪽.
46 송건호, 1965, 「한국민족주의의 역사적 배경」, 『청맥』 12월호, 59~75쪽.
47 장병칠, 1964, 「특집 한국인의 이상기질, 장병칠 잃어버린 상호연대의식, 불신: 우리는 이웃을 믿지 못하고 사는 버릇에 젖어있다.」, 『청맥』 12월호, 80~131쪽; 임인영, 1964, 「근대화의 탈을 쓴 이중성격, 사꾸라: 우리사회에서는 사꾸라도 근대화하고 있어」, 『청맥』 12월호; 李啓諡, 1964, 「퇴폐적 자기방어전술, 체증: 체증은 자기상실과 자기은폐하는 한국인의 고질」, 『청맥』 12월호; 송동준, 1964, 「못생긴 자화상에의 미학, 엽전의식: 엽전이기 때문에 패배하는 것이 당연하다는 자학은」, 『청맥』 12월호; 임송, 1964, 「심판받아야 할 불로사상, 공짜: 공짜는 사회의 혼란에 정비례하는 아노미 현상」, 『청맥』 12월호; 이덕희, 1964, 「사대적 열등의식의 발로, 외라광: 국산품 사용을 수치로 생각하는」, 『청맥』 12월호; 조덕송, 1964, 「권력시대의 생활철학, 빽만능: 빽이란 권력의 분비물이며 어진 백성과는 거리가 먼 것」, 『청맥』 12월호; 조동일, 1964, 「골계에 찬 노예근성, 팔자소관: 팔자소관은 자신과 모험정신을 상실한 한국인의 콤프렉스」, 『청맥』 12월호.

하지만, 주로 전자의 역사 서술 경향이 더 많이 나타났으며 후진성, 정체성 인식은 역사 서사에서 정체적 요소를 찾아 이것을 민족성/국민성으로 보아 개조하려는 경향, 또는 정체성을 낳기 이전의 고대문화를 민족문화의 정수로 보려는 경향을 보여 주었다.[48] 이러한 역사인식, 근대화를 위한 국민성/민족성의 개조라는 문제의식은 1950년대『사상계』의 후진성 인식 및 그의 극복을 위한 그들의 인간 개조운동과도 유사한 사유구조이며, 1920년대 안창호, 이광수 등의 민족개조론 등에서도 공통적으로 보였던 경향이었다.[49]

1960년대 후반『창비』에는 한국사, 특히 근대사를 이전과 다른 관점에서 접근하고자 하는 한국 역사 서술이 등장했다. 1967년부터 편집진에 의해서 편성된 이성무, 송찬식, 한영우, 정구복 등이 쓴 실학 고전 번역 연재물이 실리기 시작했는데, 이 잡지의 본격적인 첫 한국 역사 관련 논설인 1968년 김영호의「유길준의 개화사상」은 같은 해 여름호에 소개된 군나르 뮈르달의 저개발국이론의 관점을 수용한 역사관을 선보였다.

> 오늘날 우리가 독자적인 한국근대사 이론을 모색하는 데 있어서 과거의 전통사상을 검토하여 "전통 가운데서 참으로 실질적으로 유익한 부분을 취"(Myrdal)하여 계승·발전시키는 문제가 중요하게 제기되었고 … 유길준은 한국초기근대화의 비전을 학적 수준으로까지 끌어올려 이론화한 사

---

[48] 『청맥』에 실린 후자의 예시로는 안계현, 1964,「단군조선시비론」,『청맥』11월호; 류홍렬, 1964,「문화상으로본 한국의 자주성」,『청맥』11월호 등이 있다.

[49] 윤상현, 2013,「사상계의 근대 국민 주체 형성기획: 자유주의적 민족주의 담론을 중심으로」,『개념과 소통』11호.

람이었던 것….[50]

김영호의 이 글은 『창비』에 실린 한국 역사 관련 첫 논문이었는데, 한국사 서술에서 근대화에 "실질적으로 유익한 부분을 취"하여 발전시켜야 한다는 관점을 뮈르달을 인용하며 제기하고 있다. 또한 주제도 한국의 초기 근대화에 공헌했다고 평가하는 유길준의 경제사상에 관한 연구였다. 저개발국가의 근대화를 위해서 그들 자신에게 맞는 '가치전제'를 찾아야 하고 그것이 그들에게 맞는 근대화이념이라고 하는 뮈르달의 『아시아의 드라마』의 관점을 기초로 한국 근대사에 있었던 근대화이념을 모색하고자 했던 것이다.[51] 이러한 경향은 국수주의적인 고대 전통의 숭배 혹은 후진성·정체성을 넘어서서, 저개발국으로서 '근대화'를 지향하는 관점에서 역사 서사를 새로이 '근대화'에 복무하도록 재구성하고자 하는 시대적 사유를 반영하고 있었다.[52]

1969년 백낙청의 「시민문학론」에서는 이상화된 '시민의식'을 한국사에서 찾으려는 시도가 있었다. 이때 그 가능성들로 실학, 동학, 3·1운동 등 역사적 사건들의 가치평가가 이루어졌다. 「시민문학론」에서는 3·1운동을 일종의 부르주아혁명으로 보고자 하며, 프랑스혁명에 참가한 혁명적 세력처럼 시민으로 부르고자 하였고, 부르주아혁명에 참여하

---

50 김영호, 1968, 「유길준의 개화사상」, 『창비』 여름호, 476쪽.
51 뮈르달의 저개발국의 근대화에 관한 저서 『아시아의 드라마』를 소개한 글로는 임종철, 1968, 「구나르·미르달의 世界」, 『창비』 여름호, 297~299쪽 참조.
52 물론 한국사학계에서는 이미 1960년대 초 4월 혁명과 식민사관 비판, 그리고 재일교포 한국사학자들과 이들을 통한 북한역사학의 소개 등을 통해 발전론적 관점을 나타내고 있었다. 신주백, 2014b, 관점과 태도로서 '내재적 발전'의 형성과 1960년대 동북아시아의 지적 네트워크」, 『한국사연구』 164호, 247쪽.

는 자를 시민으로, 그렇지 않은 자를 소시민으로 보고자 하였다.

> 우리의 과거에서 우리가 <u>진정한 시민사회를 건설하는 기반이 될 수 있는 요소</u>가 무엇인가를 밝히는 것 … 동학이 민중의 반봉건적 저항과 민족적 주체성의 주장을 보여준 역사적인 움직임이었지만 <u>당시 한국 농민층의 몽매성에 근거한 많은 반시민적 요소들 때문에</u> 당대의 가장 선진적인 지식인들의 노력과 일체가 된 진정한 시민의식을 이룰 수 없었다면, 기미년의 3·1운동은 참다운 시민의식 형성에 필요한 제반 요소들-지식층의 근대적 의식과 민중의 저항정신과 새로운 국제정치적 요인으로서의 반식민 지주의가 일단 한데 모이는데 성공했던 민족사상 최초의 대사건이었다.[53]

1960년대 말 『창비』에서는 근대화, 시민사회의 건설이라는 과제를 수행할 주체를 과거의 역사에서 그 선례를 찾고자 하였으며, 동학은 당대 농민들의 반시민적 요소들 때문에 시민의식을 이루지 못한 반면, 3·1운동은 지식층의 의식과 민중의 저항이 함께한 사건으로 보았다. 여기서 시민적 성격이란 반봉건 투쟁, 근대화운동으로 수렴되는 개념이다. 그러나 3·1운동은 민족혁명이지 부르주아혁명으로 보긴 어려움이 있다. 부르주아가 주도하고 그들이 혁명을 통해 왕과 귀족이라는 1·2신분으로부터 권력을 찬탈하여 3신분이 드디어 1신분이 되는 공화국으로 나아가고자 했던 혁명이었다기보다는, 3·1운동은 기본적으로 왕을 찬탈한 일본민족으로부터 조선민족에게로 주권 권력을 되찾아 오려는 혁명이었다는 의미에서 민족혁명이었다. 또한 이를 주도했던 세력도 조선부르

---

53 백낙청, 1969, 앞의 글, 480~485쪽.

주아였다기보다 종교적 지도자들, 정치사회적 권력이라는 측면에서 보면 소부르주아에 가까웠던 세력이었다. 따라서 공화주의와 복벽주의가 뒤섞였던 민족혁명으로 보아야 역사적 사실에 보다 가까울 것이다. 다만 민족운동이었던 3·1운동을 시민의식의 발현이자 그 실패로 보는 관점과 반봉건·반외세의 과제를 근대'화'의 과제로 본다는 점은, 여기서 시민이라는 주체가 곧 민족이라는 주체로 변화해서 호명될 가능성을 보인 부분이라고 할 수 있다. 식민사관의 극복을 과제로 내걸었던 한국 사학계에도 민족을 역사 서사의 주체로 하였으나 아직 '민중'은 보완되어야 할 부분 정도로 언급되는 단계였다.[54]

백낙청은 근대화를 이룬 서구의 에센스를 '시민의식'으로 보았으며, 이때 시민의식으로 실현하는 근대화는 문화적이기도 하지만 그 안에 산업화를 내포하는 것이기도 한 것으로 이렇게 경제적 근대화를 기준으로 역사적 사실들을 평가하는 관점은 4·19에 대한 평가에서도 드러난다.

> 4·19의 성공은 첫째 휴전선 이남에 국한되었으며 둘째 주로 도시에 한정되었고 셋째 우리의 가장 영향력 있는 맹방 미국의 호의적 반응에 힘입은바 컸다는 의미에서 그 나름의 뚜렷한 한계를 지니고 있다. … 제3공화국의 중요한 업적으로 내세워지는 경제성장과 건설조차도 실은 <u>자유당정권의 무능과 무기력</u>에 대한 4·19의 선고에서 그 적극적 측면의 시원을 찾을 수 있다.[55]

---

54 「중고등학교 국사교육개선을 위한 기본방향」에서 민족주체성 중심으로 민중생활을 묘사 할 것이 일종의 지침으로 작성되었다. 신주백, 2014b, 앞의 글, 376쪽.
55 백낙청, 1969, 앞의 글, 496쪽.

4·19의 원인에 대해서도 자유당의 부정선거나 부패보다는 제3공화국의 경제성장에 대비되는 (경제적) 무능과 무기력으로 접근하고 있다. 「시민문학론」에서 서구적 근대화와 근대성의 가능태들로서 한국 역사를 주요 사건들과 계기들을 찾아 서술하는 본격적인 역사적 관점을 나타냈다.

1960년대 『창비』가 추구했던 방향이 문화적 근대화운동에 가까운 것이었다면, 1972년 유신체제 이후 『창비』에는 정치사회운동으로서 "유신체제 이전으로 복귀"를 의미하는 "민주회복운동"이 제창된다. 1970년대는 세계적으로도 후진국 내셔널리즘, 자원민족주의 등의 대두와 맞물리면서, 세계적 사조가 민족주의인 시대가 되었다.[56] 국제적·국내적 정치환경의 변화를 배경으로 1970년대에 『창비』의 역사관에는 대결적 양상을 추구하는 경향이 나타난다.

> 역사가 일종의 싸움인 이상 적과 동지를 구분하는 감정, 빛나게 싸워준 영웅적 형제에 대한 찬탄의 감정, 배반자에 대한 분노와 매도의 감정 등은 결코 청산될 수 없으며 청산되어서도 안 된다.[57]

적대세력이 내건 이념이나 주장 일체를 배격하거나 금기시함이 부득이했던 이 싸움의 결과, 우리의 문학은 반드시 우리의 것이 아니면 안될 것까

---

[56] "1969~1974년까지로서 한국경제의 일본경제건에로의 집중적인 예속 단계이다", "마산에서는 수출자유지역내의 행정이 주로 관리청에 속해 있으므로 한국 중앙정부의 통제를 거의 받지 않고 독립적으로 운영될 수 있어 일본영토의 확장으로 볼 수 있다." 이창복, 1974, 「마산수출자유지역의 실태」, 『창비』 겨울호; 박현채, 1973, 「자원문제의 경제사적 고찰」, 『창비』 겨울호; 정윤형, 1974, 리스트의 국민주의에 대한 비판, 『창비』 봄호; 백기범, 1974, 「대난동 시대의 국제정치」, 『창비』 봄호.

[57] 백낙청, 1973a, 앞의 글, 441쪽.

지도 적에게 빼앗기거나 넘겨준 꼴 … 대동단결이라는 미명 아래 친일세력을 포함한 수구적 불순세력이 민족주의란 기치 아래 모아들…[58]

유신체제 이후 민주회복운동 과정 속에서 역사를 적과의 투쟁으로 보는 관점은 전술되었던 내부의 사상적 일체화를 강조하는 경향과 더불어 대결적인 집단주의를 강화하는 경향을 나타내었다고 하겠다.[59] 여기에는 1) 근대를 서구적 이상사회에서 반외세 반봉건의 이상주의적인 어떤 단계로 끊임없이 확대 설정하는 것, 2) 개인주의를 비판하면서 집단적 주체로서 민족을 호명하고 집단 내부의 사상적 통일을 강조하고, 3) 민족의 내적 발전을 가로막는 적에 대한 적대적 인식, 그 투쟁을 일제 식민지 시기 반제국주의 운동에서 연원시키는 특징을 보여 준다.

이전까지의 역사 서사 방식이 "낙후한 민족성/국민성—수난의 역사—낙후되도록 만들었던 요소의 개조 혹은 낙후되지 않은 전통적 요소의 선양" 등으로 구성되어 있었다면, 『창비』 이후에는 역사 속에서 시민의식의 가능태들을 찾기, 혹은 근대화의 가능성들을 찾기로 '서사'의 구도가 바뀌었다고 하겠다. 이러한 역사 속에서 근대화 가능태들과 가능성들을 찾기라는 관점은 근대화를 위한 민족성 개조가 아닌 문화 전체의 개조라는 관점으로부터 가능했으며, 역사학에서 내재적 발전론이라는 이전과 다른 새로운 '서사' 구도와 결합되었다고 하겠다. 역사학에서 정

---

[58] 신경림, 1973, 「문학과 민중: 현대한국문학에 나타난 민중의식」, 『창비』 봄호, 13쪽.
[59] 『창비』의 적에 대한 적대적 인식과 관련하여, 이러한 경향이 1972년 이영희의 「베트남전쟁」 연재로부터 시작되어 제1세계 제국주의에 대한 비판적 시각으로 확장되었다는 관점도 있다. 김민정, 2011, 「1970년대 '문학장'과 계간지의 부상: 『창작과비평』과 『문학과 지성』을 중심으로」, 서울대학교 석사학위논문, 105쪽.

체성론 및 식민사학론의 극복-근대의 맹아와 발전가능성의 모색이라는 구도와 친연성을 가질 수밖에 없을 것이다. 반면 역사학에서 식민사관 극복이라는 맥락은 『청맥』에서 드러난 반일주의적 민족주의의 경향, 일본에 의한 수난의 역사라는 관점도 결합하는 형태를 취했다. 1960년대 역사 서사는 4월 혁명 이후 문화적으로 열렸던 민족주의 지식 공간에서 산업화 시기에 근대화 지향을 통해 문화 전체를 개조하려 했던 과정에서 근대화의 가능태를 찾기라는 하나의 사유 틀을 갖고 있었다.

V. 맺음말

1960년대 『창비』는 후진성을 극복하기 위한 것으로서 근대화=산업화, 통일이라는 지향을 보였다. 여기서 근대화는 한일협정에 대한 찬성에 가까운 현실주의적인 것으로서 『청맥』 편집진 및 역사학계의 반일주의적 근대화와 차이를 보였다. 『창비』 편집진의 '근대화' 인식은 근대화를 산업화로 정의했던 것에서 나아가, 봉건성에 저항하고 자유와 사랑의 이상적 서구문화의 에센스를 실현하는 것까지 확대되었다가 1970년대 다시 (신)제국주의적 침략을 철폐하는 것까지 포괄하는 것이 되었다. 『창비』 편집진의 '근대화'에 대한 사유구조는 근대화를 끊임없이 보다 이상적인 것으로 확대함으로써 '근대화'를 지속적으로 달성해야만 할 어떤 것으로 상정하는 것이었다.

운동의 주체에 관해서 『창비』는 초기 지식인과 문인을 문화적 근대화의 주체로 상정했으나, 이후 봉건성과 투쟁하는 공동체로서 소수 선각적 지식인과 다수 민중의 결합을 주장하였으며, 1970년대에는 이전의 엘리트주의적 지식인-민중관으로부터 민중 연대의 민족관으로 변화해 갔다. 다만 그 과정에서 반개인주의적인 경향과 연합체 내부의 사상적 일체화를 강조하는 경향을 나타냈다.

역사 서사에서는 저개발국이론의 소개와 맞물려 한국 근대사에 있었던 근대화이념을 모색하고자 했던 경향이 등장하였고, 이전까지의 역사 서사 방식이 '낙후한 민족성/국민성―수난의 역사―낙후되도록 만들었던 요소의 개조 혹은 낙후되지 않은 전통적 요소의 선양'이라는 두 개의 구조로 구성되어 있었다면, 『창비』 이후에는 역사 속에서 시민의식의 가능태들을 찾기, 혹은 근대화의 가능성들을 찾는 '서사'의 구도로 바뀌었다. 이러한 역사 서사의 차이에서 사회적 요인으로는 1960년대 후반 이전과는 다른 일정 정도의 산업화가 가시화되는 시점과도 관련된다고 보인다. 급속한 산업화가 진행되는 당대 사회상이 반영된 새로운 자국(自國)에 대한 역사관이 필요한 시점이었고 이러한 인식이 역사학계에서 진행되는 식민사관 극복의 흐름과 연계되면서 내재적 발전론이라고 하는, 한국의 역사 속에서 서구적 근대성에 대응할 만한 유사한 현상들을 찾고자 했던 경향이 합류했다. 1960년대 『창비』 편집진들은 근대화를 우선하고 반일주의적인 요소가 약했던 반면, 식민주의의 극복을 문제의 시발점으로 했던 역사학계는 반일주의적 요소가 훨씬 강했던 차이가 있음에도 불구하고, 1960년대 후반 산업화 시기의 경제사회적 변화와 맞물린 사유구조가 있었고, 이러한 사고방식이 역사 서사로 드러났다. 1970년대 역사 서사에는 유신체제 이전으로 돌아가고자 한 '민주회복운동' 과정에서 민족의 내적 발전을 막는 세력에 대한 적대적 대결관의 경향이 나타났다.

한국 현대사에서 소위 '30년대생'이라 불리는 세대의 지식인들은 (통일된) 식민지 조선에서 성장해서 한국전쟁과 급작스런 분단을 겪고 4월 혁명 혹은 산업화의 장년기를 보낸, 4월 혁명 세대 혹은 1960년대의 세대이다. '근대화'와 '근대'를 달성해야 할 미래로 상정하고 이 달성되어야 할 '근대'를 위해서 개인주의를 허무주의적이고 소극적인 것으로 비판하며 민족이라는 집합적 주체 형성에 익숙하고 후진성 극복을 위한 통일을 당위적인 것으로 전제했던 세대이다. 이러한 당대에 획득한 올바른 길과 진리를 반독재투쟁 과정의 대결적 사명의식을 통해 통시대적인 것으로 보편화하고, 일제 식민지의 독립투쟁으로부터 역사 서사를 통해 그 올바른 길과 보편적 진리의 정당성을 강화한 사유구조를 구성해 내었다. 이러한 사유구조는 산업화 시기의 강력한 민주화운동을 가능케 한 운동의 경향이 되었다. 한때 NICs(Newly Industrializing Countries)로 불렸던 산업화를 이루었지만 일당독재나 장기집권을 벗어나지 못한 국가들과 달리 절차적 민주화·합법적 정권교체의 틀을 형성했다. 이러한 사유구조를 생산하고 더 나아가 그다음 세대에게 이러한 사회적 무의식으로서 에피스테메를 전수하고 재생산한 지식인들의 사유구조이기도 하다. 1960년대라는 지성사적 기원을 공유하고 있는 역사학계의 내재적 발전론의 사유구조는 식민지 반제국주의운동으로부터 현재적 반제운동의 의의와 중요성을 끌어오는 것, 근대를 완결되지 않은 추구되어야 할 이상적인 어떤 것으로 끊임없이 상정하는 것, 적과 대결적 인식과 태도, 개인주의에 대한 비판적 인식 및 간과하는 경향들이었다고 볼 수 있을 것이다. 여기에는 물론 분단의 해소와 민족통일이라고 하는 근대적 과제가 완결되지 않았다는 점을 강조하는 것이지만, 이것을 이상화하여 도달해야 할 당위적인 어떤 것으로 상정할수록 냉정한 국제적 관계 속에서 정책적이고 이성적인 접근을 통한 외교적이고 실질적인 접근을 오히려 어럽게 하는 측면과 개인주의적이고 다변화된 사회에서 거대담론에 대한 무관심 혹은 심리적 저항감을 일으키게 할 수도 있다. 학술적인 측면에서도 근대를 이상화하는 것은 세계적인 철학사의 흐름 속에 등장했던 '탈근대'의 문제의식과 방법론에 지나치게 편향적인 거부감을 갖게 함으로써, 탈근대 학술이 고민했던 바 이성적 '근대성'에 대한 성찰이라는 핵심적 의제가 심도 있게 역사학의 학술의제로 심화되기 어렵게 하고 이론 내적으로 깊이 심화되는 것을 지연시키는 측면도 있을 것이다.

1960년대 『창비』에서 아직 한국 사회에서 논의되기에는 이른 문제인 듯 사고되었던 문제들이 이제 논의되어야만 할 시점이 되었다고 할 수 있을 것이다. "사회를 구성하는 어느 개인 개인보다 전체 사회 그 자체를 중시하는 동시에, 그 사회에 속해 있고 그 사회에 의해 규정되며 그 사회의 생활 양식을 형성하는 데 일조하면서도 또 그들 자신은 제 나름으로 하나의 절대적 목적을 이루는 인간의 창조를 중시하고 있다는 사실이다. 사회와 개인 중 그 어느 한 요소도 여기서는 우선권을 갖지 않는다. 사회가 단순히 개인 관계 탐구의 배경을 이루고 있는 것만도 아니고 개인이 순전히 생활양식의 어떤 국면을 예시하는 수단으로서만 존재하는 것도 아니다." "그리하여 우리는 민주주의의 첫 중대목표를 깨닫는다. 만인은 자연스럽게 자기 자신이어야 한다는 것이다. … 그리고 아무도 다른 어느 사람의 존재를 규정하려 하지 말 것이다. … 인간을 규정하는 행위를 생산 또는 봉사라는 추상으로 정당화했든가 '종족의 영광' 또는 '훌륭한 시민정신'의 추상적 명분을 내세웠든가 결과적으로 대동소이한 것이다."[60] 한국 사회는 개인과 사회의 관계라고 하는 오래된 철학적 난

---

60 윌리엄스, 1966, 앞의 글, 351쪽.

제에 직면하고 있으며, 이 난제에 직면하는 과정은 동원과 호명의 시대의 에피스테메에서 벗어나는 것으로부터 시작해야 할지도 모른다.

4월 혁명과 산업화를 거쳐 형성된 한국 지식인들의 역사인식은 1960년대 이래 근대화와 통일을 중요한 현실문제로 인식하며 대결적이고 방어적인 공동체주의를 형성하는 것이었다. 내적 통일을 지향하는 공동체주의적 역사인식에는 근대화 및 산업화가 개개인 혹은 노동집단, 여성에게 억압적이고 폭력적이며 파괴적일 수 있다는 근대화와 공동체주의가 가진 그림자를 일면적으로 접근하는 한계를 동시에 가지고 있는 것이었다. 한국에서 산업화와 민주화는 평화로운 쌍생아가 아니었으며, 급속한 산업화에 역군으로 동원되었던 민족과 집단주의는 그것이 성공할수록 그 내부 성원들의 개성과 독립성의 억압의 시간들이 있을 수밖에 없었다. 후기 산업사회를 지난 한국 사회에서 개인과 사회, 개인과 공동체 간의 문제는 여전히 문제적으로 남아 있다. 다시 이 사회에서 시민이 더불어 살아갈 공동체주의로 나가기 위해서는 이 억압의 시간을 재생하는 것이 아니라, 억압의 시대에 구성해 냈던 사유들을 분해해서 새로운 정체성을 만들어야 하는 것이 아닐까.

근대화론의 개발주의가 전 지구적인 기후 위기 속에 인류의 생존을 위한 반성의 기로에 놓여 있다면, 그와 쌍생아였던 발전주의적 역사 서사도 냉전적이고 대결적인 역사관에서 벗어나 민족적 정체성은 인식하지만 보다 세계적 공존을 모색하는 경향으로 나아가야 하지 않을까 한다. 그것이 역사학이 도태되지 않고 향후의 인문학적 사유의 자생력을 되살리는 하나의 방법일 것이다.

참고문헌

자료
『사상계』.
『세대』.
『68문학』.
『독서신문』.
『창작과비평』, 1966~1980.
『청맥』, 1964~1967.
백낙청, 1978, 『민족문학과 세계문학 Ⅰ』, 창작과비평사.
Lawrence, D. H., 1929·1930·1936·1954, "Nottingham and the Mining Country," written 1929, the New Adelphim, June-August, 1930, Phoenix, 1936, *Selected Essays*, Penguin Books, 1954.

단행본
강진호·이상갑·채호석 편, 2003, 『증언으로서의 문학사』, 깊은샘.
김민환, 2002, 『한국언론사』, 나남.
김보현, 2006, 『박정희 정권기 경제개발: 민족주의와 발전』, 갈무리.
하상일, 2008, 『1960년대 현실주의 문학비평과 매체의 비평전략』, 소명출판.

Chang, Kyung-Sup, 2019, *Developmental Liberalism in South Korea: Formation, Degeneration, and Transnationalization*, Palgrave Macmillan.

논문
김현주, 2014, 「1960년대 후반 문학 담론에서 '자유'와 민주주의·근대화주의의 관계: 『창작과 비평』을 중심으로」, 『상허학보』 41집.
문학과비평연구회, 2004, 『한국문학권력의 계보』, 한국출판마케팅연구소.
백승욱, 2022, 「촛불의 오해, 차도(借刀) 응징, 그리고 자유주의라는 질문: 20대 대선 평가」, 『황혜문화』 통권 제115호.
신주백, 2014a, 「관점과 태도로서 "내재적 발전"의 분화와 민중적 민족주의 역사학의 등장: 민중의 재인식과 분단의 발견을 중심으로」, 『동방학지』 165.
_____, 2014b, 「관점과 태도로서 '내재적 발전'의 형성과 1960년대 동북아시아의 지적 네트워크」, 『한국사연구』 164호.
오창은, 2016, 「결여의 증언, 보편을 향한 투쟁: 1960년대 비동맹 중립화 논의와 민족적 민주주의」, 『한국문학논총』 72집.
윤상현, 2013, 「『사상계』의 근대 국민 주체 형성기획: 자유주의적 민족주의 담론을 중심으로」, 『개념과 소통』 11호.
_____, 2014, 「1960년대 사상계의 경제 담론과 주체 형성 기획」, 『동국사학』 57권.
_____, 2019, 「『사상계』의 시기적 변화와 '개인' 개념의 양상」, 『인문논총』 49.
이경란, 2010, 「1950~70년대 역사학계와 역사연구의 사회담론화: 『사상계』와 『창작과 비평』을 중심으로」, 『동방학지』 125권.

5장

최후의 초극전, 혹은 중국적 근대의 그림자
미조구치 유조의 중국사상사 연구와 동아시아론

심희찬 | 연세대학교 근대한국학연구소 HK교수

I. '방법으로서의 중국'

톈안먼(天安門) 사태가 비극적으로 막을 내린 직후인 1989년 6월 30일, 일본에서 한 권의 책이 출판되었다. 일본의 저명한 중국사상 연구자 미조구치 유조(溝口雄三)의 『방법으로서의 중국』이었다. 이 책은 미조구치가 1980년 이후에 발표한 논문을 모은 것으로 톈안먼 사태를 직접 경험하는 와중에 집필한 것은 아니다. 당시 그는 타이완의 칭화대학(淸華大學)에 머물면서 책의 후기를 집필하고 있었다. 미조구치는 중국 베이징에서 벌어지고 있는 일이 역사의 거대한 전환점이 되리라 예감했다. 후야오방(胡耀邦)의 장례식이 열린 4월 22일에 작성한 후기에서 미조구치는 다음과 같이 논한다.

> 민주화를 부르짖는 베이징의 학생들이 천안문광장에 모여 있는데, 지금까지 베이징의 학생 및 지식인들과 접해온 감촉으로 보아 이 목소리는 깊이가 깊은 것이니만큼, 굴절을 거치면서도 마지막에는 반드시 사회의 민주화를 가져올 것이라고 확신할 수 있다. … 이 민주화라는 점은 타이완, 홍콩, 대륙의 구분 없이 모든 사람이 일치할 수 있는 것이고, 한국인과 일본인, 그리고 아마도 북쪽의 조선공화국 사람들도 같이 공감할 수 있는 것이다. 그리고 실제로 아시아에서는 이 2, 3년간 한국, 필리핀, 버마, 파키스탄 등에서 독재에서 민주로의 전환이 계속 이루어지고 있는데, 그것은 멈출 수 없는 조류가 되고 있다. 극단적으로 말하자면, 중국인에게 중화인민공화국(공산당 정부)인가 중화민국(국민당 정부)인가는 2차적이고, 1차적인 것은 중국인들 사이에서 어느 정도 민주화가 확대되고, 어느 정도 올바르게 연대가 확대되는가 하는 것이며, 그것은 아시아의 전 영역에

대해서도 똑같이 말할 수 있다.¹

미조구치는 중국이 반드시 민주화될 것이며, 이는 아시아 규모에서 진행되고 있는 필연적인 흐름의 일부라고 보았다. 이 "멈출 수 없는 조류"는 현실의 정치체제, 즉 "타이완, 홍콩, 대륙의 구분"은 물론, 한국과 북한의 대립까지 넘어서는 거대한 힘이다. 오랜 시간 동아시아를 짓눌러 온 냉전의 종언이 피부로 느껴지기 시작한 시대였다. 이미 1978년 3중 전회에서 중국공산당은 덩샤오핑의 개혁·개방 노선을 채택했으며, 소련은 1985년 고르바초프가 서기장에 취임한 이후 페레스트로이카를 실시하고 있었다.

다만 미조구치는 이 세계적인 민주화의 조류가 유럽식 제도와 사상의 승리로 이어져서는 안 된다고 논한다. 지난 20세기가 "유럽에 저항하고, 유럽과의 대등화를 도모한 세기"였다면, 도래할 21세기는 "유럽, 아시아의 벽을 넘은 인류적인, 그리고 그 인류가 보다 나은 생존을 찾아 민주를 기초로 하여 연대를 도모하는 민중 스스로의 세기"로 나아가야 하기 때문이다. 미조구치는 20세기를 지배한 국가와 주권 개념을 넘어서기 위해 "인류적인 민주와 사회의 세기에 도움"이 될 중국 연구를 개시하자고 주장한다.²

당시 57세였던 미조구치는 이후 후배 연구자들과 함께 새로운 중국 연구를 실천하기 위해 여러 노력을 기울였다. 1993년 미조구치는 전 7권의 『아시아에서 생각한다』 시리즈를 편집하는데, 이를 통해 지금까지

---

1 미조구치 유조 지음, 서광덕·최정섭 옮김, 2016, 『방법으로서의 중국』, 산지니, 279쪽.
2 미조구치 유조, 2016, 위의 책, 280쪽.

도 관련 연구에 큰 영향을 끼치고 있는 미야지마 히로시(宮嶋博史)의 '소농사회론', 하마시타 다케시(濱下武志)의 '조공무역 시스템론' 등이 본격적으로 학계에 알려지기 시작했다. 또한 도쿄대학(東京大學)의 '중국사회문화학회'를 이끌면서 '중일 지(知)의 공동체' 운동을 통해 일본 내 젊은 연구자들, 그리고 쑨거(孫歌), 왕후이(汪暉) 같은 중국의 신진기예들이 함께 논의할 수 있는 장을 만들었다. 이후 여기에 한국의 연구자들도 참가하게 되면서 명칭도 '동아시아 지의 공동체'로 확장된다. 한때 한중일을 휩쓸었던 동아시아론의 이론적·실천적 모델의 초기 형태를 마련한 것이다. 일본에서도 나온 적이 없는 총 8권의 미조구치 유조 저작집이 중국에서 간행될 만큼 그의 사상은 중국의 지식계에 커다란 영향을 끼쳤다. 또한 타이완의 천광싱(陳光興)은 자신이 논하는 "아시아를 방법으로 삼는다"는 개념이 미조구치의 "방법으로서의 중국"을 계승하고 있으며, 특히 세계에 대한 새로운 이념을 미조구치와 공유하고 있음을 밝히기도 했다.[3]

    냉전이라는 구체제의 붕괴가 느껴지면서도, 도래할 시대의 형상은 아직 명확하지 못했던 1980년대 후반이라는 과도기에서 미조구치는 이처럼 '방법으로서의 중국'을 주창했다. 냉전 이후 중국은 어디로 갈 것인가? 동아시아와 세계는 어떻게 변할 것인가? 새로운 시대에 어울리는 바람직한 사상은 어떤 것이 되어야 하는가? 아래에서는 이와 같은 미조구치의 고민을 검토하고, 그의 사상이 오늘날 어떤 의미를 지니는지 살펴볼 것이다. 나아가 이를 통해 미조구치 이후 등장한 동아시아론의 이론적 토대에 대해서도 약간의 고찰을 덧붙이고자 한다.

---

3   陳光興(丸川哲史訳), 2016, 『脱 帝国: 方法としてのアジア』, 以文社, 207쪽.

II. 중국학의 탈구축과 세계의 탈구축

미조구치는 1932년 일본 나고야(名古屋)에서 태어났으며 도쿄대학에서 중국문학을 공부했다. 특히 자오수리(趙樹理)의 문학에 감명을 받고 개인의 존재를 추구하던 서구의 문학과는 다른 '집단의 문학'이란 개념을 발견한다. 중국의 집단을 서구적 개인주의와 연결하지 않고 독자적으로 사유하는 미조구치 특유의 방법론은 이때부터 싹을 틔우기 시작한 것으로 보인다.

대학 졸업 이후에는 가업을 물려받았다가 나고야대학 대학원에 뒤늦게 진학했다. 대학원의 연구주제는 중국의 사상가 이탁오(李卓吾) 연구였다. 사이타마대학(埼玉大學), 히토쓰바시대학(一ツ橋大學), 도쿄대학 교수를 거쳐 대동문화대학(大東文化大學)에서 교편을 잡은 그는 전술한 것처럼 중국사회문화학회 등을 이끌면서 중일 지(知)의 공동체 운동을 진행했다.[4] 1990년대 중반부터 2000년대 초반까지 지속된 지의 공동체를 주도했던 사람 중 한 명인 쑨거는 모임의 성격을 아래와 같이 정의한다.

최근 어떤 젊은 한국인 연구자에게 이메일을 받았습니다. … 그의 질문은 "'지의 공동체'는 왜 해산한 것인가요? 해산의 이유는 비용 문제입니까? 아니면 다른 원인이 있는지요?"였습니다. 이메일로는 길게 쓸 수가 없어

---

[4] 미조구치의 보다 상세한 이력에 대해서는 「溝口雄三教授略年譜」(『大東文化大學漢學會誌』 42, 2003), 溝口雄三, 「主体への問い: 「方法としての中国」をめぐって」(平野健一郎他編, 『インタビュー 戦後日本の中国研究』, 平凡社, 2011), 小島毅, 「溝口雄三教授追悼文」(『東方學』 121, 2011), 戶川芳郞, 「溝口雄三君を悼む」(『東方學』 121, 2011), 岸本美緖他編, 「先學を語る: 溝口雄三先生」(『東方學』 130, 2015), 陳光興(丸川哲史訳), 『脱 帝国: 方法としてのアジア』(以文社, 2016) 등을 참조.

서 저는 간단히 대답했습니다. "'지의 공동체'는 해산하지 않았습니다. 왜냐하면 처음부터 결성한 적이 없기 때문입니다. 결성하지 않았으므로 해산할 수도 없습니다."[5]

쑨거에 의하면 지의 공동체란 유동적인 운동의 실천이며 "'운동'보다도 산만한 형태", 혹은 "수속(收束)이 아니라 열려 가는 형태"를 지향하는 모임이었다고 한다.[6] 쑨거의 논법에서 탈근대, 혹은 탈식민주의 이론에 입각한 동아시아론의 전형적인 자기 인식을 엿볼 수 있다. 이처럼 동아시아론의 초기 형태를 보여 주는 미조구치의 학문적 실천과 운동은 오늘날 "동아시아적 주체성을 모색하는 장"으로서 "동아시아 담론의 지역화에 소중한 자양분"을 제공했다고 평가받고 있다.[7]

그러면 미조구치의 중국사상사 연구를 본격적으로 검토해 보자. 중국사상사 연구자로서 그는 중국을 '목적'이 아닌 '방법'으로 파악하는 일의 중요성을 항상 강조했다. 서두에 소개한 『방법으로서의 중국』에서 미조구치는 다음과 같이 논한다.

중국을 방법으로 한다는 것은, 세계를 목적으로 한다는 것이다. 생각해보면 지금까지의—중국 없는 중국학은 이미 논외로 하고—중국 '목적'적인 중국학은 세계를 방법으로 하여 중국을 보고자 하는 것이었다. 그것은 세

---

5 溝口雄三·孫歌·小島毅, 2005, 「鼎談「開かれた東アジア研究に向けて: 主体と文脈」」, 『中国: 社会と文化』 20, 551쪽.
6 溝口雄三·孫歌·小島毅, 2005, 위의 글, 551쪽.
7 윤여일, 2016, 『동아시아 담론: 1990~2000년대 한국사상계의 한 단면』, 돌베개, 76~77쪽.

계를 향해 중국을 복권시키려고 한다는 그 의도로부터 좋든 싫든 나오는 것이었다. 세계를 향해 복권하기 위하여 세계를 목표로 하고 세계를 기준으로 하여 그 도달의 정도(혹은 상위도(相違度))가 측량된다. 결국 중국은 세계를 기준으로 계산되며 이 때문에 그 세계는 기준으로서의 관념된 '세계', 기정(既定)의 방법으로서의 '세계'일 수밖에 없었다. … 중국을 방법으로 하는 세계는 그와 같은 세계여서는 안 될 것이다. 중국을 방법으로 하는 세계란 중국을 구성요소의 하나로 하는, 바꿔 말하면 유럽도 그 구성요소의 하나로 한 다원적인 세계이다. … 중국을 방법으로 한다는 것은 세계의 창조 그것 자체이기도 한 바인 원리의 창조를 향하는 것이다.[8]

위의 인용문에는 미조구치 사상의 핵심이 응축되어 있다. 여기에는 세 가지의 '중국학'이 단계별로 제시되어 있는데, '중국 없는 중국학', '중국을 목적으로 하는 중국학', '중국을 방법으로 하는 중국학'이 그것이다. 우선 '중국 없는 중국학'이란 간단히 말하면 『삼국지』나 『수호지』 등을 읽고 이를 경영전략이나 설득의 기법, 혹은 지도자의 올바른 모습 같은 현실적 문제로 치환하여 독해하는 방법을 말한다. 이러한 세속적인 중국학은 중국을 아는 것과는 어떠한 관련도 없으며 오직 "일본내화(日本內化)된 중국", 또는 "일본의 문화전통에 대한 관심"을 출발점으로 삼는다. 그러므로 여기서 인식의 종국적인 대상은 도리어 "일본 내의 사정(事情), 심정(心情)"에 도달한다.[9] '중국 없는 중국학'에서 중국은 일본이라는 거울에 갇혀 있고, 여기에 비친 중국은 일본적인 사고방식을 결코 벗어

---

[8] 미조구치 유조, 2016, 앞의 책, 126~129쪽.
[9] 미조구치 유조, 2016, 위의 책, 122~123쪽.

나지 못한다.[10]

다음으로 '중국을 목적으로 하는 중국학'은 중국에 대한 즉자적인 관심에 기반하는 점에서 '중국 없는 중국학'보다는 발전한 형태지만 여전히 표상적인 중국을 넘어서지 못한다. 왜냐하면 중국을 바라보는 기준이 '세계', 곧 서구가 구축하고 발전시킨 근대적 세계관에 머무르기 때문이다. 미조구치는 '중국을 목적으로 하는 중국학'의 전형적인 사례를 중국사상사 연구의 대가 시마다 겐지(島田虔次), 그리고 '쩡짜(掙扎)[11]'라는 근원적인 고통과 고뇌를 중국 근대의 고유한 특징으로 간주하는 다케우치 요시미(竹內好)에서 찾는다.

시마다는 중국사상의 역사적 전개와 그 독자적인 양상을 추출함으로써 마르크스주의자들의 이른바 아시아적 정체성론을 타파하는 일에 심혈을 기울인 연구자다. 하지만 1970년에 간행된 그의 책 제목이 『중국에 있어서 근대 사유의 좌절』인 점에서 알 수 있듯이, 시마다는 중국의 연속된 사유가 근대적인 것으로 전환하는 원리를 찾으면서도 결국은 그 좌절이라는 결론을 내리고 말았다. 미조구치는 시마다가 "중국 속에

---

10 미조구치는 가령 중국의 '천(天)'과 '리(理)' 개념을 처음부터 'tian', 'li'로 인식하는 서구인들과는 달리 일본인들은 불가피하게 일본식 '천'과 '리' 개념을 통해 사유하기에 그 올바른 이해가 곤란하다고 생각했다(溝口雄三·孫歌, 2002, 「歷史に入る」方法: 知の共同空間を求めて」(2001), 孫歌, 丸川哲史他訳, 『アジアを語ることのジレンマ: 知の共司空間を求めて』所収, 岩波書店, 221쪽). 또한 각종 기호나 부호를 사용하여 한문을 일본어 어순에 맞게 변용하여 읽는 '한문훈독법'은 일본식 해석에 불과하며, 특히 중국 유학자의 텍스트를 이런 식으로 읽게 되면 본문의 의미를 절반도 이해할 수 없다고 비판했다(子安宣邦, 2015, 「二つとない交友であった: 溝口回想」, 『東方學』130, 169쪽).

11 '쩡짜'는 '참다', '견디다', '인내하다', '발버둥치다' 등의 의미를 가진다. 다케우치 요시미는 루쉰(魯迅) 사상의 근원이 절망과 고통으로부터 회피하거나 피해 가지 않고, 도리어 그 안에 깊이 들어가서 참고 견디며 새로운 사유의 지평을 준비하려는 자세에 있다고 본다.

서 유럽을 읽어 내고자 하였기 때문"이라고 그 이유를 지적한다. 가령 시마다는 왕양명(王陽明)·황종희(黃宗羲)·고염무(顧炎武) 등 명에서 청에 이르는 사상가들을 각각 루터적·로크적·루소적이라 비유하는데, 이 '적(的)'이라는 표현에서 알 수 있듯이 그들의 사상은 유럽의 그것과 유사하면서도 무언가 모자라거나 어긋난 것으로 이해되었다. 미조구치가 보기에 시마다는 "유럽을 통해 중국적 독자성을 검출하면서도, 같은 방식으로 중국을 통해 유럽을 독자적으로 보려는 상대적 관점"이 희박했다.[12]

한편 다케우치의 논의에 대해서는 너무나 "기학(嗜虐)적 혹은 피학(被虐)적"이며, 일본을 전면 부정함으로써 타자에 대한 '객관적·상대적'인 시점마저도 지워 버린다고 비판한다. 게다가 다케우치는 서구의 근대를 그저 흉내 냈을 뿐인 일본과 달리 "중국의 근대를 전통에 대한 전면 부정적인 계승이라고 보는 역설적인 시각"을 낳게 되며, '유럽을 뛰어넘는' 중국의 근대라는 이미지를 극한으로 증폭시킨다. 하지만 이는 결국 "선진-후진"이라는 유럽 일원적인 시각에 갇혀서 그 위치를 전도시킨 것에 지나지 않으며, 그러한 도식 자체를 부정하는 태도까지는 나아가지 못한다.[13] 나아가 미조구치는 추상성과 주관성의 범주를 벗어나지 못하는 다케우치의 논의가 "근대의 원리"를 "서양의 가치"에서 찾느라 정작 중요한 "중국 역사의 실체"를 보는 일에는 실패했다고 논한다.[14]

---

12 미조구치 유조 지음, 김용천 옮김, 2007, 『중국 전근대 사상의 굴절과 전개』 개정본, 동과서, 43~44쪽.
13 미조구치 유조, 2016, 앞의 책, 13~21쪽, 일부 개역.
14 溝口雄三, 2007, 「方法としての「中国独自の近代」」, 鶴見俊輔·加々美光行編, 『無根のナショナリズムを超えて: 竹内好を再考する』所収, 日本評論社, 41쪽.

이와 같이 '중국 없는 중국학'은 중국을 일본 속에 흡수해 버리고, 서구 근대를 척도로 삼는 '중국을 목적으로 하는 중국학'은 결여, 혹은 비실체성에서 중국의 특징을 구하게 된다. 미조구치가 보기에 양자는 모두 일본 혹은 서구라는 외부의 세계를 중심에 두고 중국을 바라보는 자세를 취한다. 이러한 중국 인식을 극복하기 위해 미조구치는 "원래 중국의 근대는 사실 유럽을 뛰어넘지 않았으며, 뒤처진 것도 뒤떨어진 것도 아니다. 그것은 유럽과도 일본과도 다른, 역사적으로 독자적인 길을 처음부터 추구한 것이며 지금도 그러하다"는 논리를 내세운다.[15] '중국을 방법으로 하는 중국학'의 제시였다. 이것은 중국에 내재하여 중국을 바라보고, 그 역사적 변화의 계기 또한 내부의 독자성에서 찾는 방법론을 뜻한다. 이를 통해 외부 세계의 기준을 가지고 중국을 판단하는 것이 아니라, 반대로 외부 세계의 기준 그 자체에 강렬한 의심의 눈초리를 던지는 것이다. 앞선 인용문의 "세계의 창조", "원리의 창조"란 바로 이러한 사태를 의미하는 바 중국학의 탈구축을 통해 세계를 자임하는 서구의 근대적 사상을 동시에 탈구축하겠다는 명확한 목적이 확인된다. 이는 서구에서 발원한 제도와 이념의 한계를 지적하고 아시아적 원리에 기반한 신세계의 창출을 선언한 제국일본의 '근대의 초극론'을 떠올리게 한다. 다른 것은 그 중심에 일본이 아니라 중국이 있다는 점이다. 그는 어떤 의미에서 "'유럽적 근대'와의 최후의 초극전(超克戰)"을 준비했다고 할 수 있겠다.[16]

한편 의아하게도 미조구치는 '중국을 방법으로 하는 중국학'의 모델

---

15 미조구치 유조, 2016, 앞의 책, 13~21쪽, 일부 개역.
16 子安宣邦, 2012, 『日本人は中国をどう語ってきたか』, 青土社, 294쪽.

을 쓰다 소키치(津田左右吉)에서 찾는다. 쓰다는 중국인들은 사색에 능하지 않고 반성과 내관을 좋아하지 않는다고 주장했으며, 논리학은 싹만 나오다 시들어 버렸고 궤변술만 발달했다는 차별적인 의식을 여과 없이 드러내는 한편,[17] 이를 통해 중국과 대비되는 일본의 '국민사상'을 적출한 사상가로 잘 알려져 있다. 당연히 미조구치도 쓰다의 논의가 중국에 대한 폭력적 인식으로 점철되었음을 잘 알고 있었다. 그럼에도 불구하고 미조구치는 "쓰다 지나학에 대한 평가를 거의 180도 전환"할 필요가 있다고 역설한다. 그 이유는 쓰다가 "원리주의적이라고 해야 할 방법론"을 전개했기 때문인데, 이 원리주의를 그가 "지나문화를 폄시·멸시했다는 것과 분리해서" 생각하자고 한다. 여기서 말하는 원리주의란 "지나의 사상·문화"를 "일본의 그것과는 이별(異別)"적인 것으로 파악하는 사유, 즉 중국을 일본으로부터 철저히 분리하고 중국 그 자체의 내재적 논리에 집중하는 사유를 말한다.[18]

하지만 그 원리주의적 사유가 당시 중국을 경멸하는 감정을 부추긴 것 역시 틀림없는 사실이다. 이에 대해 미조구치는 시대적 제약이라는 표현을 사용한다. 차별적인 중국 인식을 쓰다의 사상 속에서 발현한 본원적인 문제가 아니라 외부적 요인으로 치부하는 것이다. 미조구치는 1949년 이후 혁명 중국에 대한 찬양과 옹호론 또한 "아시아의 민족 독립과 혁명의 앙양기라는 시대적 산물"에 불과하며, 그런 의미에서는 쓰다의 중국멸시와 다르지 않다는 주장까지 펼친다. 이어서 미조구치는 "지금부터의 중국학은 이와 같은 시대적인 제약을 벗어나 원리 자체, 원

---

17 津田左右吉, 1938, 『シナ思想と日本』, 岩波書店, 24쪽.
18 미조구치 유조, 2016, 앞의 책, 130~134쪽.

리의 보편적인 장소로 되돌아가는 데서 시작하는 것이 좋다"고 논한다. "인류적 보편에 대한 고려", "세계적 보편으로부터의 부감"은 이와 같은 "원리성에 대한 지향"에서 비롯되며, 이때 비로소 "유럽일원적인 그것이 아니라 아시아를 포함한 다원적인" 세계의 "참된 보편성"을 획득할 수 있기 때문이다.[19]

'중국을 방법으로 하는 중국학'과 이를 통해 세계를 탈구축하려는 미조구치의 방법론은 이처럼 보편주의적 발상에 입각해 있었다. 그러나 이때 제국일본의 중국 침략과 전쟁이라는 거대한 폭력이 미조구치의 논의 속에서 단지 시대적 제약으로 축소되었다는 점을 잊어서는 안 된다. 미조구치는 중국의 타자성을 오롯이 인정하기 위해 중국을 일본식 이해에서 완전히 떼어 놓고자 했다. 그렇지만 이는 일본이 과거 중국에 끼쳤던 부정적 영향까지 덩달아 왜소화시키는 결과를 가져오지는 않는가? 일본, 그리고 세계와 분리된 미조구치의 최후의 초극전은 어디를 향했을까? 다음 장부터는 미조구치가 제안한 '중국을 방법으로 하는 중국학'의 구체적인 내용과 그 도달점을 살펴보도록 하자.

III. 주자에서 쑨원까지

1. 유리학(儒理學)의 제창

앞서 살펴보았듯이 학부 시절 문학을 공부했던 미조구치는 이탁오를

---

[19] 미조구치 유조, 2016, 위의 책, 130~136쪽.

주제로 선택하면서 사상사 연구자의 길을 걷게 된다. 그는 16세기 명말 청초의 사상가 이탁오를 통해 유럽중심주의를 비판하고 중국의 근대란 무엇인가를 사유하는 힌트를 얻었다. 미조구치는 자신의 첫 번째 단독 저서이자 도쿄대학 교수 취임을 위한 저작이었던 『중국 전근대 사상의 굴절과 전개』에서 명말 청초의 사상사적 특징으로서 "욕망을 긍정하는 언설이 표면에 나타나기 시작했다는 점"과 "'사(私)'가 긍정적으로 주장되고 있다는 점"을 든다.[20] 가령 여곤(呂坤)은 "이전까지 부정적 이미지였던 '인욕'"과 "자연"을 합친 "인욕자연"이라는 용어를 사용한다. 물론 이때 인욕자연은 아직 "천리자연"의 본래로 돌아가야 할 개념이었지만, 이러한 사상의 변화는 훗날 "천리의 질적 전환"을 낳게 된다. 이것이 질적 전환으로 이어지게 되는 이유는 인욕이 단순히 개인적 욕망의 긍정에 그치지 않고, "사회적 욕망"으로서 "욕망 상호 간의 문제"를 조정하는 공적 원리를 요구하기 때문이다.[21]

이탁오는 이러한 사상적 변화를 가장 극명하게 보여 준 인물 중 하나였다. 그는 "거짓 리―송대 이래 기성의 정해진 이치[定理], 앞의 '나의 조리[吾之條理]'―에 대한 진정한 리―명대의 사회적 현실에 근거한 리, 상술한 새로운 리 즉 '거인욕(去人欲)'이 아니라 '존인욕(存人欲)'적인―를 발견하고자 격렬하게 투쟁하였다."[22] "거짓 리"란 무엇인가? 이탁오는 자신을 죽이고 재산과 형수를 차지하고자 했던 이복동생 상(象)에게 분노하지 않고 도리어 그를 기쁘게 맞이해 준 순임금을 칭찬하는 맹자의 해

---

20 미조구치 유조, 2007, 앞의 책, 14쪽.
21 미조구치 유조, 2007, 위의 책, 32~35쪽.
22 미조구치 유조, 2007, 위의 책, 46쪽.

석은 옳지 못한 것이라고 비판한다. "자신에게 살의를 갖고 있는 동생을 사랑한다는 것, 군자에게는 원한이 없다는 것, 덕으로 원한을 갚는다는 것, 이러한 것들은 사실로서 있을 수 없는 일"이다. 이탁오는 "저 인간의 리얼리즘을 아랑곳하지 않는" "근엄한 모습의 허구"를 증오했다.[23] 그것은 "진정한 리"로서의 "존인욕"을 인정하지 않고 "거인욕"을 강제하기 때문이다. 그는 "'인간의 입장'이라는 말"은 물론 "일체 '마땅히 이와 같아야 한다'고 간주된 기성의 입장"을 깡그리 부정했으며, "모순으로 가득 찬 '인간'의 다양한 현상 속에서" "'자기의 인간'을 드러냄으로써 자기 자신 속에서 표현되는 '이와 같은' 그리고 본래부터 '이와 같을 수밖에 없는' '성명'의 실태, 즉 자연적 본래를 인식하고자 하였다."[24]

그렇다면 "개는 자신이 개임을 자각하지" 못하는 바, "공자를 존숭하면서도 공자가 왜 존경받아야 하는지를 생각하지 않고 단지 앞의 개가 짖기 때문에 부화뇌동하여 짖었을 뿐이었다"고 말하며 출가·삭발하여 "부처를 배우는" "이단"을 자처한 이탁오의 행동 역시 새롭게 해석할 여지가 생긴다. 미조구치는 여기서 "석가나 공자에 의지하지 않고, 따라서 불가의 경계와 유가의 경계 양 방면으로부터 각자의 전제를 떨쳐버리고 드러난 선도 없고 자취도 없는 인간 실존" 및 지극한 "고독과 절망의 자각", 그래서 너무나 인간적인 상처와 굶주림을 보아야 한다고 주장한다.[25]

이와 같은 이탁오의 사상을 함축해서 보여 주는 것이 유명한 '동심설

---

23 미조구치 유조, 2007, 위의 책, 82~90쪽.
24 미조구치 유조, 2007, 위의 책, 116~117쪽.
25 미조구치 유조, 2007, 위의 책, 134~140쪽.

(童心說)'이었다. 동심이란 갓난아이의 마음인데, "갓난아이란 사람의 처음이며, 갓난아이의 마음이란 마음의 처음"이라는 이탁오의 말에서 알 수 있는 것처럼, 동심은 외부의 모든 가치와 관념이 제거된 어떤 순수한 정신의 상태를 가리키는 표현이었다.[26]

> 즉 동심이란 때로는 '입고 먹고자 하는' 마음이면서도 때로는 자기에게 본래부터 갖추어져 있는 명덕(明德)을 밝히기 위한 필사적인 일념(一念)의 본심(本心)이었다. 성경(聖經)의 권위에 기대거나 기성의 윤리 가치에 매몰되지 않으면서 진실로 성인의 마음을 나의 마음으로 체득하고 진실로 도리를 나의 성명(性命) 속에서 발현하기 위한 각오의 일념인바, 따라서 이는 최초의 일념 본심이 되어야 하지만, 동시에 이 멈출 수 없는 최초의 일념 본심이야말로 나의 명덕 그 자체였으며 또한 나 속에서 발현된 도리 그 자체였다. 그리고 자기 성명의 소재처이기도 하였다.[27]

동심은 세속적이고 신체적인 욕망에서 기인하는 자연스러운 관념이지만, 이는 동시에 자신의 "명덕을 밝히기 위한 필사적인 일념의 본심"이기도 하다. 따라서 이 동심은 "성경의 권위", "기성의 윤리 가치"라는 세속적 규율을 거부하고, 진리를 내 안에서 스스로 표현하기 위한 "필사의 자기탐구"가 된다. 이것은 "도리·견문 및 독서·의리에 대항하여 구축된 자존(自尊)·자부(自負)의 진지가 아니라, 오히려 부질없는 자존·자부에 안주하기를 허락지 않는 선도 없고 자취도 없는 고독과 절망의 경지"였

---

26 미조구치 유조, 2007, 위의 책, 263쪽.
27 미조구치 유조, 2007, 위의 책, 281~282쪽, 일부 개역.

으며, "부정(不定)의 정점"으로서 "목표로 삼고자 하지만 목표로 삼을 수도 없는 멈출 수 없는 본심의 자연스러운 발현", "나의 인위적인 의지로는 미칠 수 없는 천기가 꿰뚫고 흐르는 단면이기도 하였다."[28]

이탁오는 이러한 독특한 사상의 가장 높은 곳까지 오른 인물이었지만, 그가 어느 날 홀로 깨달음을 얻고 이치에 통달한 것은 결코 아니었다. 미조구치는 이탁오의 사상을 갑자기 불거져 나온 것이 아니라, 역사적 시간의 긴 흐름 속에 위치시키는 전략을 취한다. 이탁오 사상의 맹아는 왕양명에서 찾을 수 있다. 그의 양지학(良知學)은 거짓 리나 거인욕 같은 "허구적인 학문에 대한 현실적 폭로"로 기능했고, "자기만족과 자기기만"은 물론 "엄혹하고 비현실적이며 비인간적인 외적 규범에도 반대하였다. 그러한 것들은 인간 본성의 자연에 배치되기 때문이다." 다만 왕양명과 심학(心學)의 등장을 송대 주자학 및 이학(理學)으로부터의 단절로 파악해서는 안 된다. 미조구치는 "'성즉리'로부터 '심즉리'로의 논제 전개는 성(性)에서 심(心)이 아니라 송대 리관(理觀)에서 명대 리관으로의 전개, 즉 리에서 리로의 전개" 혹은 "리의 질적인 전개"를 보여 주는 것이며, 그런 의미에서 "이 질적 전개를 추적하는 것은 그대로 중국사상사의 전개를 추적하는 작업"이 된다고 한다.[29]

미조구치는 이처럼 '리'를 중심으로 전개되는 중국사상의 흐름을 '유리학(儒理學)'이라는 용어로 표현하고자 했다. 유리학의 첫머리에는 주자(朱子)가 놓인다. 주자는 "리의 세계관을 기초로" 하는 학문을 수립하여 "당(唐) 이전의 유학과는 본질적으로 뚜렷한 차이"를 만들어 냈다. 그

---

[28] 미조구치 유조, 2007, 위의 책, 281~282쪽, 일부 개역.
[29] 미조구치 유조, 2007, 위의 책, 92~93쪽.

리고 "이러한 리의 세계관은 송대 주자학 단계에 머물지 않고 명대의 양명학을 거쳐 다시 청대까지" 이어졌다.[30]

이렇게 볼 때 주자학은 유리학의 확립이라는 획기적인 의의뿐 아니라 송대에 적응할 수 있는 리관을 수립하였다는 점에서 송대의 주자학은 유리학의 역사 속에서 특정한 위치를 차지한다. 그렇게 본다면 양명학은 그 유리학의 흐름을 계승하면서, 다만 송대의 리관을 극복하고 명대의 리관을 수립한 것이라 하겠다. 청대의 학자들 역시 유리학의 흐름 속에서 명대의 리관을 부정적으로 계승하면서 이를 청대의 리관으로 발전시킨 것으로 자리매김할 수 있다. 요컨대 유리학은 각 시대의 학자, 이를테면 주자·왕양명·이탁오·여곤·왕선산·안원·대진 등의 리 학설, 각 시대의 리를 가진 리학의 흐름 및 그 리관 전개의 흐름에 대한 총칭이다. 이렇게 볼 때 유리학의 전개 끝부분에 강유위(康有爲, 1858~1927)·담사동(譚嗣同, 1865~1898)·손문(孫文, 1866~1925) 등의 리관이 자리한다. 그들은 이러한 리관에 의거하여 최종적으로 반전제·반봉건의 이념을 획득하였고, 봉건적 예교를 타도하는 이데올로기적 주체를 확립하였다고 할 수 있다.[31]

전술한 것처럼 미조구치는 시마다 겐지의 단절론을 중요한 극복의 대상으로 여겼다. 가령 시마다는 이탁오에 대해서도 "그는 '학문'의 원리를 내적인 '양지'라는 하나의 문제로 좁혀서" "'유학'을 넘어서서 적극적으

---

30 미조구치 유조, 2007, 위의 책, 64~65쪽.
31 미조구치 유조, 2007, 위의 책, 65~66쪽.

로 '학' 그 자체, 즉 '중국의 학'이라는 입장을 견지"하는 새로운 "기운의 단서"를 보여 주었지만, "그 원리는 송학이 형이상학적 원리이며 또한 명대의 여러 종류의 새로운 움직임들이 모두 그러했던 것처럼, 결국은 아무런 결과도 맺지 못하고" 끝나 버렸다고 논한다.[32] 이와 같은 논의를 비판하기 위해 미조구치는 주자에서 비롯하여 왕양명과 이탁오를 거쳐 캉유웨이(강유위), 담사동, 쑨원(손문)으로 이어지는, 다시 말해 송에서 시작하여 명과 청을 거쳐 중화민국으로 계승되는 '유리학'의 계보를 설정한 것이다. 중국의 전근대 사상은 시마다가 말한 것처럼 근대의 문턱에서 '좌절'한 것이 아니라 '굴절과 전개'를 경험한 것이며, 여기에서 "중국적 근대―천리의 전개로서의―의 상대적 독자성"을 발견할 수 있다는 것이 미조구치의 기본적인 입장이었다.[33] 이렇게 수 세기를 지나면서도 굳건하게 지속된 중국사상의 원리를 제시함으로써 미조구치는 중국에는 근대적 사유가 없다는 담론을 전복하고자 했다.

2. 신해혁명의 특이성

유럽적 근대의 사유는 기성의 봉건 질서 및 종교적 세계관 등에서 자립한 개인과 그들이 구성하는 시민사회의 이념을 중시한다. 그런데 이렇게 "'근대'를 내적 자아의 확립(즉 개인의 자립)과 외적 세계에 대한 객관적·합리적 파악"으로 인식하면 시마다가 그랬던 것처럼 중국의 사상은 항상 여기에 미달하거나 충분치 못한 것으로 나타난다. 그리고 시마다

---

32 시마다 겐지 지음, 김석근·이근우 옮김, 1986, 『주자학과 양명학』, 까치, 222~223쪽.
33 미조구치 유조, 2007, 앞의 책, 46쪽.

의 이와 같은 인식의 기저에는 마루야마 마사오(丸山眞男)의 저 유명한 일본사상사 연구가 있었다. 마루야마는 공산주의를 파시즘으로 단정하고 하부구조 결정론 등을 강하게 비판했던 프란츠 보르케나우(Franz Borkenau), 그리고 결단의 정치성을 강조한 카를 슈미트(Carl Schmitt) 등의 논의를 조합하여 1952년 일본의 지식사회에 커다란 반향을 불러일으킨 『일본정치사상사연구』를 간행한다. 마루야마는 에도 중기의 사상가 오규 소라이(荻生徂徠)가 '작위' 개념을 기반으로 자연과 합치된 상태를 중시했던 기존의 유학적 사유를 비판한 점을 지적하고, 여기에서 봉건적 사고의 껍질을 부수고 자연과 대립하는 근대적 주체의 발상이 등장했다고 논한다. 『일본정치사상사연구』에 실린 글들은 모두 전쟁 중에 집필된 것인데, 마루야마는 일본에도 근대적 사유의 맹아가 존재했다고 주장함으로써 강좌파 마르크스주의자의 '반(半)봉건론' 및 비인간적인 일본의 전쟁 논리를 비판하려고 했다. 하지만 책의 서두에 중국에 대한 헤겔의 인식을 인용하는 점에서 알 수 있듯이, 마루야마가 말하는 근대는 유럽에서 기원하는 것이었고 중국은 봉건적 사고에 갇혀서 여기에 도달하지 못한 지역으로 규정되었다.[34]

이와 같은 마루야마 및 시마다의 근대 인식을 넘어서기 위해 미조구치는 자신이 제시한 윤리학이 서구의 사상과는 질적으로 다른 원리에 기반한다는 점을 밝혀야만 했다. 미조구치는 앞서 본 것처럼 '인욕'과 '사'에 대한 긍정이 중국적 근대사상의 밑바탕에 흐른다고 역설했는데, 이는 다음 두 가지 점에서 서구식 '개인'과 다른 특징을 가진다고 한다.

하나는 중국의 '인욕' 및 '사'의 개념이 단순히 기성의 질서 및 외부의

---

[34] 마루야마 마사오 지음, 김석근 옮김, 1995, 『일본정치사상사연구』, 통나무.

세계관과 투쟁하면서 등장한 것이 아니라, 오히려 그것과의 포섭, 합일을 통해 현현한다는 점이다. 예컨대 이탁오가 성인의 말씀을 거부한 것은 이를 "자기 성명 속에서 체험"하기 위한 "필사의 자기탐구였지 결코 성현을 등지고 자기의 존위"를 주장하려는 것은 아니었다.[35] 그는 "천인합일"을 거부하고 '천'으로부터의 자립을 말한 것이 아니라 "주자의 도덕 일원적인 천"을 "욕망을 포함한 천"으로 전환한 것이며, 따라서 여기에는 서구적인 천과 인의 분열이 아니라 이를 새롭게 조화시킨 "중국적인 인간"이 존재한다.[36]

> 그는 이 '무'의 논리를 가지고 주자의 천리가 비(非)임을 논증하기는 하였지만, 결코 천리 일반을 비라고 한 것은 아니었다. 하늘로부터 분열하여 자립하는 인간 혹은 리를 깨부순 곳에서 욕망의 자율을 주장하고 있는 것은 아니다. 그는 '무' 속에서 그의 천, 그의 리(=예)를 말했으며, '자기 없음[無己]' 속에서의 진정한 자기를 말하고 있는 것이다. … 이탁오는 바야흐로 만물일체, 즉 리의 세계관 영역 안에서 살아가는 사람이었다. … 그 밑바닥에는 명대 후반기부터 청대 전반기에 이르는 역사의 물결이 있었다. 그것은 말하자면 인간의 참된 자연, 인간의 자연본래, 중국적인 인간 주장의 물결이었다.[37]

다른 하나는 위 인용문에도 나온 것처럼 '사'가 서구의 주체적인 '개인'과 달리 도리어 몰주체성, 곧 "자기 없음"을 핵심으로 성립한다는 점

---

35 미조구치 유조, 2007, 앞의 책, 281쪽, 일부 개역.
36 미조구치 유조, 2007, 위의 책, 249쪽.
37 미조구치 유조, 2007, 위의 책, 210~211쪽.

이다. 이탁오의 '나'는 스스로를 드러내고 주장하는 '개인'이 아니라 "나 없음으로 인한 자유 경지 또는 철저한 굶주림으로 인한 자유 경지"에 도달한 '사'였다. "모든 대상과 목적의 설정을 거부하는 이러한 무작위(無作爲)의 자유는, 그리하여 의지할 아무 것도 없는 고독과 절망의 경지이며, 그 굶주림은 끊임없는 굶주림이었다"는 문장에서 알 수 있듯이, 미조구치가 이탁오에게 발견한 '사'는 자기 자신조차도 영원히 부정하는 궁극적인 고독과 절망의 자유, 혹은 굶주림을 존재의 양태로 삼는 '나'에 다름 아니었다.[38]

> 유럽에서는 신의 자연, 즉 우주적 질서 속에 흡사 한 조각 모자이크처럼 몰개체적으로 조직되어 있던 인간이 그 속으로부터 자립하는 과정에서 자연적 질서를 대상화하였다. 아울러 인간까지도 하나의 자연으로 파악하여 객체화함으로써 홉스적 또는 루소적인 인간의 자연을 도출하였다. 즉 인간의 이성으로 인간의 자연을 추출해 낸 것이다. 그러나 중국의 경우는 이러한 과정과는 전혀 달랐다. 오히려 철저하게 인간의 관념적 영위를 무(無)로 간주함으로써 없애고 없애는[無無] … 진공에 의해서 인간의 자연이 추출되었다.[39]

미조구치는 홉스가 개인에 근거한 사회의 형태를 "만인이 모두 이리", "만인 대 만인의 투쟁"으로 규정했다면, 중국은 "이리[狼] 없는 자연법"으로 비유할 수 있다고 한다.[40] 미조구치는 이처럼 '천'과 '인'의 분열이 아

---

38 미조구치 유조, 2007, 위의 책, 122쪽, 일부 개역.
39 미조구치 유조, 2007, 위의 책, 247쪽.
40 미조구치 유조, 2007, 위의 책, 251쪽.

닌 그 조화, 그리고 '사'의 몰주체성의 경지를 주장함으로써 서구식 근대의 사유와는 근본적으로 다른 중국적 사유의 근대성을 제시할 수 있었다. 여기서 미조구치는 "중국의 근대사상은 기본적으로 중국의 역사 속에서 자생적으로 전개"되었다는 자신의 논리적 근거를 확립한다.[41]

> 그 기나긴 도통(道統)에서 보자면 명말의 이러한 변화는 유학사는 물론 사상사에서도 정말이지 철저한(drastic) 변화라고 할 만하다. … 전통적으로 부정적 개념이었던 '인욕'과 '사'의 좌표 위치를 180도 긍정적 측면으로 전환하는 기세로 이 시기에 나타난—유가 도통의 중층적인 역사에서 볼 대—그 놀라운 위치 전환을 철저한 변화라고 말하는 것이다. 그렇지만 '인욕'이란 용어를 긍정적인 위치로 전환했다고 해서 곧바로 '천리'라는 용어를 부정적인 위치로 추방하였다는 뜻은 아니다. … 천리의 위상은 여전히 태산처럼 확고하다. 인욕의 위치가 전환되었다고는 하지만 인욕이 스스로의 자립적 기반을 획득한 것은 아니다. 인욕은 오히려 천리에 포섭됨으로써 존립을 보증받았다고 보아야 한다.[42]

미조구치는 자신이 제시한 이 중국의 독자적인 사상을 사회정치적 차원에서도 설명하고자 했다. 동시대의 중국사회경제사 연구를 참조하면서 미조구치는 "동림파(東林派) 인사의 사상"이 "현실적이면서 새로운 체제를 지향하는" 한편, "공치분권적(公治分權的) 군주주의"를 통해 "황제

---

41 溝口雄三, 1978, 「いわゆる東林派人士の思想: 前近代期における中國思想の展開」, 『東京大學東洋文化硏究所紀要』 75, 114쪽.
42 미조구치 유조, 2007, 앞의 책, 14~15쪽, 일부 개역.

전제 체제"를 거부했던 정치적 움직임의 표현이었다고 파악한다.[43] 미조구치에 의하면 지방의 향신지주(鄕紳地主)였던 동림파의 사상은 중국적 근대사상을 현실 정치에 적용하는 길을 열었다. 진사 급제를 한 사람이 많은 동림파는 유학의 가르침을 뼛속까지 새긴 엘리트들이었지만, 동시에 "광세수탈(礦稅收奪)"을 거듭하는 황제 일원적 관료체제에 저항하는 "향촌의 리더"이기도 했다. 이들의 존재는 기존의 가치관을 뒤흔들었다. 동림파는 "관리로서 황제의 일원적 전제 지배에 대항하는 한편, 향촌에서는 중견지주층으로서" "지주제적 구조의 안정과 강화를 지향한 새로운 정치세력"이었는데, 이러한 이중적 성격이야말로 그들을 "명말 혁신세력의 주류"로 만들었다고 한다.[44] 동림파의 정치적 주장은 다음과 같이 요약할 수 있다.

첫째, 덕을 갖춘 군주라 할지라도 군주 한 사람만으로는 천하를 다스릴 수 없으므로 군주는 정치적으로 관료와 분업을 해야 한다. 둘째, 정치는 보통 사람들인 백성들의 여론에 따라야 한다. 셋째, 정치는 개인적인 이익을 좇으려는 백성들의 생존 욕구를 만족시키는 것이 근본이다.[45]

이와 같은 주장은 "덕을 갖춘 황제가 어진 정치를 펼친다고 하는" 덕치주의의 사상을 부정하고 "군주와 관료의 '정치적 분업'"을 강조한 점에서 일종의 "황제기관설(皇帝機關說)"이라고 할 수 있다. 이때 황제는

43　溝口雄三, 1978, 앞의 글, 149쪽.
44　溝口雄三, 1978, 위의 글, 194~198쪽.
45　미조구치 유조 지음, 최진석 옮김, 2004, 『개념과 시대로 읽는 중국사상 명강의』, 소나무, 189쪽, 일부 개역.

정치의 외부에서 이를 생성하는 존재가 아니라, 현실에서 정치를 담당하는 여러 기관 가운데 하나가 됨으로써 그 권위가 현저히 약해진다. 또한 여론을 존중하고 "민중의 사유권을 충족시킬 수 있는 구체적인 정책"을 요구하는 동림파의 모습에서 당대의 "중앙과 지방의 대립"을 엿볼 수 있다.[46] 미조구치는 이러한 동림파의 사상이 '유리학'의 흐름을 잇는다고 주장한다. 즉 "동림파 인사들의 소유욕"은 "이탁오를 선행자로 하는 명말의 이관(理觀)"에 포함되며, "천리가 자기의 내면적 덕성으로부터 자타 상호 간의 조화를 향하는 '분(分)'적 주름으로 기능하기 시작"한 사실을 보여 준다는 것이다.[47]

이러한 정치적 의식의 변화는 향리공간(鄕里空間) 혹은 향치(鄕治) 등의 개념을 낳았고, 자립한 시민들의 공간인 서구의 공공영역과는 달리 관·신(紳)·민이 뒤섞인 중국적 질서 공간이 성립하기에 이른다. 이는 서구적인 자치가 아니라 조화와 도덕적 자발성에 입각한 공간이었다.

> '자치'라는 것이 유럽에서 나오게 된 계기는 권리투쟁입니다. 봉건영주제 아래 통행이나 상업 등의 자유가 없는 곳에서 이를 요구한 상인 계층에서 제기된 것이 권리투쟁입니다. … (반면 중국에서는: 인용자) 청대에 성행한 일종의 자선활동, 공공활동이 소위 지방자치에 해당합니다. 그 원류를 찾으면 명말의 공과격(功過格)이나 향약운동이 일종의 도덕진흥운동으로 이어집니다. 동림파의 글을 읽고 느낀 점입니다만, 향촌의 향신들이 앞다투어 좋은 일을 합니다(기아의 구제 및 고아의 양육 등). 여기서 출발하

---

[46] 미조구치 유조, 2004, 위의 책, 190~191쪽.
[47] 溝口雄三, 1978, 앞의 글, 251쪽.

여 점차 황종희가 주장하는 지방에 의한 지방의 공사(公事)라는 주장으로 발전합니다. 이것이 중국에서 자치의 성립입니다. 그러니까 자치는 도덕적 동기에서 나온 것이라 할 수 있습니다. … 권리에서 출발하는 것이 아니라 도덕적 인애에서 공공활동이 나온다는 도식, 게다가 이것이 혁명의 주력이 되는 구도를 이론화하는 것입니다.[48]

당시 중국에서는 토지의 소유 형태가 유동적으로 변하고 향촌에서 유력자 및 자각적인 농민이 등장하여 스스로 질서를 담당하고자 했는데, 이때 개인의 심성과 실천을 강조하는 양명학이 특히 중시되었다. 이에 법적 권리와 자유를 강조하는 서구의 논리와는 전혀 다른 도덕적 자각이 강조되었고 자선사업이 성행했다고 한다. 다만 자립한 민간이 이를 주도한 것은 아니고 관과 결합하는 형태가 확립되었다. 이러한 형태는 점차 '공사'로서 그 규모를 확대해 나갔고, 체제와의 양호한 관계 아래 행정을 보완하는 역할을 했다. 명말 청초의 공사는 훗날 신해혁명의 근원적 동력으로 이어진다.

신해혁명을 명말 청초부터 추적해 보면 초기 현(縣)의 범위에서 이루어지던 지방의 공사가 이윽고 성(省)의 범위로 넓어졌고, 그 내용 또한 청대 초기의 구빈 사업, 과부 부양, 육아 등 자선사업에서 중기 이후 학무, 교육, 출판, 위생, 의원, 도로, 교량 건축, 하천 정비, 그리고 군사에 이르기까지 '지방의 공사'는 계속 확대되었습니다. 그 확대의 끝에 신해혁명이 있습니다. … 혁명 세력은 중앙집권을 노리지 않고 각 지방에서 자신들의

---

[48] 溝口雄三, 2001, 앞의 글, 113~114쪽.

권력을 수립했습니다. 애초에 혁명군은 '각 성의 권력'으로서 관·신·민 합동, 곧 체제와 대립하기보다는 상호보완의 형태를 띠고 자라났습니다. 마치 야채 줄기에서 양분을 섭취한 과실이 성숙하여 가지에서 땅으로 떨어지듯이 각각 독립을 이룬 것입니다. 그리고 과실을 키운 줄기와 가지가 사명을 끝내고 말라가듯이 왕조 제도는 붕괴를 맞이했습니다. 여기에 세계사적으로 유례를 볼 수 없는 신해혁명의 형태와 과정이 있습니다.[49]

이처럼 미조구치는 봉건영주제가 무너지고 중앙집권적 국민국가가 성립하면서 근대가 시작된 서구와 달리 중국은 "정반대로 집권제에서 분권제의 코스를" 밟았다고 한다. 여기에 "세계사적으로 유례를 볼 수 없는 신해혁명"의 특징과 중국적 근대의 독자성이 있다. 다시 말해 짧게는 명말 청초의 이탁오의 사상 및 동림파의 정치적 지향에서 시작된 새로운 움직임이, 길게는 송대 주자 이래 연속적인 천리 개념의 존재가 중국적 근대를 낳았다는 것이다. 따라서 가령 아편전쟁을 중국 근대의 기점으로 보는 인식은 재고되어야 한다. 그것은 서양의 충격이라는 "외발적"인 계기를 과대평가한 잘못된 인식이기에 지금부터라도 중국의 역사 전체를 감싸는 유구한 "내발적" 계기를 중시할 필요가 있다는 것이 미조구치 주장의 핵심이었다.[50]

---

49 溝口雄三, 2007, 앞의 글, 36~38쪽.
50 미조구치 유조, 2007, 앞의 책, 30~31쪽.

IV. 마오쩌둥과 중국의 사회주의

지금까지 본 것처럼 미조구치는 주자에서 쑨원까지 이어지는 자생적인 사상의 흐름과 사회정치적 변화를 묘사함으로써 시마다의 단절론을 극복하고자 했다. 이것은 미조구치에게 "역사의 원상(原像)", "중국 역사의 실체"에 다름 아니었다.[51] 그런 미조구치에게 다케우치 요시미의 논의는 실체로서의 중국 근대를 파악하지 못한 채 방법이라는 추상적 개념에만 기대는 미덥지 못한 것으로 여겨졌다. 미조구치는 '방법으로서의 근대'라는 다케우치의 명제를 "방법으로서의 '중국 독자의 근대'"로 고쳐 쓰자고 주장한다. "다케우치의 사상으로서의 근대는 유감스럽게도 역사로서의 근대와 만나는 회로"를 가지지 못하기 때문이다.[52]

> 운동, 영구혁명으로서의 중국 근대. 이는 사상을 낳는 원천이 되긴 합니다만 결국 운동으로서의 근대, 즉 궤적이 보이지 않는 운동이기 때문에 역사와의 접점을 잃어버립니다. … (다케우치의 근대 인식은: 인용자) 운동의 관점에 한정되기에 거기서 태어나는 사상성 또한 주관의 영역에 머무를 수밖에 없고, 리얼한 역사의 실체에 다가가지 못합니다. 우리는 다케우치의 운동으로서의 관점과 사상성을 계승하면서도, 다른 한편으로 역사의 원상(原像)을 추구하는 관점에 서서 중국 근대를 고찰할 필요가 있습니다.[53]

---

51 溝口雄三, 2007, 앞의 글, 28, 41쪽.
52 溝口雄三, 2007, 위의 글, 39쪽.
53 溝口雄三, 2007, 위의 글, 28쪽.

근대의 원리를 서양적 가치에서 찾는 다케우치는 명말 청초, 혹은 송대 주자에서 신해혁명과 쑨원으로 이어지는 "리얼한 역사의 실체"를 보지 못한다. 다케우치는 5·4운동에서 중국의 근대가 시작된다고 주장하지만, 장기에 걸친 중국의 독자적 근대라는 관점에서 보면 5·4운동은 그저 하나의 작은 사태에 지나지 않는다.

다케우치는 "내 안의 독자적인 것이 필요하다"면서도 "아마 실체로 존재하지는 않을 것"이라고 합니다. 즉 역사의 실체로서의 근대과정을 중국의 역사에서 찾는 것은 무리라고 합니다. 다만 "주체 형성의 과정으로서는 존재할 수" 있다고 합니다. "주체 형성의 과정", 곧 사상으로서의 근대가 바로 다케우치가 말하는 "중국의 독자적인 근대"입니다. 중국 역사의 실체를 빠트리고 있기에, 다케우치에게 근대의 원리란 중국의 실체와는 거리가 있는 자유, 평등, 권리 같은 "서양의 가치"였습니다. 중국의 독자적인 근대가 제시되지 못한 채 그저 서양의 원리만 존재하는 한, 아시아는 이를 "다시 한번 감싸는" 것으로만 보편화할 수 있습니다. 그러나 우리는 이제 역사로서의 중국 근대의 실상을 볼 수 있는 렌즈를 가지고 있습니다. 만약 필요하다면 지방자치가 서양에서는 '권리'의 범주로 이해되어온 것에 비해 중국에서는 '도덕'적 기부행위에서 비롯된다는 점을 통해 동서의 역사적 특질을 상대화할 수 있는 시각을 구축하는 것도 가능합니다.[54]

미조구치는 일본과 중국의 근대화를 "우열이 아닌 차이로 간주하는" 다케우치의 주장에는 동의하지만, 그의 글에는 "이를 증명할 실증적인

---

54 溝口雄三, 2007, 위의 글, 41쪽.

사실의 제시도 없고 설득력 있는 이론도" 없으며 오직 "직감과 신념"만이 산재한다고 단언한다.[55]

'방법'이라는 다케우치의 개념이 추상적이고 관념적인 성격을 띤다는 것은 많은 다케우치 연구자들도 대체로 동의하는 지점일 것이다. 하지만 다케우치는 중국을 그저 관념이나 주관의 영역에서 바라보지 않았다. 그에게 중국은 세계의 모순을 돌파하는 현실이었다.

일본공산당은 한국전쟁이 한참이던 1951년에 중국혁명을 모델로 삼은 무장투쟁방침에 관한 테제를 발표했다. 같은 해 다케우치는 「평전 마오쩌둥(評伝毛沢東)」을 썼다. 1990년대 중반 이후 동아시아론이 유행하면서 다케우치는 한국의 지식인에게도 엄청난 관심을 받았다. 그러나 그 수많은 다케우치 관련 글에서 「평전 마오쩌둥」에 관한 진지한 분석은 거의 보이지 않는다. 다케우치 본인이 자신의 대표적인 두 편의 논문 중 하나로 「평전 마오쩌둥」을 들었으며, 그 이후로 "근대화 관련 분야"의 작업은 "문제의 발견이라는 점에서는 진보하지" 않았다고 스스로 고백했음에도 말이다.[56] 이 고백은 근대화의 문제를 둘러싼 고민을 1951년 이후로 그만두었다는 뜻이 아니다. 반대로 「평전 마오쩌둥」의 저술을 통해 이 문제의 결론을 이미 내렸으며, 10여 년 이상이 지난 당시에도 수정할 필요를 느끼지 못한다는 자부심의 표현이다. 그러므로 다케우치 근대관의 핵심을 이해하기 위해서는 반드시 「평전 마오쩌둥」을 읽어야 한다. 그리고 「평전 마오쩌둥」을 읽는 일은 미조구치의 '중국을 방법으로 하는 중국학'이 도달한 결론이 어떤 문제를 가지는지 명확히 보여 줄

---

55 溝口雄三, 2007, 위의 글, 22쪽.
56 竹内好, 1980, 『竹内好全集』 4卷, 筑摩書房, 364쪽.

것이다.

다만 이 평전은 결코 읽기 쉬운 글이 아니다. "너무나 문학적이기" 때문이다.[57] 마오쩌둥 평전을 쓰는 다케우치의 기본적인 입장은 아래와 같다.

> 나는 중국공산당사를 쓰려는 것이 아니다. 마오쩌둥이라는 한 인간의 모습을 역사적으로 형성된 것으로서 파악하고 싶다. 그러므로 당사는 직접 다루지 않는다. 당사에서 마오를 보는 것이 아니라, 마오와 인간의 관련 속에서 당사를 참조할 것이다.[58]

중국공산당사를 뒤져 보아도 마오쩌둥을 올바르게 파악하는 것은 불가능하다. 이것은 실증에 기반한 역사학적인 평전이 아니다. 아직 마오쩌둥이 살아 있고 자료도 제한된 상황에서 역사학적 평전의 집필은 애초에 불가능하기도 하지만, 그것보다 여기서 다케우치가 말하고자 하는 바는 "마오쩌둥이라는 인간 속에 중국의 공산당사가" 있으며 "중국혁명이란 마오쩌둥이라는 인간에 의한 혁명"이라는 사실이다.[59] 왜냐하면 중국 근대화의 귀결점인 중국혁명의 의미와 사상이 마오쩌둥이라는 인간의 몸을 빌려 잉태된 것이기 때문이다. 조금 과장하면 마치 예수가 성령에 의하여 마리아의 태내에서 사람의 육체를 받은 것처럼 말이다. 「평전 마오쩌둥」은 마오쩌둥이라는 인간에 대한 문학적·종교적 독해다. 이것은 가령 샤오싼(蕭三)이 저술한 전기가 마오쩌둥을 "오늘날 중국 인민의

---

57 子安宣邦, 2012, 앞의 책, 257쪽.
58 竹內好, 1966, 『新編 現代中國論』 竹內好評論集 第一卷, 筑摩書房, 299쪽.
59 子安宣邦, 2012, 앞의 책, 252쪽.

영명(英明) 위대한 영수, 지도자, 구세주"로 예찬하는 것과는 질적으로 다른 글쓰기다.[60] 샤오싼의 글쓰기는 마오쩌둥이라는 '사건'의 의미를 세속적인 현실 권력의 영역에 제한할 뿐이다.

그렇지만 「평전 마오쩌둥」은 동시에 마오쩌둥의 구체적이고 리얼한 삶의 변증이기도 하다. 사건으로서의 마오쩌둥은 중국 근현대사의 실제적인 모순 및 소용돌이 속에서 생성되었기 때문이다. 그의 출생부터 가족 및 성장 배경, 역사적 상황, 지역적 특징, 세계의 정세 등을 면밀하게 추적하는 다케우치는 이 모든 요소의 종합으로 형성된 마오쩌둥의 개성이 마르크스주의를 받아들이는 토대를 만들었지, 그 반대는 아니라고 강조한다.

> 그는 마르크스주의자가 된 이후에 혁명운동을 시작한 것이 아니다. 중국의 혁명이라는 주제를 한시도 잊지 않고 품고 있었으며, 그 도상에서 마르크스주의를 발견한 것이다. … 어떻게 자유를 쟁취할 것인가? 마르크스주의는 그에게 무기를 제공했다.[61]

바로 이 점에 마오쩌둥으로 대표되는 중국혁명의 강인함이 존재한다. 다케우치는 마르크스주의자가 아니다. 그는 만약 자신이 마르크스주의자였다면, 그리고 마오쩌둥이 "서재의 마르크스주의자였다면" 그의 평전을 쓰는 일은 간단했으리라 말한다. 다케우치는 일반적인 마르크스주의를 상찬하는 것이 아니라, 마오쩌둥과 중국혁명의 마르크스주의에 어떤

---

60 竹內好, 1966, 앞의 책, 302쪽.
61 竹內好, 1966, 위의 책, 326쪽.

기대를 걸고 글을 써간다. 그 "방법"으로서 다케우치는 1927년에서 1930년 사이의 마오쩌둥을 "순수 마오쩌둥, 혹은 원시 마오쩌둥"으로 "가정"한다. 쑨원의 죽음, 북벌, 장제스의 반공 쿠데타, 우한 정부의 붕괴 등 "혁명에 종지부가 찍힌" 상황에서 마오쩌둥은 고생 끝에 징강산(井岡山)에 당도한다. 이때 마오쩌둥은 "개인 생활", "가족", "당 생활"을 상실한 "무소유자", 그러나 "모든 것의 소유자여야 할 무소유자"가 되었고, 역설적으로 바로 이 순간에 "마오쩌둥 사상이 형성되었다."[62]

> 지금까지 타재적(他在的)이었던 지식과 경험의 모든 것이 원심에서 구심으로 방향을 돌려 그의 신체에 응결되었다. 이를 통해 당의 일부였던 그는 당 그 자체가 되었고, 당은 중국혁명의 일부가 아닌 전부가 되었다. 세계는 형태를 바꾸었다. 즉 마오쩌둥은 형태를 바꾼 것이다. 주체와 객체가 합일했고 새로운 분화가 시작되었다. 마오쩌둥은 재생했다. 지금까지 그는 마르크스주의자였다. 이제 마르크스주의는 그와 합체했고, 마르크스주의와 마오쩌둥주의는 동의어가 되었다. 그 자신이 창조의 근원이 되었다. 이것이 순수 마오쩌둥 혹은 원시 마오쩌둥이다.[63]

위 인용문에서 다케우치는 서구를 그저 받아들이기만 했던 우등생 일본의 거짓된 근대와는 반대로 구원의 꿈조차 꾸지 않았던 루쉰(魯迅)의 격렬한 저항과 그 중국적 근대의 완성을 "순수 마오쩌둥"을 통해 예감한다. "가시나무에 찔려 피투성이가 되면서도 앞으로" 나아간 루쉰과 중국

---

62 竹內好, 1966, 위의 책, 334~337쪽.
63 竹內好, 1966, 위의 책, 337쪽.

의 근대가 "순수 마오쩌둥으로" 나타난 것이며, 이는 세계를 바꾸는 힘이 되었다.[64] 그리고 "순수 마오쩌둥"은 이윽고 1949년의 혁명을 통해 실체로 드러난다.

> 순수 마오쩌둥이란 무엇인가? 적은 강하지만 나는 약하다는 인식, 그리고 나는 패하지 않을 것을 확신하는 모순의 조합이다. 이것이야말로 마오쩌둥 사상의 근본이자 원동력이며, 나아가 오늘날 중공의 이론과 실천의 모든 근원을 이루는 것이다. 그것은 반봉건, 반식민지라는 중국의 현실과 혁명 속에서 등장한 가장 고차원이자 가장 포괄적인 원리, 곧 보편적 진리다. 물심양면의 모든 사상(事象) 및 개인에서 국가에 이르는 모든 관계를 규정하는 근본 법칙이며, 실천에 따라 내용이 부여됨을 통해 그 자체가 생성·발전한다.[65]

"모순의 조합"으로 이루어진 마오쩌둥 사상이야말로 "중공의 이론과 실천의 모든 근원"이며 "중국의 현실과 혁명"이라는 실체를 "보편적 진리"로 승화시킨다. 이 "근본 법칙"은 관념의 세계에 머무르지 않고 "실천"을 통해 "생성·발전"한다. 그리고 이를 현실의 투쟁전략으로 치환한 것이 아무리 강대한 적이라도 결코 빼앗을 수 없는 "근거지", "동적"이며 "개방적"이기에 침략한 적의 세력을 도리어 약화시키는 근거지에 관한 이론이다.[66]

---

64 마루카와 데쓰시·스즈키 마사히사 엮음, 윤여일 옮김, 2011, 『다케우치 요시미 선집 2: 내재하는 아시아』, 휴머니스트, 241~255쪽.
65 竹內好, 1966, 앞의 책, 337~338쪽.
66 竹內好, 1966, 위의 책, 338~339쪽.

통일은 기계적 결합이 아니며, 따라서 타협으로 성립되지 않는다. 타협은 점령지를 양보할 뿐이다. 통일은 각각의 유기체인 근거지가 결합함으로써 고차의 조화를 찾아내는 것이다. 이것이 모든 결합의 원칙인바, 오늘날의 중화인민공화국은 개인과 개인, 당과 당, 혹은 이데올로기의 각 분야에서 이를 보전한다. 중국이 국제적 결합에서 발견하려는 방식 역시 이와 다르지 않다. 오늘날 세계적 규모에서 혁명의 근거지는 뚜렷이 확대되었다. 평화혁명의 가능성이 현저히 높아졌다. 중국은 그 결합의 원칙에 따라 통일할 수 있는 상대방의 근거지를 찾고 있다.[67]

위 인용문에서 다케우치가 중국혁명을 국지적인 투쟁이 아니라—마치 '코뮌'을 연상시키는—근거지의 결합을 통한 세계혁명의 단서로 간주하고 있음을 알 수 있다. 그는 이제 루쉰의 고통스러운 '쩡짜'가 아닌 마오쩌둥의 근거지 이론에서 세계적인 "평화혁명"의 가능성을 찾고자 한다. 일본의 운동가이자 평론가인 간 다카유키(菅孝行)는 여기에서 다케우치의 변모를 읽는다.

(다케우치의 변모는: 인용자) 아시아에 대한 기본적인 이미지를 "루쉰에서 마오쩌둥으로" 바꾼다는 것을 의미했습니다. 당시 중국혁명이 급속하게 진전되었고 1949년에는 중화인민공화국이 성립합니다. 이러한 과정과 다케우치의 전환은 깊은 관련을 지닙니다. 여기에는 어떤 필연성이 있습니다. 이를 간단히 부정하거나 다케우치가 계몽가라는 좋지 못한 방향으로 나아갔다고 말하는 것은 옳지 않습니다. … 중국혁명의 성공은 허구에서

---

67 竹內好, 1966, 위의 책, 349쪽.

실체로 아시아에 대한 이미지를 바꾸어가던 다케우치에게 힘을 실어주었습니다. … 바로 이때 다케우치는 비록 단 한 순간이었지만 혹시 세계가 변할지 모른다는 행복한 기대를 가지게 되었습니다. 바로 이때뿐입니다. 최고지도자 마오쩌둥 아래 건설된 혁명 중국에 대한 기대, 희망이 있었습니다. … 이것은 다케우치의 숙명이었습니다. 숙명으로서의 역사성에 그는 희망을 품고 있었습니다.[68]

물론 이러한 다케우치의 희망이 너무나도 순진한 것이었음을 오늘날 우리는 잘 알고 있다. 그러나 그가 개념적 도구로서의 방법이 아닌 역사적 실체로서 중국혁명을 인식하고, 이를 숙명이라는 이름의 희망으로 받아들였다는 사실을 간단히 매도해서는 안 될 것이다. 중국혁명에서 세상을 바꿀 도약의 순간을 보았던 다케우치였기에 그는 이후에 벌어진 문화대혁명에 대해서는 도리어 침묵을 지켰다. 중국공산당에 대한 기대 또한 베트남, 쿠바, 팔레스타인, 라틴아메리카 등지로 옮겨 갔다.[69] 그래서 그는 출구 없는 좌절 속에서 삶의 마지막까지 고뇌하지 않을 수 없었다.

한편 중국혁명에서 세계혁명이라는 가능성의 실체를 읽고자 했던 다케우치와 달리 미조구치는 그 비약의 계기를 역사의 긴 흐름 속으로 희석시킨다. 미조구치의 논의 안에서 마오쩌둥과 중국공산당의 혁명은 명말 청초 이래 전개된 중국의 독자적인 근대를 결코 벗어나지 못한다.

---

[68] 菅孝行, 2007, 「抵抗のアジアは可能か: 竹内好の魯迅像をめぐって」, 鶴見俊輔·加々美光行編, 『無根のナショナリズムを超えて: 竹内好を再考する』所収, 日本評論社, 72~78쪽.
[69] 菅孝行, 2007, 위의 글, 79쪽.

중국의 사회주의가 마르크스·레닌주의에서 나온 것처럼 착각합니다. 지금 중국에서 이루어지는 정치교육이 그렇습니다. 제가 중국의 역사 문헌에서 발견한 사회주의는 그것과 다릅니다. 도리어 종족(宗族)의 상호부조적인 전통 위에 사회주의가 있습니다. 다른 말로 표현하자면 공조주의(共助主義)입니다. 마오쩌둥은 그러한 종족의 공조 기능을 국가 규모로 확대한 것은 아닐까요? 혹은 중국에는 계급제가 없다고 주장하면서 평생 마오쩌둥과 대립했던 량수밍(梁漱溟)으로부터 중국의 사회주의를 보아야 하지 않을까요? 아니 애초에 동쪽과 서쪽의 이데올로기 대항 같은 것은 존재하지 않았을지도 모릅니다.[70]

지금은 중국의 사회주의를 마르크스·레닌주의의 전통에서 분리하고 그 기초를 오로지 중국적인 전통에서만 찾는 미조구치 논의의 정당성을 따져 볼 여유가 없다. 다만 다케우치로부터 중국혁명이라는 실체를 지워 버린 미조구치의 관점이 훗날 한국의 동아시아론에 계승된 것은 아닌지라는 의심에 대해서만 간단히 논하겠다. 즉 다케우치가 마오쩌둥과 중국 공산당에 걸었던 희망이 생략된 채 '방법으로서의 아시아'를 비롯한 몇몇 텍스트만이 소비되었고, 이는 이데올로기적 문맥이 간소화된 탈정치화 시대의 동아시아론의 특징을 보여 주는 징후일지 모른다는 의심이다.

가령 다케우치 사상의 '실체'로서의 측면보다는 '방법'으로서의 의미를 중시하는 쑨거는 「평전 마오쩌둥」을 "그다지 성공하지 못한 평전"으로 평가한다. 다만 근거지 이론은 매우 흥미로운 개념이라며 여기에서

---

[70] 溝口雄三, 2011, 앞의 글, 115쪽.

다케우치 역사철학의 핵심을 찾으려고 한다.[71] 쑨거의 날카로운 감각에 자극을 받으면서도, 이를 "변증법적 사고", "전략적 외상을 넘어선 하나의 인식론"으로만 파악하는 것에는 위화감을 느낀다.[72] 쑨거는 다케우치가 "근거지는 어떻게 건설되는가? 권력을 탈취함으로써 개시된다. 구체적으로는 봉건적 착취의 폐지, 곧 농지의 재분배다. 트지 소유는 농민의 기본적 요구다", "근거지를 세계적 규모에서 생각할 경우, 세계 무산자 혁명에서 최초의 근거지는 소련이다"라며 근거지를 현실의 공산주의적 제도의 문제로 생각한 점, 그리고 「평전 마오쩌둥」이 저술된 1951년 10월 일본공산당이 농촌에 근거지를 두고 도시를 포위하기 위한 산촌 공작대를 조직했다는 역사적 배경 등을 고려하지 않고 이를 철학적으로만 설명한다.[73] 다케우치와 쑨거의 글을 한국에 정력적으로 소개했으며 그 자신도 중요한 연구를 남긴 윤여일 또한 '사상의 번역가'로서 다케우치의 의의를 생생하게 그려 내면서도, 마오쩌둥과 중국혁명에 관해서는 전혀 언급하지 않는다.[74] 조금 비약해서 말한다면 동아시아론의 유행과 함께 혁명 및 마르크스주의의 불온성이 제거된 다케우치가 유통되었고, 이때 그가 중국적 근대에 걸었던 본원적인 희망도 함께 사그라들었던 것은 아닐까?

71　孫歌, 2007, 「竹内好における歴史哲學: どうすれば歷史と共に生きられるか」, 鶴見俊輔·加々美光行編, 『無根のナショナリズムを超えて: 竹内好を再考する』所收, 日本評論社, 155~156쪽.

72　孫歌, 2009, 「竹内好に學ぶこと」, 칭화대학 인문사회과학원 보고문, http://takeuchiyoshimi.holy.jp/special/sonka.html(검색일: 2022. 10. 20).

73　竹内好, 1966, 앞의 책, 339쪽.

74　윤여일, 2014, 『사상의 원점: 동아시아에서 동아시아를 생각하다』, 창비.

V. 최후의 초극전의 행방

미조구치는 문화대혁명(이하 '문혁')을 "50%의 비판", "30%의 당혹", "20%의 공감"을 가지고 지켜보았다고 한다.[75] 그리고 문혁은 "중국 고유의 대동적 근대가 지닌 역사 구조상의 제 모순"이 발현된 결과이며, 그 "본질을 투시"하기 위해서는 "중국의 '다른' 전근대-근대의 전체적 과정을 역사적으로 통관"할 필요가 있다고 논한다.[76] 그는 "작은 학생들의 희망과 좌절에 가담하기보다, 커다란 '중화주의적' 국가사회의 역사적 발전에 가담"하는 입장에서 문혁을 바라보았던 것이다.[77] 나아가 『중국의 충격』에서는 중국의 현대사를 다음과 같이 규정한다.

나의 논의가 지닌 특징은 중국 내부에 시점을 두고 장기적인 역사의 흐름에 따른다는 점이다. 이러한 관점에서 보면 1949년부터 1978년까지의 30년간은 일종의 과도기로서 오로지 '공(公)'만 있고 '사(私)'가 억압되었던, 중국의 역사 속에서 특수한 시기였다. 그러나 이 특수한 30년 동안에 중공업 건설과 토지 공유화가 실현되고, 그 기반 위에 1978년 이후 '사'를 중심축으로 한 개혁개방이 시작되었다. 그리고 1978년부터 현재까지 지속된 이 단계야말로 경제에서 공유와 사유의 연계, 인치(人治)에서 법치(法治)로의 전환 등, 사회·경제·문화 측면에서 혁명의 전진기이자, 개혁이 기층에까지 퍼진 점에서 혁명의 심화기라 할 수 있다. 중국은 지금이

---

75 미조구치 유조, 2007, 앞의 책, 10쪽.
76 미조구치 유조, 2007, 위의 책, 34쪽, 일부 개역.
77 子安宣邦, 2012, 앞의 책, 286쪽.

야말로 그 사회구조에 적합한 '자유'와 '민주'를 모색하고 창조하고자 노력하고 있다고 생각한다.[78]

미조구치는 중국혁명에서 문화대혁명에 이르는 시기를 "일종의 과도기", "특수한 시기"로 간단히 정리해 버린다. 중국적 근대가 관통하는 역사로부터의 일탈, 혹은 예외로서 배제하는 것이다. 이 시기는 오직 이후의 "개혁개방" 및 경제적·정치적 발전과 관련되는 한에서만 의미를 지닌다. 개혁개방이야말로 중국적 근대의 진정한 혁명적 성격을 계승하기 때문이다. 이러한 미조구치의 발상이 다케우치의 중국 인식과 완전히 다르다는 점에 대해서는 더 설명할 필요가 없겠다.

내가 보건대, 중국은 1950~60년대의 대약진운동의 실패와 문화대혁명의 미망에서 탈피하여 지금은 세계의 어느 나라에서도, 과거의 어떤 역사에서도 모델을 찾을 수 없는 진정한 혁명을 진행하고 있다.[79]

유럽에서 기원하는 근대를 거부하고 이와 무관한 중국의 전통적 사상을 모색했던 미조구치의 논의는 이처럼 또 다른 본질주의, 나아가 냉전 이후 중국의 약진에 매몰되고 만다. 여기서 놀랍게도 '최후의 초극전'은—과거 제국 일본의 '동아신질서론' 등을 떠올리게 하는—'환(環)중국권' 개념의 제시로 이어진다.

---

[78] 미조구치 유조 지음, 서광덕 외 옮김, 2009, 『중국의 충격』, 소명출판, 37쪽, 일부 개역.
[79] 미조구치 유조, 2009, 위의 책, 38쪽.

이미 구시대의 유물로 간주되었던 중화문명권의 관계구조가 실은 어떤 면에서는 지속되고 있을 뿐만 아니라, 환중국권이라는 경제 관계구조로 재편되고, 주변 국가들을 다시 주변화하기 시작했다는 가설적인 사실을 유념해야 한다. … 따라서 이제 어떤 역사관으로 현대를 파악해야만 하는가를 근본에서부터 다시 사고해볼 필요가 있다. … 특히 중일 관계의 경우, 일찍이 '서양의 충격'으로 일본의 대두가 두드러지고 중화문명권을 무대 뒤로 퇴장시켰다고 간주되던 역사가 '중국의 충격'—권투 글러브를 낀 가격처럼 둔하고 느려서 지각하기도 도식화하기도 어렵지만, 강렬한 충격—에 의해 반전되기 시작했다.[80]

물론 미조구치는 배타적인 "중국 위협론"을 비판하는 한편 "대국주의적인 중국의 출현"을 경계할 필요성에 대해서도 언급한다.[81] 하지만 본질주의에 빠져 있는 기존의 중국학과 서구 근대를 중심으로 하는 세계의 탈구축을 주창했던 그의 중국사상사 연구가 결론적으로 환중국권의 논리를 긍정한다는 점은 씁쓸한 뒷맛을 남긴다.[82]

미조구치는 일본의 문학자 오에 겐자부로(大江健三郎)가 중국의 망명 지식인 정이(鄭義, 쩡이)와 주고받은 서신을 소개하면서, 중국에 자유와 민주가 없다는 정이의 호소를 냉소적으로 바라본다. 그의 편지는 "'적색 테러'의 탄압을 견디며 싸우고, 지금은 어쩔 수 없이 해외에 망명하게 된 작가, 서구의 비호 아래에서 지금도 '자유'와 '민주'를 위해 싸우는 전사

---

80 미조구치 유조, 2009, 위의 책, 24~25쪽, 일부 개역.
81 미조구치 유조, 2009, 위의 책, 24~25쪽.
82 윤여일, 2016, 앞의 책, 76~77쪽.

의 이미지를 만들어내려고 한다"는 것이다.[83] 미조구치는 서구식 자유와 민주 개념을 가지고 중국을 비판하는 일에 역정을 낸다. 이러한 사태는 중국에 대한 서구의 환상과 환멸의 연쇄적 관념에서 발생한다. "중국의 사회주의를 유럽 자본주의 근대를 넘어선 초근대, 흑근대의 세계로 간주하거나 혹은 봉건 왕조의 전통을 잿더미로 하여 태어난 불사조의 회생으로 보는 환상", 그리고 그 반대편에 존재하는 "중국의 후진성 이론", 곧 "왕조시대의 갖가지 아시아적·후진적 요소가 혁명에 혼입되어" "중국에서 개인의 '민주'와 '자유'는 '전체 이익'을 위해 억압"되었다는 환멸은 동전의 양면에 지나지 않는다.[84]

그것이 환상이든 환멸이든 그들이 대상으로 삼아왔던 '사회주의'가 서양이 낳은 역사이론에 근거한 관념적인 지식에 불과했으며, 실제 현실 중국에 있어서 '사회주의'란 무엇인가, 더 나아가 중국에 있어 '근대'란 어떤 것인가, 중국에 있어 '중국'이란 무엇인가의 검증이 이루어지지 않았음을 의미한다. 사회주의는 맑스·레닌주의의 연장선상에서 이해될 뿐, 중국의 16~17세기 이래의 역사적 맥락에서 이해되지 않았다. '근대'도 아편전쟁의 '서양의 충격'을 통해서 이해되었을 뿐, 중국의 16~17세기 이래의 역사적 전개과정 속에서 이해된 적은 없었다. 요컨대 중국을 원래 유럽과는 축을 달리하는 세계로 바라보는 관점이 극히 희박했다.[85]

미조구치의 주장에 경청할 부분이 없는 것은 아니다. 많은 일본인이

---

[83] 미조구치 유조, 2009, 앞의 책, 31쪽.
[84] 미조구치 유조, 2009, 위의 책, 34~35쪽.
[85] 미조구치 유조, 2009, 위의 책, 35쪽.

서구의 자유 개념을 바탕으로 중국을 안타깝게 바라보지만, 그들은 일본의 뉴스 진행자에게 "방송에서 천황에게 경어를 사용하지 않을 자유"가 없다는 사실은 깨닫지 못한다.[86] 그러나 그러한 역설이 일본의 지식인인 미조구치에게 타국의 망명 지식인을 비판할 권리를 주는 것은 아니다. 미조구치는 1989년 톈안먼 사태로 박해받았던 정이가 2000년에 쓴 편지에서 "중국에는 민주적인 헌법도 없고 독립된 법관도" 없으며 "인민에게 알 권리가 주어지지 않았기 때문에" 도리어 그들에게는 두려움도 없다는 문장을 인용하며, "쩡이는 어째서 이 11년간 중국에서 발생한 커다란 변화를 알려고 하지 않는 것일까? 그의 시간은 1989년 6월 4일 그날 이후로 정지된 것일까"라는 의문을 제기한다.[87] 그렇지만 "만약 정이가 자기의 시간을 1989년 6월 4일에서 멈추었고, 그 후에도 중국의 시간에 이를 맞추지 않았다면, 이것은 오히려 정당한 일"일 것이다.[88] 정이의 정지된 시간은 지금도 계속되고 있는 저항의 시간을 상징하기 때문이다. 하지만 미조구치는 이 저항의 시간을 무시한다.

전술한 것처럼 미조구치의 『중국의 충격』이 출판된 것은 2004년이다. 중국적 근대 및 최후의 초극전으로서의 환중국권은 이후로 그 위압적인 모습을 더욱 강화하고 있는 것처럼 보인다. 정이를 비롯한 많은 사람의 시간은 여전히 정지된 채이고, 최근까지 환중국권의 여러 곳에서는 시간이 멈추는 사태들이 벌어졌다. 오늘날 부진에 빠진 동아시아론이 재생하기 위해서는 우선 이 정지된 시간들을 다시 고찰하는 작업부터 시작해야 하지 않을까?

---

86 溝口雄三·孫歌, 2001, 앞의 글, 231쪽.
87 미조구치 유조, 2009, 앞의 책, 30쪽, 일부 개역.
88 子安宣邦, 2012, 앞의 책, 301~302쪽.

참고문헌

단행본

마루야마 마사오 지음, 김석근 옮김, 1995, 『일본정치사상사연구』, 통나무.
마루카와 데쓰시·스즈키 마사히사 편, 윤여일 옮김, 2011, 『다케우치 요시미 선집 2: 내재하는 아시아』, 휴머니스트.
미조구치 유조 지음, 김용천 옮김, 2007, 『중국 전근대 사상의 굴절과 전개』(개정본), 동과서.
미조구치 유조 지음, 서광덕 외 옮김, 2009, 『중국의 충격』, 소명출판.
미조구치 유조 지음, 서광덕·최정섭 옮김, 2016, 『방법으로서의 중국』, 산지니.
미조구치 유조 지음, 최진석 옮김, 2004, 『개념과 시대로 읽는 중국사상 명강의』, 소나무.
시마다 겐지 지음, 김석근·이근우 옮김, 1986, 『주자학과 양명학』, 까치.
윤여일, 2014, 『사상의 원점: 동아시아에서 동아시아를 생각하다』, 창비.
_____, 2016, 『동아시아 담론: 1990~2000년대 한국사상계의 한 단면』, 돌베개.

子安宣邦, 2012, 『日本人は中國をどう語ってきたか』, 靑土社.
竹內好, 1966, 『新編 現代中國論』 竹內好評論集 第一卷, 筑摩書房.
_____, 1980, 『竹內好全集』 4, 筑摩書房.
陳光興(丸川哲史譯), 2016, 『脫 帝國: 方法としてのアジア』, 以文社.
津田左右吉, 1938, 『シナ思想と日本』, 岩波書店.

논문

이석원, 2014, 「국민사상과 제국: 1930년대 쓰다 소키치의 중국, 아시아론」, 『인문과학』 54.

菅孝行, 2007, 「抵抗のアジアは可能か: 竹內好の魯迅像をめぐって」, 鶴見俊輔·加々美光行編, 『無根のナショナリズムを超えて: 竹內好を再考する』 所收, 日本評論社.
溝口雄三, 1978, 「いわゆる東林派人士の思想: 前近代期における㋑國思想の展開」, 『東京大學東洋文化硏究所紀要』 75.

_____, 2007, 「方法としての「中國獨自の近代」」, 鶴見俊輔・加々美光行編, 『無根のナショナリズムを超えて: 竹内好を再考する』所收, 日本評論社.

_____, 2011, 「主体への問い: 「方法としての中國」をめぐって」, 平野健一郎他編, 『インタビュー 戰後日本の中國研究』, 平凡社.

溝口雄三・孫歌, 2002, 「「歷史に入る」方法: 知の共同空間を求めて」(2001), 孫歌・丸川哲史 譯, 『アジアを語ることのジレンマ: 知の共同空間を求めて』所收, 岩波書店.

溝口雄三・孫歌・小島毅, 2005, 「鼎談「開かれた東アジア研究に向けて: 主体と文脈」」, 『中國: 社會と文化』 20.

小島毅, 2011, 「溝口雄三敎授追悼文」, 『東方學』 121.

_____, 2017, 「方法としての溝口雄三」, 渡邊義浩編, 『中國史學の方法論』所收, 汲古書院.

孫歌, 2007, 「竹内好における歷史哲學: どうすれば歷史と共に生きられるか」, 鶴見俊輔・加々美光行編, 『無根のナショナリズムを超えて: 竹内好を再考する』所收, 日本評論社.

_____, 2009, 「竹内好に學ぶこと」, 칭화대학 인문사회과학원 보고문, http://takeuchiyoshimi.holy.jp/special/sonka.html(검색일: 2022. 10. 20).

岸本美緒他編, 2015, 「先學を語る: 溝口雄三先生」, 『東方學』 130.

子安宣邦, 2015, 「二つとない交友であった: 溝口回想」, 『東方學』 130.

戶川芳郞, 2011, 「溝口雄三君を悼む」, 『東方學』 121.

「第51回東方學會全國會員總會講演・シンポジウム發表要旨」, 『東方學』 103, 2002.

「溝口雄三敎授略年譜」, 『大東文化大學漢學會誌』 42, 2003.

찾아보기

ㄱ

가오자오이(高昭一) 84
가와이 히로타미(河合弘民) 118
강만길 186
강제양보(被迫讓步) 86, 87, 91, 94
경성제국대학 110, 113, 114, 119, 120, 124, 126, 131, 155~158, 161, 162
『경세(經世)』 41
경요박부(輕徭薄賦) 85
『경향신문』 168
계급투쟁론적 76
공자 95
광개토왕릉비 142~144, 148, 151, 153, 155, 156
구제강(顧頡剛) 22
『군경개론(群經概論)』 29
궈모러(郭沫若) 18, 72
권영욱 134, 135
근대사연구소 19
근대의 초극론 210
근대화론 165, 198
긴근(緊跟) 100

김광순 133, 134, 135, 137
김석형 113~115, 118~121, 124, 126, 129, 131, 136, 139, 140, 142, 145, 146, 151, 152, 157, 158
김성칠 111, 127
김영호 188, 189
김일성 110, 115, 118~120, 124~126, 137, 140, 142~144, 146, 152, 156, 160, 162
김일성종합대학 110, 115, 118, 124, 126, 152, 156 161, 162
까뮈 170

ㄴ

난카이대학 74
내재적 발전론 193, 195, 196
노예제 72
농민기의 76
농민전쟁 73, 78
농민전쟁사 79
농민폭동 78

ㄷ

다시 양보(再讓步) 86, 87, 91, 94
다시 투쟁(再鬪爭) 86, 87, 91, 94
다케다 유키오(武田幸男) 132
다케우치 요시미(竹內好) 208
『대장부(大丈夫)』 33
덩샤오핑(鄧小平) 103
동아시아 지의 공동체 204
동아시아론 204
『동아일보』 168

ㄹ

량치차오(梁啓超) 76
레이하이종(雷海宗) 74
『력사과학』 128~131, 133, 137~139, 141, 142, 144~146
로런스, D. H.(David Herbert Lawrence) 180~182
루소, 장 자크(Jean-Jacques Rousseau) 186
루쉰(魯迅) 23, 208
류다녠(劉大年) 22
류사오치(劉少奇) 91
류스페이(劉師培) 76
류쩌화(劉澤華) 100
류청위(劉成禺) 76
리다(李達) 72
리다자오(李大釗) 72
린뱌오(林彪) 95

ㅁ

마루야마 마사오(丸山眞男) 219
마르크스, 카를(Karl Marx) 134, 136
마르크스주의 110, 111, 114, 122, 123, 132, 134~136, 144, 147, 155, 156, 159, 162
마르크스주의 역사학 72
마르크스주의의 중국화 77
'마르크스주의 중국화' 선언 48
마리학원 역사연구실 51
마오쩌둥(毛澤東) 74, 227
『마오쩌둥선집(毛澤東選集)』 80
『문심조룡강소(文心雕龍講疏)』 26
문화대혁명(文化大革命) 73, 238
『문회보(文匯報)』 93
뮈르달, 군나르(Gunnar Myrdal) 170, 188
미조구치 유조(溝口雄三) 202
미하일 박 131
민족조기형성론 20

ㅂ

박정희 165, 166, 168~171, 183, 199
반공도산(反攻倒算) 90
반스탈린운동 74
반우파투쟁(反右派鬪爭) 74
발해 110, 140~142, 144~152, 155, 156, 161

방법으로서의 중국　202
백가쟁명(百家爭鳴)　74
백기를 뽑고, 홍기를 꽂자(拔白旗, 揷紅旗)　98
백낙청　165, 170~175, 177~185, 187, 189~192, 199
백남운　111, 114, 115, 121, 125, 127, 134, 136
백화제방(百花齊放)　74
베이징대학　101
봉건왕조　78
봉건제　72
봉건지주　79
봉건통치계층　89
비림비공(批林批孔)　95

ㅅ

『사상계』　166~168, 188, 199, 200
사인방　96
사학혁명(史學革命)　74
상웨(尙鉞)　74
상위예(尙越)　20
서주노예제설　43
서주봉건설　52
세대　167, 168, 173, 185, 186, 195, 196, 199
세키노 다다시(關野正)　123
『소련역사강화(蘇聯歷史講話)』　57
송찬식　188
수이싼(蕭一山)　35

수정주의　74
쉐농산(薛農山)　77
스에마쓰 야스카즈(末松保和)　113
시마다 겐지(島田虔次)　208
시민종교　186
신계몽운동　48
신문화운동　23
「신민주주의론」　54
신중국　79
신해혁명　218
싱위(星宇)　90
쑨거(孫歌)　204
쑨다런(孫達人)　75
쑨줘민(孫祚民)　84
쓰다 소키치(津田左右吉)　211

ㅇ

안창호　188
양보정책　75
양보정책론　75
양보정책비판론　75
여민휴식(與民休息)　85
역사대약진　74
역사발전동력　103
역사발전의 진정한 동력　89
염무웅　175, 176, 179, 183, 184
영사사학　96
오종사회형태　20
오타금화(五朶金花)　73
와다 이치로(和田一郞)　118, 134

왕쉐뎬(王學典) 97
왕위저(王玉哲) 75
왕후이(汪暉) 204
우옌난(吳雁南) 92
우위장(吳玉章) 55
우청스(吳承仕) 27
우한(吳晗) 90, 91
원시공산제 72
『유격전술(遊擊戰術)』 41
유길준 188, 189
유리학(儒理學) 212
유심주의 100
이광린 112, 139, 140, 161
이광수 188
이노우에 히데오(井上秀雄) 146
이병도 114
이성무 188
이영호 135, 136, 161
이탁오(李卓吾) 205
인민대학 74
『인민일보(人民日報)』 93
임종철 169, 170, 189

ㅈ

자오리성(趙儷生) 84
자오지옌(趙繼顔) 92
장보취안(張博泉) 75
장빙린(章炳麟) 24
장촨시(張傳璽) 100
저개발국이론 170, 188, 195

저우구청(周谷城) 76
저우언라이(周恩來) 97
정구복 188
『정사고략(正史考略)』 29
정이(鄭義) 240
정인보 143, 150, 151, 155
『제자략의(諸子略義)』 28
젠보짠(翦伯贊) 18, 75
『조선통사』 125, 129, 130, 141, 147, 148
『중국고대사회연구(中國古代社會硏究)』 72
중국공산당 76, 235
『중국근대사』 18
중국민권보장동맹 27
『중국사학사(中國史學史)』 29
중국사회문화학회 204
중국사회사논전 72
중국역사문제연구위원회 16
『중국의 충격』 238
중국적 근대 226
『중국통사간편(中國通史簡編)』 18
중국혁명 80, 234
「중국혁명과 중국공산당(中國革命與中國共産黨)」 73
중일 지(知)의 공동체 204
중일전쟁 73
지원푸(嵇文甫) 32
『진단학보』 110, 113, 114, 116, 117, 155

진리우푸(金毓黻) 22
쩡짜(掙扎) 208

ㅊ

차이메이뱌오(蔡美彪) 84
차이쉐춘(蔡雪村) 77
차이위안페이(蔡元培) 22
차이허썬(蔡和森) 72
『창작과비평』 163~165, 187, 193, 199
천보다(陳伯達) 32, 84
청관론(淸官論) 90
『청대통사(淸代通史)』 39
『청맥』 166, 168, 169, 171~173, 187, 188, 194, 199
치샤(漆俠) 84

ㅌ

타오씨성(陶希聖) 72
톈안먼 사태 202
토지국유제 132, 134~137

ㅍ

판서우밍(范壽銘) 25
판원란(范文瀾) 18
패러다임 전환 17
페이지, 글렌(Glenn Paige) 131, 152
평법비유(評法批儒) 92
「평전 마오쩌둥(評伝毛沢東)」 229
푸쓰녠(傅斯年) 37, 110

ㅎ

하우저, 아르놀트 165
하타다 다카시(旗田巍) 134
한양 168, 172
한영우 188
항적공작훈련반(抗敵工作訓練班) 40
허베이대학 101
허종호 135, 137, 161
헝가리폭동 74
혁명 이데올로기 79, 89
혁명투쟁(革命鬪爭) 86, 87, 91, 94
환(環)중국권 239
황칸(黃侃) 23
후금박고(厚今薄古) 98
후지타 료사쿠(藤日亮策) 113
8월 전원회의 사건 137, 138

동북아역사재단 연구총서 127

동아시아 근대의 형성과 역사학 ❸
−동아시아 냉전과 역사학

초판 1쇄 발행 2023년 11월 30일

지은이	오병수, 이유표, 홍종욱, 윤상현, 심희찬
펴낸이	이영호
펴낸곳	동북아역사재단
등 록	제312-2004-050호(2004년 10월 18일)
주 소	서울시 서대문구 통일로 81 NH농협생명빌딩
전 화	02-2012-6065
홈페이지	www.nahf.or.kr
제작·인쇄	(주)동국문화
ISBN	979-11-7161-011-2(94910) 978-89-6187-633-9(세트)

• 이 책은 저작권법에 의해 보호를 받는 저작물이므로
  어떤 형태나 어떤 방법으로도 무단전재와 무단복제를 금합니다.

• 책값은 뒤표지에 있습니다. 잘못된 책은 바꾸어 드립니다.